中国减贫奇迹怎样炼成

脱贫攻坚案例选

国务院扶贫办政策法规司
国务院扶贫办全国扶贫宣传教育中心 ｜组织编写

中国出版集团

研究出版社

图书在版编目 (CIP) 数据

脱贫攻坚案例选 / 国务院扶贫办政策法规司，

国务院扶贫办全国扶贫宣传教育中心组织编写 . -- 北京：

研究出版社 , 2020.8

（中国减贫奇迹怎样炼成）

ISBN 978-7-5199-0638-2

Ⅰ. ①全… Ⅱ. ①国… ②国… Ⅲ. ①扶贫 – 案例 –

中国 Ⅳ. ① F126

中国版本图书馆 CIP 数据核字 (2019) 第 265423 号

中国减贫奇迹怎样炼成　脱贫攻坚案例选

ZHONGGUO JIANPIN QIJI ZENYANG LIANCHENG

TUOPIN GONGJIAN ANLI XUAN

国务院扶贫办政策法规司 国务院扶贫办全国扶贫宣传教育中心　组织编写

责任编辑：寇颖丹

研究出版社 出版发行

（100011　北京市朝阳区安华里504号A座）

河北赛文印刷有限公司　新华书店经销

2020年8月第1版　2020年11月北京第2次印刷

开本：710毫米×1000毫米　1/16　印张：25

字数：347千字

ISBN 978-7-5199-0638-2　定价：68.00元

邮购地址100011　北京市朝阳区安华里504号A座

电话（010）64217619　64217612（发行中心）

"中国减贫奇迹怎样炼成　脱贫攻坚案例选"
编审指导委员会

主　任：刘永富　谭　跃

副主任：欧青平　洪天云　陈志刚　夏更生　黄志坚

委　员：海　波　陈武明　苏国霞　王光才　黄　艳　左常升

曲天军　杨　炼　许健民　桑　明　黄承伟　刘俊文

李富君　陆春生　李　岩　陈永刚

评审专家组：（按姓氏笔画排序）

于鸿君　王晓毅　艾四林　左　停　叶敬忠　向德平

刘晓山　张　琦　张志明　张丽君　陆汉文　和　龚

郑风田　郝振省　曹　立

《中国减贫奇迹怎样炼成　脱贫攻坚案例选》
编辑工作组

组　长： 李海金　骆艾荣

副组长： 阎　艳

成　员： （按姓氏笔画排序）

于佳佳　于晓峰　马　晨　王江星　王武强　王珊珊　文湘林

巴且古铁　左孟雯　石哲锋　冯贺霞　冯雪艳　吕　方　朱　浩

朱庆贵　刘　杰　刘　娜　刘　靖　孙艳丽　杜欣蔓　李　波

李丹阳　杨　逍　杨振亮　肖健勋　辛灵志　陈　波　陈　琦

陈文华　陈国清　陈昌旭　陈珠妹　范　旭　范静惠　周　军

赵文杰　钟楚原　姜海波　袁　泉　聂　晴　铁　山　徐　毅

郭　松　郭　鹏　黄崇敬　黄喆煜　梁　耀　宿党辉　韩　帅

韩长发　韩宇飞　韩金秦　焦方杨　童弟初　谢　涛　靳亚亚

潜　环　潘志勇　蹇泽西

导　读

　　党的十八大以来，在习近平总书记关于扶贫工作重要论述的指引下，各地坚决贯彻党中央、国务院关于脱贫攻坚的决策部署，全面实施精准扶贫方略，脱贫攻坚取得决定性进展，同时探索形成了丰富多样的生动实践。为在"不忘初心、牢记使命"主题教育和脱贫攻坚干部教育培训工作中加强案例培训，进一步促进脱贫攻坚典型经验的交流推广，国务院扶贫办开展本次案例征集和汇编工作。各省（区、市）和新疆生产建设兵团扶贫办（局）按照要求各推荐2个具有地方特色、做法经验典型、成效显著可学可借鉴的脱贫攻坚案例。国务院扶贫办全国扶贫宣传教育中心在办政策法规司的指导下，邀请专家对案例进行遴选、修改和点评，完善了视频和延伸阅读，最终把32个入选案例汇编成《中国减贫奇迹怎样炼成　脱贫攻坚案例选》一书。

　　为方便广大读者查询、阅读和分类借鉴，特将每个案例的导读要点汇总如下：

　　北京市：雪域天使的扶贫之路。北京青海玉树指挥部对口支援玉树州，通过"组团式"医疗援青工作，探索形成了"院长＋团队＋改革"的医疗援青模式，玉树医疗卫生工作也已由单一的医疗领域逐步扩大到疾病控制、妇幼卫生、精神卫生等诸多领域。

　　天津市：优势特色产业撬动脱贫攻坚。天津食品集团充分利用产业优势和品牌优势，积极开展新疆和田对口帮扶工作。打造集育种、繁殖、育肥、屠宰于一体的肉羊全产业链，通过"五统一"搭建"四级架构"。通过技术培训实现"输血"变"造血"，助推智志双扶。

河北省：牢记习近平总书记嘱托　努力让乡亲们过上好日子。河北省阜平县以脱贫攻坚统揽全局，坚持党建引领、全域规划、全要素支撑、全社会动员，全力抓好收入、住房、教育、医疗和社会保障五个关键，探索出一条高质量脱贫的阜平之路，"让乡亲们过上好日子"的目标正在变成生动现实。

山西省："一个战场"打赢"两场战役"。山西省将脱贫攻坚与生态治理紧密结合，采取生态优先综合施策、项目联动稳定增收、群众参与激发内力、深化改革三权分置、党政齐抓协同推进的方式，将生态建设过程变成群众增收致富过程，走出绿色发展、生态脱贫的新路。

内蒙古自治区：牵住稳定脱贫的"牛鼻子"。内蒙古自治区科左后旗立足旗情，把发展黄牛产业作为稳定脱贫的"牛鼻子"，以扶贫贷款为支撑，以配套服务为保障，以利益联结为抓手，实现了农牧民脱贫致富、黄牛全产业链发展和生态环境改善的互促共赢、可持续绿色发展。

辽宁省：以科技点燃脱贫攻坚引擎。辽宁省兴城市采取政府牵头、产业带动、科技助力的方式，以项目牵动产业，产业带动扶贫，科技推动脱贫，探索产业精准扶贫脱贫新模式。把产业发展与贫困户就业结合，把脱贫与致富结合，创造新的增收点，增强"造血"能力。

吉林省：创新党建模式　助力脱贫攻坚。吉林省安图县创新党建模式，成立脱贫攻坚驻村干部党委，对上级下派的驻村干部进行统筹管理，实现了基层党建与脱贫攻坚的深度融合。通过党建强化组织引领，搭建"四个平台"，切实打造了一支善于做群众工作的干部队伍。

黑龙江省：以"三个落实"打通脱贫攻坚"最后一公里"。黑龙江省克东县在脱贫攻坚进程中，统筹推进专项扶贫、行业扶贫和社会扶贫，科学统筹，合力攻坚，全面推进责任落实；细化措施，强化保障，全面推进政策落实；紧盯目标，多点发力，全面推进工作落实，如期实现了脱贫摘帽目标。

上海市：以"保险＋期货"开启产业扶贫"金钥匙"。上海市对口帮扶云南普洱，以"保险＋期货"方式将天然橡胶目标价格保险覆盖建档立卡户，有效对冲胶价下跌导致贫困户减收。此项目通过东西部对口帮扶、社会各方协作，以金融保险工具为路径实施精准扶贫。

江苏省：打造一支不走的扶贫协作工作队。随着苏陕扶贫协作持续深化，江苏省丹阳市派驻的苏陕扶贫协作工作队，强化组织领导，落实工作责任，推进两地交流、项目实施、产业合作、劳务协作和携手奔小康等工作，经过两地干部群众共同努力，完成扶贫协作各项目标任务。

浙江省：农旅融合引领山区村庄步入康庄大道。浙江省缙云县蛟坑村利用生态人文环境优势，通过乡贤引领、招商引资促发展、"无中生有"建项目、完善服务聚游客、创新分配增收入等方式，打通生态价值向经济价值转化通道，摸索出"农旅融合＋扶贫开发"的乡村发展新模式。

安徽省：强化扶贫项目管理　破解脱贫攻坚难题。安徽省六安市坚持精准谋划项目，科学储备项目，择优遴选项目，及时立项实施，多措并举，通过扩大项目储备规模、提高项目储备质量，逐步建立完善脱贫攻坚项目库，有效推进县级脱贫攻坚项目库建设，为精准脱贫提供有力支撑。

福建省：电商助推脱贫攻坚驶入"快车道"。福建省漳州市以电子商务进农村示范创建为契机，借助"党建＋互联网＋精准扶贫"，首创"一户一店一码"电商助力扶贫模式，推动农产品"标准化、品牌化、网货化"进程，探索出一条行之有效的"互联网＋精准扶贫"新途径。

江西省：以井冈山精神助力脱贫攻坚。江西省井冈山市发挥井冈山精神引领作用，推进红色文化与精准扶贫有机结合，以产业扶贫为引领构建可持续的脱贫措施，以贫困人口可持续生计为根本建立稳定脱贫长效机制，构筑脱贫攻坚的保障体系，在全国率先实现脱贫"摘帽"。

山东省："四权"分置让扶贫资金高效运转起来。山东省沂水县突破扶贫资产管理瓶颈，建立扶贫资产所有权归村集体，经营权归合作社、龙头企业、专业大户等新型农业经营主体，受益权归贫困户，监管权归农业农村局的"四权"分置管理机制，实现资产高效管理、收益长效稳定。

河南省：干字当头　精准发力　学习践行习近平总书记关于扶贫工作

的重要论述。河南省兰考县学习贯彻习近平总书记关于扶贫工作的重要论述，恪守知行合一，坚持干字当头，精准发力。建立党政齐抓共管体制机制，分类施策均衡推进，以改革创新破解关键制约，建强队伍树好导向，强化党建引领，形成攻坚合力。

湖北省："紧扣"精准"实现贫困山区高质量脱贫。湖北省丹江口市以脱贫攻坚为统领，紧盯"两不愁三保障"目标，紧扣"精细、精确、精准"要求，通过突出产业主导、党建引领、精准施策、短板提升等做法，推动丹江口市实现高质量脱贫，打造了贫困山区脱贫样板。

湖南省："内源式发展"激活贫困村发展动力。湖南省新化县油溪桥村发扬自力更生、艰苦奋斗、创新创业精神，坚持自主改革、自主管理、自主发展，实现了由"省级特困"向"全国示范"的蜕变，走出一条依托本地资源、培育力量、激发动力、组织共治的"内源式发展"路子。

广东省："党建＋产业"实现脱贫攻坚与乡村振兴有效衔接。广东省英德市连樟村依托村党支部，激发党员积极性，坚持党建扶贫引领。合理利用废弃校舍和耕作地，建设厂房，发展农业，坚持产业扶贫为抓手。通过整村规划、分区建设，挖掘村庄历史文化、乡风民俗，打造乡村振兴示范样板。

广西壮族自治区：小农户联合打造养殖产业链。广西壮族自治区都安县引导村屯贫困户多户联合建设牛羊舍，将牛羊聚到一起，联合养殖。通过采取轮流养殖，轮流外出务工，贷"小牛"、还"大牛"的方式，打造养牛养羊扶贫全产业链，实现"产业到户"向"效益到户"的转变。

海南省：引入第三方专业服务机构应对产业扶贫困境。海南省陵水县本号镇引入第三方专业服务机构成立创业辅导中心破解产业扶贫难题，创业中心对益贫主体扶贫项目提供专业指导，对经营主体开展技能培训，对贫困户实施感恩培训，让产业扶贫走向规范化道路，激发贫困户内生动力。

重庆市：聚焦"四个深度发力"攻克深度贫困堡垒。重庆市中益乡深学笃用习近平总书记关于扶贫工作重要论述，深入转变作风，聚焦"四个深度发力"，集中精力，全力攻坚，深度改善生产生活条件，深度调整产业结构，深度推进农村集体产权制度改革，深度落实各项扶贫惠民政策。

四川省：大力实施"学前学会普通话"行动　决不让大凉山孩子输在起跑线。2018年5月，四川省凉山彝族自治州启动"学前学会普通话"行动试点，探索形成符合凉山实际的"123456"工作法，提高了学前儿童的普通话水平，改善了学前教育质量，阻断贫困代际传递，增加了公益就业岗位，促进了移风易俗。

贵州省：创新"76554"工作法　决战决胜脱贫攻坚。贵州省铜仁市创新探索"76554"工作法，坚持以"七个补"提升脱贫成效，以"六个不"增强内生动力，以"五个看"判断是否实现"两不愁"，以"五个一致"检验脱贫过程，以"四个好"检验脱贫成效，打造脱贫攻坚"铜仁模式"。

云南省：以"西畴精神"闯出石漠化山区脱贫攻坚新路。云南省西畴县探索产业扶持促增收新路子，把重构生态屏障、夯实发展基础作为重中之重。创新"西畴精神"宣传平台，激发基层干部群众干事创业活力，实现基层党建与脱贫攻坚双推进，为石漠化地区脱贫攻坚贡献出"西畴方案"。

西藏自治区：发展村级集体经济　激发群众内生动力。西藏自治区拉萨市白纳村加强党建引领、突破思维局限、聚焦集体经济、保护生态环境，以旅游产业塑造绿色发展、以工艺产业打造民族品牌、以草莓产业创造红火名片，发展水磨糌粑产业、打造绿色优质食品，最终实现整村脱贫出列。

陕西省：户分三类　精准帮扶。陕西省镇安县推行"户分三类、精准帮扶"工作机制，把贫困户划分为有劳动能力户、弱劳动能力户、无劳动能力户三大类，实行一户一策、一人一法，切实将帮扶措施精准到户、到人、到项目，扶到点上、扶到根上、扶到关键处。

甘肃省：脱贫攻坚的"庄浪模式"。甘肃省庄浪县提出"整体工作党委政府推动、产业发展公司运作、组织生产合作社实施、贫困群众凭股分红"发展思路，组建产业扶贫开发公司，构建"党组织＋国有公司＋龙头企业＋专合组织＋贫困群众"的产业扶贫"庄浪模式"。

青海省：脱贫攻坚的"湟中路径"。青海省湟中县开拓出一条"党建引领定向、产业培育支撑、多方同频发力"的致富增收路径，全力构筑安心上学、看病、住房保障体系，探索"产业发展＋励志奖励＋兜底保障＋扶志扶智"长远脱贫机制，于2018年顺利退出贫困县序列。

宁夏回族自治区：东西部扶贫协作的成功范例。宁夏回族自治区与福建省对口扶贫协作，使西海固地区焕发生机活力。闽宁两省区干部群众建立完善了"联席推进、结对帮扶、产业带动、互学互助、社会参与"机制，用东西部扶贫协作的生动实践，在我国扶贫开发史上书写了浓墨重彩的一笔。

新疆维吾尔自治区：因地制宜打造绿色肉牛产业园。新疆维吾尔自治区新和县依托地理位置、土地资源优势和西门塔尔肉牛养殖传统，将养牛业确定为产业扶贫的突破口，实施"增牛"工程，着力带动贫困人口通过入园养殖增收、托养增收、就业增收，实现贫困人口脱贫和产业发展"双赢"。

新疆生产建设兵团：村企共建 奔向幸福之路。新疆天业集团选派干部到南疆深度贫困村担任第一书记，依托天业集团，对症下药，与乡村干部努力解决好扶持谁、谁来扶、怎么扶、如何退等问题，该村的脱贫攻坚工作取得显著成效，2019年6月，该村52户贫困户顺利脱贫。

目 录
CONTENTS

雪域天使的扶贫之路

——北京市援青医疗队打造"院长＋团队＋改革"医疗扶贫模式

摘要： 作为深度贫困地区之一的青海玉树，当地医院人才缺乏、医疗技术水平落后，因病致贫是造成玉树州贫困现状的一个重要原因。自 2016 年 7 月以来，青海玉树指挥部在对口支援玉树州的工作中，探索形成了"院长＋团队＋改革"的医疗援青模式，分 3 次安排 15 名医疗专家进驻玉树医疗机构，通过"组团式"医疗援青工作，大幅度提升了玉树地区的医疗技术水平。同时，北京对口支援玉树医疗卫生工作也已由单一的医疗领域逐步扩大到疾病控制、妇幼卫生、精神卫生等诸多领域，在提高玉树医疗技术水平的同时，也提高了玉树的公共卫生服务能力。

关键词： 对口支援　健康扶贫　脱贫质量

引言： 2019 年 4 月 16 日，习近平总书记在解决"两不愁三保障"突出问题座谈会上强调，到 2020 年稳定实现农村贫困人口不愁吃、不愁穿，义务教育、基本医疗、住房安全有保障，是贫困人口脱贫的基本要求和核心指标，直接关系攻坚战质量。

❖ 背景情况

　　玉树藏族自治州位于青海省西南部青藏高原腹地的三江源头，辖区总面积 26.7 万平方公里，占青海省总面积的 37.2%，平均海拔 4200 米，全州总人口 40.3 万，其中藏族人口占 98.3%。作为深度贫困地区之一，全州基础设施建设滞后，综合服务能力低下，社会事业发展缓慢，下辖的一市五县有 4 个是国家重点贫困县，2 个是省级重点贫困县。

由于特殊的地理环境和不良的生活习惯，肝炎、结核、包虫病等疾病发病率较高，且临床诊疗能力不强，导致很多农牧民丧失了劳动能力和生活热情。可以说，因病致贫是造成玉树州贫困现状的一个重要原因。为此，围绕中央"精准扶贫、精准脱贫"的总体要求，如何有针对性地做好医疗扶贫工作，就成为摆在北京对口支援面前的一个极为重要的课题。

❖ 主要做法

（一）创建新学科，开展新业务，深化医院体制机制改革，带领玉树州人民医院迈上新台阶

北京医疗援建玉树源远流长，从 1971 年北京鼓楼医院响应国家支援边远地区的号召搬迁至玉树开展医疗帮扶，到 2011 年为了推进北京—玉树两地帮扶向纵深发展、加快"大美青海，健康玉树"建设步伐，北京再次派遣援玉干部到玉树州医院开展对口帮扶工作，截至 2018 年，已有三批援玉干部及专家开展了对口帮扶工作。而以第三批挂职干部刘云军为院长的医疗专家开展"团队式"对口帮扶玉树州人民医院则是第一次。这一次，刘云军的医疗团队首先要面对的就是对玉树州人民医院的全面改革。

2017 年 3 月，玉树州人民医院组建危重儿童新生儿救治中心。短短的时间内，0—1 岁住院婴幼儿的死亡率就由原来的 13.6% 下降到了 1.5%，并成功救治一对三胞胎，创造了藏区早产极低体重儿三胞胎存活的历史。而这，只是刘云军在玉树州人民医院全面推行改革的其中一个画面。……自 2016 年 7 月到玉树州人民医院开展对口帮扶工作以来，刘云军在充分调研的基础上，

根据玉树百姓的疾病谱、多发病和健康需求，带领医院先后组建了感染性疾病科、骨关节诊疗中心、包虫病诊疗基地、危重儿童新生儿救治中心、眼科中心、宫颈疾病诊疗中心等 14 个新学科，开设了 6 个新病区，开展了 168 项新技术、新业务。

藏族患者家属向北京援青医疗队领队刘云军敬献哈达

玉树州人民医院外二科（包虫病诊疗基地）挂牌成立

在改革中，刘云军注重调动医务人员的积极性，面对医院不同层级的医务人员对打破"平均主义"分配模式表现出的截然不同的态度，断然回绝了一些人提醒的"要保稳""不求有功但求无过""三年戴个大光环回去就够了""对口援建没必要那么认真"等建议，从体制机制上入手，打破"大锅饭"分配机制，完善绩效考核管理制度，构建起按劳分配、公正公平、奖勤罚懒、奖优罚劣、向高层次专业技术人才和管理骨干倾斜、向临床和医疗一线倾斜的政策，建立与工作数量、质量直接挂钩的绩效工资机制，促进学科建设和医院全面发展。

玉树州人民医院通过三级乙等评定

随着医院整体水平的高速发展和社会竞争力的提升，政府部门及百姓也对玉树州人民医院寄予了新的希望。2018年8月，在刘云军的带领下，全院职工上下一心、奋力拼搏，玉树州人民医院通过评审，成为全州首家三级综合医院，三级医院的创建实现了所有"州医院人"数十年的梦想。

（二）专业团队，科技引领，提升水平，解决百姓看病难的问题

"用爱拥抱每一天，用心呵护每一位患者"是援青医疗队矢志不渝的服

务理念。自 2016 年北京援青医疗团队进驻玉树州人民医院以来，医院的就医环境不断优化，服务领域不断扩大，医院门诊、急诊数，入住院患者数成倍提升，门诊年接诊患者达 3000 余人次。刘云军带领专家深入一线调研，先后在神经外科、妇产科、皮肤科、骨科、普通外科、消化内科等科室开展手术200 余例，抢救危重症 70 例，专家们精湛的医术和温馨的服务赢得了患者的信赖。

宣武中医院脾胃病科刘永主任的针灸技术炉火纯青，被当地广大群众亲切地誉为"康巴草原刘一针"，副主任医师白亦冰开展针灸、火罐、放血、穴位按摩等中医特色治疗，取得良好疗效；复兴医院的脑神经外科主任齐建发、普外科主任杨齐、骨外科副主任医师杨海波娴熟的手术让多个患者转危为安，皮肤科主任黄文慧的皮肤病理检查解除了多个患者的难言之隐；北京市第二医院蔡照华主任的消化道腔镜技术开启了玉树州人民医院消化道腔镜检查的先河，副主任医师金勇在完成日常的门诊外还积极参与

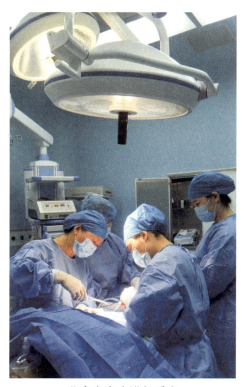

北京专家在进行手术

内科胸痛中心和高原病精准诊疗研究中心建设工作；西城妇幼保健院副主任医师杨励、裴志飞两名女同志，在高海拔地区工作和生活，面临的困难更多，遇到的尴尬也更多，但自到玉树以来，她们始终以饱满的热情参加工作，奉献精神更是难能可贵。她们多次参与胎盘早剥、前置胎盘、子痫等危重患者

的抢救，让多个孕妇母婴平安，被当地群众亲切地誉为产房里的"格桑花"。

北京援青医疗队的工作得到了社会各界的认可和赞誉。2017年，玉树州人民医院获得"全国卫生计生系统先进集体""全国巾帼文明岗"等三项国家级荣誉称号；北京援青医疗团队荣获玉树州援建工作先进集体；玉树州卫计委副主任、玉树州人民医院院长刘云军先后被评为"玉树好人""青海好人"，并荣获"首都劳动奖章"；玉树州卫计委副主任刘发展被评为州卫生计生系统优秀共产党员，并荣获玉树创卫突出贡献奖。

按照"五化同步"（医院管理科学化、后勤保障社会化、临床学科特色化、优势学科品牌化、服务能力规范化）和"五位一体"（医疗、护理、教学、科研、康复）的发展理念，刘云军带领援青医疗团队实现了北京对口支援玉树医疗卫生工作由单一的医疗领域逐步扩大到疾病控制、妇幼卫生、精神卫生等诸多领域，不断提高玉树州的公共卫生服务能力。

一是推动远程医疗服务体系建设。2016年10月，在林芝医疗卫生援藏工作会议后，结合玉树州人民医院的实际需求，北京市卫生计生委批复北京朝阳医院与玉树州人民医院建立远程医疗会诊平台。两家医院建立远程医疗会诊平台工作，已进入实质对接阶段。2018年7月，北京安定医院与玉树州精神卫生康复诊疗中心（玉树州第三人民医院）建立了远程会诊平台，实现了优质医疗资源对接，让玉树人民在家门口就能享受到优质的医疗资源。

二是推动京玉疾病控制和精神卫生工作深度协作。北京通州区疾控中心与玉树州疾控中心建立了对口协作关系，两地在全民健康体检大数据分析与运用和疾病预防控制能力提升方面将开展全方位合作；针对玉树州精神卫生医疗水平薄弱、医疗资源总体不足等实际情况，北京安定医院与玉树州精神卫生康复诊疗中心签订了对口帮扶协议，玉树州卫生计生委聘请了北京安定医院王刚院长担任该中心的名誉院长，以便开展长期稳固的对口技术帮扶。

三是优质服务惠及牧区百姓，群众医疗服务获得感增强。针对玉树牧民群众居住分散就医不便、基层医疗卫生服务能力有限的实际情况，北京援青医疗团队组织开展了"专家上高原、健康进帐房"活动，将医疗服务向边远牧区延伸。截至 2019 年 7 月，北京派出医疗队和医疗队义诊共计 6 批 57 人次，深入边远牧区为广大群众免费诊治、答疑咨询、宣传防病知识，共计诊治 2300 余人次，受到了牧民的广泛赞誉。

北京援青医疗团队专家深入牧区为患者看病

四是全力推动健康扶贫工作。北京援青医疗团队多次深入当地卫生院对照健康扶贫工作问题整改清单，查看建档立卡贫困人口工作信息台账、健康扶贫管理系统的录入和维护，以及健康扶贫政策宣传情况；深入建档立卡户家中，了解患者病症诊疗情况，宣传相关的医疗保障政策；与北京市卫生计生委、共青团北京市委员会协调联系对 5 名患先天性心脏病、尿毒症、白血病的建档立卡贫困户实施救助；组织援青医疗队专家成立救治专家组，对"健康扶贫管理数据库"里的建档立卡贫困人口实施跟踪诊疗，下乡送医送药

32 次，为进一步促进脱贫攻坚工作扎实开展、有效整改存在的问题提供了第一手资料；先后协调中国人口福利基金会、北京市计划生育协会赴玉树开展捐助活动，累计捐款捐物折合人民币 15 万余元。

（三）培养人才，优化队伍，努力培养一支带不走的医疗队

北京医疗援青工作一直把为玉树培养人才、加强医疗卫生队伍建设作为对口支援和医疗扶贫的重中之重，作为增强玉树卫生事业发展后劲、增强"造血"功能最直接最有效的途径，通过团队专家不遗余力地亲传、亲帮、亲带，为玉树培养了一大批专业医务技术人才。

在推进玉树州人民医院全面改革的过程中，刘云军就高度重视人才培养工作，针对医院人才缺乏、人员医疗技术水平落后的问题，制定了"请进来""送出去"和"本院骨干压担子"三种人才培养方式和公平的激励机制，极力营造和谐融洽的人际关系并加以情感留人、待遇留人、事业留人的留人途径。同时，利用北京专家的专业技术特长，继续实施"手拉手""结对子""传帮带"计划，努力打造了一支梯队合理、技术精湛、人员稳定的人才队伍。例如：在专家蔡照华主任及白亦冰主任的带教下，已有两名内科医生熟练掌握了胃镜检查技术并能独立操作，窥镜技术已由窥镜诊断向窥镜下治疗发展；在杨齐主任的带教下，培养了尼玛才仁和索南班久两名科室主任，两位主任现已能独立开展腹腔镜手术并能自己带教新人。

此外，北京医疗援青团队的专家采取手术示教、学术讲座、教学查房等方式，全面加强玉树州人民医院紧缺型、急需型人才培养，形成了专家带骨干、骨干带学科、学科带全院的良性发展态势。同时，针对玉树执业医师资格考试通过率低、学习培训不系统等实际，玉树州卫生计生委专门开办卫生执业医师资格考试培训班，特别邀请北京医疗队专家成员结合临床实践，进行有针对性的讲解、答疑，为参加执业医师实践技能考试的学员进行辅导，有效提升了州执业医师考核通过率，受到了学员们的一致好评；在北京市

相关部门的帮助支持下，玉树州又采取异地办学的模式，安排州内基层医疗骨干到京培训，培训内容涉及公共卫生、医疗护理、慢性病防控、妇幼保健等专业，为玉树州医疗卫生专科人才培养和人才梯队建设探索出一条有效途径。

❖ 经验启示

北京援青医疗队从开辟新学科、拓宽业务范围、改革医院体制机制为切入点，以专业团队的多领域对口支援为重点，以人才培养为基础，走出了一条"院长＋团队＋改革"的医疗援青模式。在提高玉树地区医疗技术水平的同时，完善公共卫生多层次、宽领域的服务体系，为玉树地区稳定实现基本医疗保障奠定了坚实的基础。

（一）以实地调研为出发点，健全对口支援体系

由于自然地理环境和生活习惯的差异，导致疾病类型显示出地域性的特征。因此医疗对口支援从实际出发，首先，了解当地疾病的种类和诱因，从而更好地因地制宜进行对口医疗支援。其次，以农牧民生活实际和需求为导向，送医入户，加强防病知识宣传工作。最后，扩大对口支援的范围和领域，从单一的医疗领域向疾病控制、妇幼卫生、精神卫生诸多领域迈进，提升公共卫生服务能力。

（二）改革医院工作机制，激发医务人员工作积极性

杜绝"要保稳""不求有功但求无过""三年戴个大光环回去就够了""对口援建没必要那么认真"等思想，援青医疗队从建立完善的绩效考核管理制度入手，树立公平公正、奖勤罚懒、奖优罚劣的工作机制，唤醒医务人员的工作热情和责任意识，提高工作的质量和服务水平，做到"真支援，真扶贫"。

（三）加快人才队伍培养建设，实现从"输血"到"造血"的转变

人才的培养是医疗扶贫的重点工程，是实现卫生事业长效稳定发展的关

键。建立"专家带骨干、骨干带学科、学科带全院"的以点带面发展模式和"传帮带"的培养模式，形成雄厚的人才力量储备。授人以鱼不如授人以渔，留下一支"不走"的医疗队才是医疗帮扶的真正要义和目标。

北京援青医疗团队专家开展"传、帮、带"

北京市扶贫支援办主任推荐语

深度贫困地区偏远落后，公共医疗服务相对滞后，患者就诊难，医护人员巡诊也难。同时，特殊的地理环境也导致高原病、包虫病等地方病高发多发，不利于贫困群众脱贫致富。针对这一实际，北京将医疗扶贫作为对口支援的一项极为重要的工作。自 2016 年 7 月以来，北京在对口支援玉树州的工作中，探索形成了"院长＋团队＋改革"的医疗援青模式，分 3次安排 15 名医疗专家进驻玉树医疗机构，通过"组团式"医疗援青工作，大幅提升了玉树地区的医疗技术水平，为玉树培养了一大批专业技术人才，推动了玉树医疗卫生事业的发展，为贫困人口提供了强有力的健康保障。北京医疗援青模式值得推广和借鉴。

马新明： 北京市扶贫协作和支援合作办党组书记、主任

专家点评

对口支援是中国特色社会主义的政治优势和制度优势在脱贫攻坚战中的重要体现，北京市对口支援青海玉树州是这一精神的生动实践。在工作落实中，青海玉树指挥部紧紧抓住玉树地区因病致贫、医疗人才匮乏和医疗条件滞后等突出问题，"组团式"选派医疗专家，打造"院长＋团队＋改革"的医疗援助模式，着力夯实基本医疗和公共卫生方面的短板。该案例至少给我们两点启示：其一，紧扣脱贫攻坚的精准要义，精准把握贫困地区最主要的致贫原因和最核心的脱贫需求，聚焦"两不愁三保障"突出问题和关键难题，精准施策，确保帮扶实效和脱贫质量；其二，对口支援除了投入物力、财力之外，必须关注人的因素和管理价值，着力培养专业人才和管理人才，构建稳定脱贫长效机制。

燕继荣： 北京大学政府管理学院常务副院长、国家治理研究院副院长、教授、博士生导师，教育部长江学者特聘教授

思考题

1. 如何在国家层面出台引导性政策，鼓励内地优秀医疗资源、医疗人才向贫困地区流动？

2. 如何巩固现有医疗援建成果，避免因后续管理理念差异造成已有成果的损失与退化？

延伸阅读

1.《为高原藏区留下"不走"的医疗队——北京第三批医疗援青干部刘云军纪实》(新华网，http://www.xinhuanet.com/2019-06/26/c_1124675178.htm，2019 年 6 月 26 日)

2.《把更多的激情和智慧奉献高原——北京援青干部刘云军先进事迹在我省各地引起强烈反响》(青海新闻网，https://baijiahao.baidu.com/s?id=1637904178619886034&wfr=spider&for=pc，2019 年 7 月 2 日)

优势特色产业撬动脱贫攻坚

——天津市天津食品集团援疆发展肉羊产业

摘要： 天津食品集团充分利用产业优势和品牌优势，积极开展新疆和田对口帮扶工作，实施产业精准扶贫。打造集育种、繁殖、育肥、屠宰、饲料于一体的肉羊全产业链，通过"五统一"搭建"四级架构"；通过技术培训实现"输血"变"造血"。同时，打造支部共建这一红色阵地，通过一系列特色主题活动，实现智志双扶，民族团结一家亲，像石榴籽那样紧紧抱在一起，实现脱贫摘帽目标。

关键词： 产业扶贫　对口支援　智志双扶

引言： 2018 年 10 月 22 日至 25 日，习近平总书记在广东考察时强调："产业扶贫是最直接、最有效的办法，也是增强贫困地区造血功能、帮助群众就地就业的长远之计。要加强产业扶贫项目规划，引导和推动更多产业项目落户贫困地区。"

◆ 背景情况

　　为贯彻党中央、国务院关于天津市对口支援与东西部扶贫协作的战略部署，落实习近平总书记关于扶贫工作的重要论述，按照天津市委、市政府"东西部扶贫协作和尽全力在援疆工作上继续加大力度"的指示要求，天津食品集团利用产业优势和品牌优势，积极开展新疆和田对口帮扶工作，实施产业精准扶贫。为了真正做到抓住"精准"这个关键词，做好产业扶贫项目，让贫困群众真正获得持续的发展机会，过上更美好的生活，真正落实好习近平总书记"真扶贫，扶真贫"的指示精神，天津食品集团进行了多轮实地考察。

在新疆和田地区，畜牧业是当地主要传统产业，但受到自然条件差、生态保护、退牧还草等诸多因素制约，肉羊产业出现了品种严重退化、产羔率低、生产性能低的问题，养羊严重亏损成为大多农牧民弃养致贫的主要原因。经考察调研发现，2017 年我国肉羊存栏 3.03 亿只，羊肉生产量 428 万吨，天津 2017 年存栏 47.46 万只，羊肉自给率为 34.55%。羊肉的消费量普遍增加，羊肉市场缺口很大，前景广阔。特别是新疆策勒、于田两县羊肉自给率还不到 10%，每年肉羊缺口达百万只。目前，我国肉羊产业仍处于成长阶段，与养羊业发达的国家相比，在肉羊产业良种化程度、生产性能、规模化饲养、标准化养殖等方面，仍存在较大差距，并且由于草原生态环境恶化，加之国家西部大开发实施了退牧还草工程，不少地区还采取了封山禁牧等措施，自然放牧受到严格限制。因此，如何激发少数民族地区贫困户的内生动力，如何实现精准产业扶贫项目落地，实现援疆扶贫的目标是天津食品集团援疆扶贫工作队和项目公司亟须破解的难题。

❖ 主要做法

（一）组织精干力量，深入脱贫一线

天津食品集团把扶贫工作作为干部培养的有效方式，从系统内选调 50 余名年轻干部和专业技术人员成立"脱贫攻坚青年突击队"，将其派往脱贫攻坚一线，安排在各个重要岗位，带头项目攻关。

天津食品集团扶贫工作队队员们将初心使命变为锐意进取、开拓创新的精气神和埋头苦干、真抓实干的原动力。由党员同志带队的下乡技术服务组

每日奔赴于策勒和于田两县 20 个养殖分场，为其免费提供技术指导服务工作，在他们的指导下，养殖分场的羊只长得更好了。援疆工作队与当地政府一起组成 5 个技术服务驻村组，同时由政府成立督导组，全面推广养殖技术，工作队技术人员主动为当地的村民和贫困户传播科学的养殖技术和生产理念，秉持扶贫脱困初心，用心传播技术，推动当地的生产技术革新和农民增收。

深入一线，倾力促进融合。在 2014 年 5 月召开的第二次中央新疆工作座谈会上，习近平总书记指出："各民族要相互了解、相互尊重、相互包容、相互欣赏、相互学习、相互帮助，像石榴籽那样紧紧抱在一起。"精准帮扶的路上一个都不能少，天津食品集团始终将"民族团结一家亲"摆在首位。2019年 4 月，经过摸底调查，了解到希吾勒乡还有家庭情况比较特殊的贫困户，在 2018 年结对 2 户民族团结"亲戚"的基础上，新疆联合党支部主动对库其喀其巴格村的有听力障碍的五保户，英阿瓦提村瘫痪在床、老伴儿行动不便

天津食品集团脱贫攻坚青年突击队合影

的老两口低保户，奥居鲁克村身体残疾、媳妇智障的贫困户等六家进行"结亲"帮扶，通过去"亲戚"家做客了解实际困难，有针对性地进行思想交流、制定脱贫方案，实现了"既是扶贫项目的生产队，也是党的政策的宣传队和促进民族团结的工作队"这一目标。援疆扶贫工作队成员根据当地的扶贫任务和具体情况，深入一线贫困村和贫困户家中，通过精准帮扶形式，创新帮扶手段，倾力打造新型民族团结互助典范，推进精准扶贫工作的开展。

（二）实施智志双扶，提升"造血"能力

新疆脱贫攻坚事关社会稳定和民族团结。要坚持目标标准，确保脱贫质量；要持之以恒抓好产业扶贫，带动更多贫困人口实现稳定脱贫；要坚持扶贫与扶志、扶智相结合，把"输血"变"造血"，激发贫困人口脱贫内生动力。

扶贫先扶智，提升自主脱贫能力。天津食品集团根据当地的生产情况，积极开展种羊的养殖技术、饲料饲草科学喂养、疫病防治、合作社的科学管理模式及发展预期、畜牧相关法律法规的普及等专题培训，提升当地贫困人口的技术水平和生产能力。援疆扶贫工作队共计为当地基层干部、乡级技术负责人、村级防疫员、合作社法人、农业带头人和普通农户培训达6000余人次，其中建档立卡贫困户2800余户。以贫困户中的党员同志为切入点，通过培训带动一批懂技术、会管理的农民群体及乡镇兽医站干部，引导他们适时调整种群结构，逐步推广实用的饲养技术和繁育技术，提高农户养

援疆技术人员进行操作演示

羊经济效益。邀请贫困户走进企业学习现代养殖技术，普遍提升地方的养殖技术水平，促进本地肉羊产业发展软实力的提高和管理能力的进步。为了便于理解，援疆扶贫工作队专门制作了维吾尔语培训视频，帮助贫困户提升养殖技能，增强了贫困户对扶贫项目运营管理模式的认同，有效调动了贫困户的参与热情，促进了扶贫产业链在当地的延伸。天津食品集团援疆干部与当地职能部门组成技术指导小组，到养殖户家中现场传授羊只饲喂管理技能操作，立体式全方位地为当地培养专业技术人才队伍。为实现"科学养殖人人懂，现代管理全都会"的工作目标提供了有力保证，储备了技术力量。逐步实现了由"输血"转为"造血"，实现了畜牧业快速、健康、持续发展，切实夯实了脱贫攻坚基础，推动了贫困户自我脱贫意识的提升和脱贫能力的增强。

（三）创新工作模式，构筑长效机制

天津食品集团不断探索产业扶贫新举措、新平台，结合自身优势，创新

产业扶贫养殖项目繁育羊群

工作模式，在当地大力推行"五统一（即统一品种、统一饲料、统一饲养、统一防疫、统一保护价收购）"的模式，按照政府高位推动"龙头企业＋乡镇级分场（合作社）＋养殖大户＋基础农户"的四级构架模式，快速有序推进扩繁，加快肉羊良种化进程，全面促进优质肉羊产业发展，做大做强扶贫产业，落实精准扶贫目标，建立分级分类机制，全面保障扶贫脱贫目标顺利实现。

产业扶贫第一级，天津食品集团以"科技兴农，精准帮扶，龙头带动"为实施战略，以培育现代农牧业为发展方向，通过培育示范型肉羊养殖专业合作社吸纳贫困户，间接带动农牧民发展规模肉羊养殖。通过扶贫产业布局，在于田县范围内带动农牧民规模化养殖。合作社再以"固定收益＋合作社分红"的方式保证贫困户年基本收益，促进贫困户增收脱贫，做大做强肉羊产业，助推地方经济发展。

产业扶贫第二级，发展养殖大户入合作社养殖多胎肉羊的模式，以打造先富带头人，带动贫困户致富。这对调整乡畜牧业产业结构、加快肉羊优势产区建设、进一步推进现代畜牧业产业化进程，起到了关键性作用。

产业扶贫第三级，打造饲养单元连片养殖基地，通过多胎肉羊产业实现精准扶贫，变"输血"式扶贫为"造血"式帮扶，不断增强农村贫困群众的发展能力，带动贫困人口脱贫，走上致富路。

产业扶贫第四级，关注农牧民育肥羔羊饲养终端，从部分贫困户的劳动能力和家庭情况等方面考量，由新疆项目公司精心挑选出一批育肥多胎羔羊投向有发展意愿的贫困户，贫困户只需筹措30%的费用，待育肥两个多月达到市场出售标准时，公司再根据市场价格回购，以"短、平、快"的方式实现脱贫致富的目的，公司提供全方位的技术服务支撑和饲料保障，消除农户的后顾之忧，为终端农牧民开辟了致富新门路。

（四）搭建互助平台，实现共享双赢

乡企共建是天津食品集团津垦牧业新疆项目贯彻落实新时期党建工作总体要求和创新性开展党建工作的重要举措。通过搭建有效的沟通平台，促进了企业与驻地乡党委开展交流、相互学习，开创了党建工作"互助、互促、双赢"的新模式，为双方全面加强党建工作科学化、标准化水平创造了良好条件。

强化乡企合作，共建宣传平台。于田县扩繁场建设初期便与希吾勒乡党委进行联建共建，通过互学、互促，相融共生。此外，更加注重思想宣传教育工作，在希吾勒乡主干路旁设立了18米党建宣传墙，在迎宾绿化带两侧建成1.4公里钢结构宣传长廊，改变了以往"一条马路通到底，道路两旁无生机"的旧貌，有效增强了宣传工作，扩大了援疆扶贫效果。

促进党群互动，增强典型引领。援疆扶贫工作队注重党员引领作用，通过每周与当地党员群众联合举行升国旗仪式，与村党支部共享图书室、宣传栏，大力宣传、宣讲党的大政方针政策，增强党员的政治引领作用。在乡企共建中先后开展"互学互促共话基层党建共谋脱贫帮扶""迎新春话亲情民族团结心连心""红色故里库尔班·吐鲁木纪念馆参观"等特色主题党日活动。在"三八"妇女节、"五一"劳动节、"五四"青年节、"七一"建党日来临之际，纷纷开展评优表彰工作。通过各类特色主题活动的开展，选拔一批具有先进示范作用的典型人物，号召党员干部群众向先进典型学习，不断增强党员群众的互动，以先进典型带动普通群众更好地发展，实现脱贫奔小康。

发挥产业优势，清除增收盲点。援疆扶贫工作队充分发挥肉羊产业的副产品在农业种植中促进农作物增产增收、改良贫瘠土壤环境、提高土壤有机质含量的作用，与乡政府共建党员示范田20亩。以企业提供羊粪有机肥、乡政府组织农户生产为模式，认真开展与贫困户"同下地，共锄田"资源帮扶工作，使农户在现有土地面积不变的基础上增加亩产收益，为村集体增收，

使其能有更多的资金去发展生产。

提供就业机会，增强社会效益。天津食品集团津垦牧业新疆项目公司主动为毕业回乡的大学生安置工作岗位，为维吾尔族学生骨干提供实习就业岗位，在实践中锻炼他们的工作能力，为边疆的建设发展出一份力。2019 年暑假新增 3 名贫困生助学岗位，大力培育新疆籍优秀大学生，通过提供就业机会，将企业的经济效益与社会效益相结合，助力脱贫目标实现。

开展文化建设，推进共融共享。加强文化建设，推进构建共融、共享格局，实现援疆扶贫目标。新疆联合党支部在重要节日期间组织各公司员工聚在一起，维汉共舞、共迎佳节。2019 年"六一"儿童节举办"和田—津垦一家亲，共庆'六一'心连心"活动，让公司员工的孩子们度过一个丰富多彩、欢乐有意义的儿童节，提升了职工的幸福感和获得感；庆祝中华人民共和国成立 70 周年之际，组织策划全体员工录制《我和我的祖国》视频，表达对祖国的热爱之情。一场场精彩活动，一次次文化交流，进一步夯实了新疆项目员工与群众的情感交流基础，为援助扶贫工作的顺利完成提供了良好的环境。

援疆工作队员和援疆企业员工参加"六一"活动

❖ 经验启示

（一）整合扶贫力量，聚焦脱贫目标

天津食品集团津垦牧业位于新疆和田策勒县的核心种羊场，在2018年5月12日投入使用，于田县的扩繁场也在同年9月30日投入使用。两个项目直接带动两地共13000户建档立卡户脱贫。形成"以产业助推帮扶，以帮扶促进产业可持续发展"的发展战略，实现了社会效益和经济效益"双丰收"。

聚焦脱贫发展目标，整合扶贫力量和资源，发掘各个扶贫主体的智慧和力量。新疆项目公司和援疆扶贫工作队紧密聚焦"乡企携手共建致富路"这一目标，以"政府＋公司＋合作社＋贫困户"为产业延伸发展运营模式，整合不同主体的资源和力量，实现协作脱贫目标。充分依靠当地基层政府力量，引导贫困户开展结队养殖工作，加快建设规模连片养殖小区，增强贫困户的脱贫能力，基本形成了分散农户育肥羊饲养创收模式，实现企业精准扶贫、农户精准增收。

（二）完善产业链条，推动持续发展

加大投入力度，完善扶贫产业链。当地政府把天津食品集团扶贫项目列为地区重点发展产业，政府积极参与投资，扩大规模。根据扶贫产业发展情况，投资建设相关上下游子公司，推进扶贫产业建设管理信息系统，大力提升产业信息化、科学化、标准化，不断完善企业标准和流程，提升生产效率，积极运用现代物联网等先进理念和技术，实现产业链的完善和产业的增值增收。

建立商贸渠道，增强产业自主"造血"能力。实施"商贸＋"模式，同步打通天津与帮扶地区商品流通渠道，在自营实体店及线上网店建立扶贫特色农产品专柜，积极推动帮扶地区特色农产品进入天津市场，并将本市放心食材引进帮扶地区，服务当地民生需求。真正实现全产业扶贫、精准扶贫。

（三）构筑长效机制，实现稳定脱贫

建立脱贫长效机制，确保脱贫不返贫。将贫困户脱贫增收作为常态化的工作要求，确保贫困户能够通过各类增收路径实现长效增收目标，为乡村振兴战略的实施奠定良好的基础。

建立健全脱贫机制，完善制度保障，使当地的产业脱贫措施能够得到有效落实。援疆扶贫涉及两地政府、相关部门及企业，需要建立常态化的长效机制，进一步巩固和提升脱贫成效，推动各方力量共同实现精准脱贫目标。

天津市合作交流办主任推荐语

天津食品集团作为天津市食品行业龙头企业，积极履行精准扶贫政治任务，充分发挥产业优势和品牌优势，因地制宜、大胆创新，探索出了一条适合受援地区区情、能有效解决受援地区产业发展问题、促进贫困地区经济发展的产业扶贫模式。通过"五统一"和"龙头企业＋乡镇级分场（合作社）＋养殖大户＋基础农户"的模式，打造了集育种、繁殖、育肥、屠宰、饲料于一体的肉羊全产业链，坚持政府引导与市场运作相结合，坚持智志双扶与支部共建相结合，坚持扶贫工作与促进民族团结相结合，既取得了经济效益，又提升了扶贫效果，促进了民族团结，具有良好的示范作用。天津食品集团打造的扶贫项目产业化模式，丰富了产业扶贫组织形式，创新了产业扶贫利益联结机制，为进一步做好产业扶贫工作积累了经验，具有很强的借鉴和推广价值。

张庆恩：天津市人民政府合作交流办党组书记、主任

专家点评

产业扶贫是促进贫困地区发展、增加贫困农户收入最直接、最有效的途径，也是促进贫困人口与贫困区域协同发展、增强"造血"功能、激活内生动力的一种内源性发展机制，但要做好，并不是一件容易的事情。天津食品集团在开展新疆和田对口帮扶工作中的经验最值得称赞的是：一方面，充分利用企业自身的产业经营优势和品牌优势来进行帮扶，使得新疆无偿获得了其无形资产价值帮扶；另一方面，又结合和田地区的资源优势和地方特色，有效整合地区扶贫力量和资源，发掘各扶贫主体的智慧和力量，实施了产业精准扶贫、技能培训、科技兴农、乡企共建、文化共融等活动，这些不仅有效助力了地区脱贫攻坚工作，也进一步挖掘和培育了地区内生发展动力，最终实现了经济效益和社会效益双丰收，走出了一条企业参与东西扶贫协作、促进地方产业精准扶贫的新路径，很值得推广和学习。

张 琦：北京师范大学中国扶贫研究院院长、教授、博士生导师，国务院扶贫开发领导小组专家咨询委员会委员

思考题

1. 援疆扶贫作为对口扶贫的重要内容，如何破解"输血"扶贫困境、实现精准脱贫目标？

2. 在产业扶贫发展过程中，如何与地方政府更好地沟通与融合，进一步落实产业扶贫模式？

延伸阅读

1.《天津发挥产业市场技术优势对口援疆 援养百万羊 万户脱贫忙》(《经济日报》2018 年 12 月 24 日)

2.《市食品集团投建两个优质肉羊基地位于河北承德和新疆和田 均达百万只规模》(《天津日报》2018 年 11 月 19 日)

牢记习近平总书记嘱托
努力让乡亲们过上好日子

——河北省阜平县脱贫攻坚纪实

摘要： 习近平总书记到阜平调研考察 6 年多来，阜平干部群众时刻牢记总书记的深切关怀和殷切嘱托，在中央、省、市以及社会各界的帮扶支持下，以脱贫攻坚统揽全局，紧紧围绕实现"两不愁三保障"目标，坚持党建引领、全域规划、全要素支撑、全社会动员，全力抓好收入、住房、教育、医疗、社会保障五个关键，探索出了一条高质量脱贫的阜平之路。阜平 2019 年将实现脱贫摘帽，"让乡亲们过上好日子"的目标正在变成生动现实。

关键词： 党建引领　全域规划　全要素支撑　全民动员

引言： 2012 年 12 月 29 日至 30 日，习近平总书记到阜平县看望慰问困难群众、考察扶贫开发工作时指出："推进扶贫开发、推动经济社会发展，首先要有一个好思路、好路子。要坚持从实际出发，因地制宜，理清思路、完善规划、找准突破口。"

❖ 背景情况

　　阜平县位于河北省保定市西部，总面积 2496 平方公里，辖 6 镇 7 乡 209 个行政村 1208 个自然村，人口 23.04 万。阜平县县情特点可以概括为"三个区"：一是革命老区。阜平县 1925 年就成立了中共党组织，1931 年建立北方第一个红色县政权，1937 年创建了晋察冀抗日根据地，1948 年 4 月毛主席率领中共中央机关移驻阜平，发布了"五一口号"。抗战时期，阜平人口不足 9 万却养活了 9 万多人的部队和工作人员，2 万多人参军参战，5000 余人光荣牺牲，为民族独立、人民解放和新中国成立作出了巨大贡献。二是太行深山区。阜平是全山区县，全县山场面积 326 万亩，占总面积的 87%，耕地面积仅 21.9 万亩，人均 0.96 亩，俗称"九山半水半分田"。三是深度贫困地区。阜平是"燕山—太行山"集中连片特困地区县，也是"燕山—太行山"片区区域发展与扶贫攻坚试点。2014 年，建档立卡贫困人口 44415 户 108121 人，贫困发生率 54.4%，是河北省 10 个深度贫困县之一，干部群众思想观念陈旧、产业基础薄弱、先进生产要素支撑力弱、基础设施和公共服务水平落后，脱贫攻坚任务艰巨而繁重。

阜平县是党的十八大以来习近平总书记考察扶贫工作的第一站，全国脱贫攻坚号角在这里吹响。打赢脱贫攻坚战是一项极为严肃的政治责任，也是必须肩负起的使命担当。广大干部群众牢记习近平总书记"让乡亲们过上好日子"的殷切嘱托，坚定信心，砥砺奋进，以脱贫攻坚统揽阜平县经济社会发展全局，决心坚决打赢、打好脱贫攻坚战。

❖ 主要做法

（一）在思想认识上，聚焦坚定信心，勇于承担历史使命，一个劲头干到底，不获全胜不罢休

习近平总书记在阜平调研考察时指出："没有农村的小康，特别是没有贫困地区的小康，就没有全面建成小康社会"。脱贫攻坚战打响以来，阜平县干部、群众始终牢记总书记的殷切嘱托，把脱贫工作牢牢扛在肩上，坚持"白加黑""五加二"的工作激情，摸实情、定措施、强推进、保成效，一个劲头干到底，不脱贫不收兵。

（二）在脱贫支撑上，聚焦找准路子，把产业就业扶贫作为重中之重，因地制宜、科学规划、分类指导、因势利导，增强自我发展能力

坚持规划引领。自 2013 年以来，阜平县坚决贯彻落实习近平总书记到阜平考察时提出的"宜农则农、宜林则林、宜牧则牧、宜开发生态旅游则搞生态旅游"的重要指示，先后编制完成了《阜平县"十三五"产业精准脱贫规划》《阜平县致富产业到村入户规划》等系列发展规划，做到乡有致富产业发展计划、村有致富产业发展路子、户有产业扶持举措，为贫困群众提供了看得见、吃得着的"产业菜单"。第一，强化科技支撑。与中国农科院、河北农业大学等科研机构和高等院所开展合作，引进先进技术，提高农业产业科技含量和农产品经济效益。成立太行山食用菌研究院、河北农大阜平产业研究院，建设 6 家农业创新驿站。县财政每年拿出近 500 万元聘请食用菌、设施蔬菜、中药材、林果等领域 21 名专家和 100 余名技术人才组成技术服务团队，长年驻点服务。第二，强化金融支撑。以创建金融扶贫示范县为载体，建立扶贫贷款"风险共担"机制，打通扶贫产业发展金融血脉，实现贫困户发展生产有贷款、抵御风险有保险。第三，强化土地政策支撑。利用"占补平衡"政策，积极采取"政府统筹主导、企业开发经营、村级组织推动、农户合作参与"的方式，对未利用的土地进行土地整治及荒山绿化，推进高效益种植和管理，增加农民流转底金、入股分红、项目区务工等多项收入。全县土地整治项目完成 6 万亩，并全部进行了果树种植，为项目区群众累计发放土地流转租金 1.47 亿元，为 4000 余个贫困劳动力提供就业岗位，累计务工支出已达到 1 亿元以上，人均年增收 1.2 万元以上。

经过几年的努力，按照政府主导、科技支撑、金融支持、企业带动、基地聚集、农户参与的"六位一体"模式，形成了"长短结合、多点支撑"的扶贫产业体系。食用菌、高效林果、中药材、养殖、家庭手工业、生态旅游 6 大产业蓬勃发展。新建各类扶贫产业园区、种植养殖基地和家庭手工业车间 1120

个，其中，仅食用菌产业就建成百亩以上园区 98 个、棚室 4700 余栋，生产菌棒 7500 万棒，直接参与包棚与务工的群众 1.5 万户，土地流转涉及群众 1.1 万户，带动群众增收 2.5 亿元。贫困群众彻底告别了土里刨食靠天收的历史，家家户户都有了自己的"摇钱树"和"聚宝盆"。截至 2019 年 6 月底，全县居民储蓄存款余额达到 101.93 亿元，是 2012 年（44.45 亿元）的 2.29 倍。

嘉鑫太行山农业创新驿站（食用菌园区）

阜平镇大道村林果种植园区

（三）在脱贫标准上，聚焦解决"三保障"突出问题

首先，加强住房保障。把易地扶贫搬迁与建设美丽乡村、推进新型城镇化、治理空心村、危房改造结合起来，全力改善群众住房条件。实施 41 个易地扶贫搬迁项目，涉及 17701 户 53748 人。实施危房改造和住房提升 1.9 万户，贫困户唯一住房为不安全住房的全部进行了改造提升。

其次，完善教育保障。围绕"上学难"问题，建成 13 所农村寄宿制学校，完成 113 所农村学校"改薄"工程和职教学校新校区建设。

主要措施有：一是精准落实学前教育、高中教育、高等教育和职业教育贫困家庭学生资助政策。二是严格控辍保学，确保九年制义务教育阶段贫困家庭应该上学的适龄儿童都能上学，不能因贫失学辍学。三是加强乡村义务教育薄弱学校改造、寄宿制学校建设，全面改善教学条件。在国家机关事务管理局的帮助下，成立北京—燕太片区职教扶贫协作区，累计招收贫困学生1100 多名。

最后，深化医疗保障。围绕"就医难"问题，全面加强县乡村三级医疗机构建设，完善提升 13 所乡镇卫生院和 209 个村卫生室，河北医科大学第二医院、中国中医科学院广安门医院分别托管阜平县医院、中医院，使其医疗技术水平不断提升。全面落实家庭医生签约服务、贫困人口"先诊疗、后付费""一站式"结算等各项健康扶贫政策，贫困群众参合率达到 100%。同时，围绕"养老难""保障难"问题，实现扶贫开发与低保政策有效衔接，应保尽保，分类施保。建立县、乡、村三级养老服务体系。以县民政事业服务中心为基础，鼓励引导失能半失能的特困人员全部入住。与河北仁爱医养服务集团合作，实现社会化运营，提高管理和服务水平。结合城镇建设和易地扶贫搬迁，同步推进乡镇养老服务中心和互助幸福院建设。加强村级幸福院管理，引导农村特困人员、空巢老人、留守老人、搬迁老人、低保老人入住养老，安度晚年。

龙泉关镇骆驼湾村新貌

阜平县职教中心新校区

（四）在扶贫对象上，聚焦精准扶贫精准脱贫，使政策之水流到地里、洇到户里

一是严格落实调查服务工作制度。每个村安排专职扶贫政策信息员，逐月完成所有贫困户月收入登记，逐季度完成帮扶脱贫情况摸底，达到"情况明，底数清，数字准"。二是严格保证识别纳入质量。坚持用一把尺子量到底，有效防止政策标准执行偏差；坚持农户申请、入户核查、评议审核、公示公告等各个环节缺一不可，规范推进，阳光操作，确保公开、公平、公正。三是切实做好年度贫困退出工作。着眼"无漏评，无错退，无错评"的"三无"目标，坚持以搞好业务培训夯实工作基础、强化督导验收推动工作落实的工作举措，保证贫困退出质量。

（五）在脱贫质量上，聚焦七个全覆盖，把所有贫困群众一人不落地纳入进来，让发展成果更多更公平惠及人民

一是产业全覆盖。鼓励和引导有劳动能力的贫困人口，通过直接经营、园区务工等方式，参与到食用菌、高效林果、中药材、养殖、家庭手工业、生态旅游等产业中来。二是社会保障全覆盖。将医疗、教育扶贫和低保政策与扶贫开发政策相衔接，积极推进农村五保老人到县城养老中心集中养老，在基本五保救助金的基础上，落实生活补贴，进一步提升保障水平。三是结对帮扶全覆盖。在省市安排 62 个帮扶村 186 名驻村干部的基础上，向其他 102 个贫困村和 45 个非贫困村全部安排了县级精准脱贫驻村工作队，保持了驻村帮扶对所有行政村的全覆盖。四是技能培训全覆盖。对所有有培训需求的贫困户进行摸底统计，开展全方位、多层次、针对性强的劳务就业技能培训，提高贫困人口务工就业能力素质和发展动力。五是村集体收入全覆盖。通过光伏扶贫、林果食用菌资产收益、新型经营主体等方式，村集体收入均达到了 5 万元以上。六是利益联结机制全覆盖。采取资产收益、固定收益、土地流转、村级就业扶贫公益岗位开发等模式，建立健全利益联结机制，实现贫困人口有租金、有股金、有薪金，人人有收益。七是基础设施提升全覆盖。道路交通方面，全县公路通车总里程达到 1820.2 公里，实现了"通村道路便捷、联村道路畅通、村内街道硬化"目标。安全饮水方面，对全县 164 个贫困村、23 个非贫困村实施农村饮水安全巩固提升工程，17.23 万农村人口安全饮水得到全面保障提升。电力通信方面，贫困村电网全面升级，实现了 4G 通信讯号和宽带网络行政村全覆盖。村容村貌方面，对所有贫困村进行了村庄环境全面整治，所有行政村实现垃圾统一收集、卫生无害化处理，实现了村庄干净、整洁、有序。

史家寨乡通村公路

平阳镇立彦头村光伏扶贫工程

（六）在组织保障上，聚焦建强基层堡垒，坚持示范引领，提升贫困人口内生动力

始终把党建引领作为脱贫攻坚的总抓手，结合中央党建秘书组基层党建联系点的活动，全面开展"脱贫攻坚党旗红"活动，大力整顿软弱涣散基层

党组织，注重让农村基层党组织和党员在脱贫攻坚中发挥作用。首先，建强党组织脱贫攻坚战斗堡垒。坚持在脱贫攻坚一线选人用人，夯实乡镇中坚力量。推进 209 个行政村"两委"换届，选优配强村支部书记，实现村"两委"班子结构优化调整。各级党组织成为落实脱贫攻坚政策、推进各项工作最坚实的基础。其次，打造党员脱贫攻坚先锋模范。每月 15 日为党员活动日，通过党员参加义务劳动、结对帮扶贫困户等形式，培树"我是党员我带头"的模范意识。全面实行党员积分量化管理，鼓励党员在脱贫攻坚各条战线上当先锋、做表率。2018 年全县举办 15 期 2200 多人次党员致富骨干培训班，鼓励支持党员带头致富。最后，激发群众脱贫致富原动力。在全县开展"志气榜""孝老爱亲榜"评选活动，以村规民约的形式规定儿女每月给予父母赡养费，贫困群众的内生动力明显增强，群众过上好日子的信心更加充足。贫困群众积极参与到全县富民产业发展、住房条件改善、基础设施提升等建设中，由之前的"要我干"向"我要干"转变，由之前的"揣着手等"到"背着手看"再到"甩开手干"转变，由之前的"要我脱贫"向"我要脱贫"转变，群众心气更足了，贫困群众的精气神上来了。

（七）在作风建设上，聚焦晋察冀精神，不忘初心，提升服务质量

坚持工作重心全面聚焦脱贫攻坚，工作力量全面下沉基层一线，工作举措全面对标验收标准。坚决落实县委书记、县长"双组长"负责制和县级领导分战线负责制。科学布局工作力量，成立易地扶贫搬迁、致富产业发展等12 个脱贫专项工作组，明确牵头县领导，形成分线作战、各负其责、合力攻坚的责任体系。坚决落实三级书记抓扶贫工作制，签订县、乡、村三级精准扶贫精准脱贫责任状，压实各级党委、政府脱贫攻坚主体责任。坚决落实贫困乡村包联责任制。实施县级领导与分包乡镇、贫困村责任捆绑、深度对接，坚持每周不少于两天到分包乡镇实地调研脱贫攻坚工作，一线办公，一线解决问题，一线推动工作，进一步加快乡村脱贫攻坚步伐。

❖ 经验启示

到 2018 年年底，阜平县贫困人口已减少到 5719 户 12780 人，贫困发生率下降到 6.93%，全县农民人均纯收入由 2012 年的 3262 元增长到 8590 元，富民产业、教育卫生事业、基础设施建设等方面实现全面进步。习近平总书记在阜平考察时强调的"两不愁三保障"、寄予的"让乡亲们过上好日子"的殷切嘱托正在变成老区人民的美好生活现实。在脱贫攻坚奋斗历程中，有以下三点启示。

（一）结合实际、科学规划是脱贫攻坚找到"好路子"的必要前提

2012 年，习近平总书记到阜平调研时说道，"要看就要真看，看真贫，通过典型了解贫困地区真实情况，窥一斑而见全豹"。而阜平县正是在认清、摸透贫困真实情况的基础上，坚决落实习近平总书记在阜平考察时提出的"因地制宜、科学规划、因势利导、分类指导"要求，在国务院扶贫办的具体指导下，编制完成《燕山—太行山片区阜平县区域发展与扶贫攻坚实施规划》，聘请清华同衡等规划设计单位，编制完成经济社会发展规划等一系列规划，确立了脱贫攻坚的"阜平路径"，形成了全县致富产业蓬勃发展、基础设施和基本公共服务能力大幅提升、贫困群众生产生活条件极大改善的良好局面。

（二）建强基层党组织是形成脱贫攻坚"好班子"的重要支撑

抓扶贫必须抓党建，抓党建就是抓扶贫。打赢脱贫攻坚战，推进扶贫开发，我们要两个抓手促脱贫，一手抓党建，一手抓扶贫。阜平县委县政府坚持在脱贫攻坚一线选人用人，从加强农村党支部书记、驻村第一书记和致富带头人"三支队伍"建设入手，打造了一支作风优良、勇于担当、本领过硬的基层扶贫干部队伍，使全县村党组织联系群众、服务群众、凝聚群众、造福群众的功能显著增强，逐步发挥出战斗堡垒作用，成为带领乡亲们脱贫致富奔小康的主心骨、领路人，成为如期打赢脱贫攻坚战的重要支撑。

（三）干部群众的内生动力是贫困群众过上"好日子"的力量源泉

习近平总书记在阜平考察时指出："贫困地区发展要靠内生动力"。在阜平县的脱贫攻坚过程中，中央省市各级领导、各帮扶单位发挥资源优势，积极对接帮扶资源，认真落实帮扶事项；广大党员干部切实转变作风，扎进基层一线，深入发动群众；驻村工作队一任接着一任干，吃住在村，倾力帮扶，补齐脱贫和发展短板；广大群众切实转变观念，主动作为，劳动致富，形成了干部群众心往一处想，劲儿往一处使的强大合力。正是这种合力，成了阜平县贫困群众过上好日子的力量源泉，成为处于深度贫困地区的阜平县如期打赢脱贫攻坚战的坚实内在基础。

河北省扶贫办主任推荐语

阜平县是国家级扶贫开发重点县，是河北省 10 个深度贫困县之一。贫困程度深，发展基础弱，2014 年建档立卡贫困人口 44415 户 108121 人，贫困发生率 54.4%。2012 年 12 月，习近平总书记到阜平县考察扶贫开发工作，对贫困地区加快脱贫致富奔小康作出系列重要指示。6 年多来，阜平县坚持党建引领、全域规划、全要素支撑和全社会动员，全面抓好贫困群众"两不愁三保障"、产业扶贫、易地扶贫搬迁、基础设施建设、激发贫困群众内生动力等工作，脱贫攻坚工作成效显著。截至 2018 年年底，该县建档立卡贫困人口减少到 5719 户 12780 人，贫困发生率下降到 6.93%；全县农民人均可支配收入由 2012 年的 3262 元增长到 8590 元。富民产业、公共服务、基础设施建设、精神面貌等方面都取得了显著变化，2019 年该县将实现脱贫摘帽。国务院扶贫办主任刘永富 2019 年 5 月到阜平县调研，给予充分肯定。

李志刚：河北省扶贫办党组书记、主任

专家点评

　　脱贫攻坚切忌空喊口号，要坚持从实际出发，找准发展的路子。河北省阜平县地处燕山—太行山连片特困区，基础差、底子薄，属于深度贫困县。在脱贫攻坚过程中，阜平县扎实践行习近平总书记"因地制宜、科学规划、分类指导、因势利导"的重要指示精神，坚决贯彻精准方略，结合县域发展与脱贫攻坚实际，强化党建引领、全域规划、全要素支撑和全社会动员，全面抓好"两不愁三保障"、基础设施建设、产业扶贫、易地扶贫搬迁等工作，脱贫攻坚取得显著成效。阜平脱贫攻坚的经验充分体现了习近平总书记关于扶贫工作重要论述的科学性、指导性，充分体现了精准扶贫精准脱贫基本方略的针对性、实践性，充分体现了中央脱贫攻坚决策部署的精确性、有效性。

　　黄承伟： 国务院扶贫办中国扶贫发展中心主任、研究员、博士生导师

思考题

　　在交通不便、耕地匮乏、基础落后的深度贫困山区，如何探索出一条持续稳定脱贫的路径？

延伸阅读

　　《阜平正在富起来》（人民网，http://politics.people.com.cn/n1/2018/1126/c1001-30420300.html，2018 年 11 月 26 日）

"一个战场"打赢"两场战役"

——山西省生态脱贫之路

摘要： 深度贫困地区往往处于全国重要生态功能区，面临生态保护和经济发展的双重压力。山西作为革命老区和扶贫开发重点省份，承担着打赢脱贫攻坚战和实现绿色发展的双重任务。近年来，省委省政府将脱贫攻坚与生态治理紧密结合起来，在"一个战场"同时打响"两场战役"，采取生态优先综合施策、项目联动稳定增收、群众参与激发内力、深化改革"三权分置"、党政齐抓协同推进的方式，将生态建设的过程变成群众增收致富的过程，走出了一条绿色发展、生态脱贫的发展新路。

关键词： 生态脱贫　绿色发展　协同推进

引言： 2015 年 11 月 27 日，习近平总书记在中央扶贫开发工作会议上指出："在生存条件差、但生态系统重要、需要保护修复的地区，可以结合生态环境保护和治理，探索一条生态脱贫的新路子。"

❖ 背景情况

　　山西省是革命老区，全省 117 个县（市、区）中，有 105 个革命老区县，集中分布在吕梁山、太行山和北部高寒冷凉山区。这些地区是我国抗日战争和解放战争时期最重要的根据地，为民族解放战争和新中国的成立作出了巨大的贡献。自脱贫攻坚以来，省委省政府深入践行习近平总书记"绿水青山就是金山银山"的理念，以脱贫攻坚统揽经济社会发展全局，以"打不赢脱贫攻坚战就对不起这块红色土地"的态度和决心，统筹生态生计，协调增绿增收，在"一个战场"打赢脱贫攻坚与生态治理"两个攻坚战"。2017年惠及全省50多万贫困人口，实现稳定增收10多亿元，走出了一条生态脱贫互促双赢的路子。

山西省是扶贫开发重点省份，全省有扶贫开发工作任务的县103个，其中贫困县58个（36个国定贫困县、22个省定贫困县）。2014年建档立卡时，农村贫困人口329万、贫困发生率13.6%；贫困村7993个，占总数的28.3%。58个贫困县中有41个是国家和省限制开发的生态主体功能区，集中分布在吕梁山黄土高原沟壑纵横区、太行山矸石山区和北部高寒冷凉山区，水土流失严重，森林覆盖率较低，深度贫困与生态脆弱高度重合、相互交织、互为因果，全省面临生态建设和脱贫攻坚的双重压力。省委省政府结合省情，兴大计、谋长远，把生态扶贫作为脱贫攻坚重要战略，将脱贫攻坚与生态文明建设紧密结合起来，把修复生态环境作为拔掉贫困穷根、改善生存条件、建设美丽山西的基础性、战略性工作，在"一个战场"同时打响脱贫攻坚与生态治理"两场战役"，将生态建设的过程变成群众增收致富的过程，走出了一条绿色发展、生态脱贫的新路径。

吕梁市临县生态造林工程

❖ 主要做法

（一）生态优先 综合施策

省委省政府坚决叫停各种损害生态、牺牲环境、竭泽而渔的做法，坚持脱贫攻坚和生态治理目标同向、政策同频、绩效同考，以生态优先推动耕退林进、人退绿进，以产业重构牵动环境改善、脱贫增收，以绿色发展的观念、行为和模式，统筹生态、生产和生计。荒山荒坡绿起来。全省每年造林 400 万亩以上，60% 以上任务安排到贫困县，2018 年 58 个贫困县完成造林 282 万亩。陡坡耕地退下来。退耕还林项目重点向贫困县布局，2018 年退耕还林 183 万亩，其中贫困县任务占比 93.86%，基本实现了陡坡耕地应退、愿退、尽退。在国家对贫困县每亩补助 1600 元的基础上，省级每亩配套 700 元。山庄窝铺搬出来。截至 2019 年 8 月底，3350 个深度贫困村搬迁 3204 个，占 95.6%，其中有 1978 个村完成旧房腾退拆除，占 59%；1177 个村完成旧宅基地复垦，占 35.1%；全省完成土地复垦 3.5 万亩、生态修复 0.4 万亩。光伏产业亮起来。截至 2019 年 7 月，

晋中市榆社县郝北乡光伏产业

全省光伏扶贫累计结算收益 9.09 亿元，惠及 7463 个村、带动 21.4 万贫困户。转移就业走出来。2018 年转移就业 9.03 万人，2019 年上半年转移就业 6.8 万余人。吕梁护工、天镇保姆等一批劳务品牌受到市场欢迎。贫困地区呈现出多年来少有的耕退林进、人退绿进，产业多元、增收脱贫的热闹场面。

（二）项目联动　稳定增收

联动实施退耕还林奖补、造林绿化务工、森林管护就业、经济林提质增效、林产业综合增收"五大项目"，建立持续稳定带贫减贫机制，确保收益精准到村到户到人。退耕还林得奖金。每亩奖补 1500 元，58 个贫困县在 2017 年、2018 年两年退耕还林 330 万亩，2017 年带动 22.29 万贫困人口受益，2018 年带动 25.4 万贫困人口受益。造林护林挣薪金。贫困县荒山造林每亩补助 800 元，45% 为务工酬劳，累计带动贫困社员增收 8.4 亿元；58 个贫困县森林管护吸纳贫困劳动力 2.83 万人，人均年收入 6700 元。生产经营得现金。

临汾市大宁县曲峨镇造林点

贫困县经济林提质增效 150 万亩，惠及 14.1 万个贫困户，增加经营性收入。流转入股得租金。耕地林地流转，合作社入股，增加财产性收入。生态产业成为脱贫的新产业和增收的新渠道。

（三）群众参与　激发内力

创新生态建设参与机制，使贫困群众真正成为参与主体、受益主体。打破不能干的制度壁垒，造林项目由招标制改为议标制，由专业队实施改为合作社实施，贫困县国省重点工程人工造林任务全部安排给合作社，依据贫困社员数量确定造林任务。完善社员进退机制，提前下达任务，拉长造林时间，解决贫困群众参与率低的问题。补齐不会干的能力短板，采取能人领办、大户牵头、专业队改造等方式。全省 58 个贫困县组建扶贫攻坚造林专业合作社 3378 个，吸纳贫困劳动力参与，入社贫困社员不低于 60%。防范不公正的分配漏洞，合作社以股份合作为纽带，贫困户既入股分红又务工挣钱，造林投资的 45% 以上作为劳务费，直接支付到户到卡。2017 年 5.4 万名贫困劳动力人均增收 8700 元，2018 年 5.2 万名贫困劳动力人均增收 7000 多元。防止简单以资分配、拖欠克扣群众劳务费、侵害贫困户权益的情况发生。贫困群众在参与生态建设中尝到了甜头、看到了奔头、增强了劲头。

吕梁市临县生态造林工程

（四）深化改革"三权分置"

坚持以改革促增绿、增绿促增收，把贫困户精准嵌入生态产业发展过程中，充分释放生态扶贫改革红利。林权改革添动力，落实集体生态公益林管护权，2017 年启动集体公益林国有林场托管，补偿收益和经营性收益归林农所有。放活集体经济林经营权，建立集体林地"三权分置"运行机制，引导集体林权规范有序流转，鼓励林农与新型林业经营主体建立紧密的利益联结机制。资产收益增活力，发展以股份合作为主要形式的新型经营组织，支持贫困户以林地经营权、林木所有权、财政补助资金等入股发展林业产业，2017 年在 9 个试点县和省直林区启动林业资产性收益试点，实现资源变资产、林农变股东、权益变收益。盘活资源挖潜力，实施"小灌木大产业"战略，通过新建和改造的方式盘活野生沙棘、连翘资源，依托优质森林景观资源，规划打造康养集群和康养基地，推动生态脱贫、绿色发展。

（五）党政齐抓协同推进

五级书记带头抓，推动生态扶贫各项政策举措落地、落细、落实。领导带头抓落实，省委省政府把生态扶贫作为脱贫攻坚的超常举措，骆惠宁书记、楼阳生省长带头"双签"脱贫攻坚责任书，坚持一线工作法，要求 11 个市、58 个贫困县书记每人实地调研指导一个扶贫攻坚造林专业合作社，在一线发现问题、解决问题。协同联动抓落实，实行专项扶贫双组长制，管行业就管扶贫，脱贫攻坚只有主角没有配角，责任面前向前一步。林业、扶贫、国土、财政、农业等部门密切配合、协同发力。各级驻村帮扶干部到村到户到地，就五大项目落实开展跟踪服务。督导考核抓落实，省委脱贫攻坚督导组将生态扶贫作为督导重点，划片包市、常年督导，倒逼责任落实、政策落实、工作落实。

❖ 经验启示

"绿水青山就是金山银山。"2018 年，山西省保有森林面积已由 2010 年的

4236万亩增加到4816万亩。《2017年全国生态气象公报》指出，全国31个省（自治区、直辖市）植被生态质量均呈改善趋势，其中，山西植被生态质量改善最快。2014年至2018年山西省累计退出贫困村7075个，贫困人口数量从329万减少到25.5万，贫困发生率从13.6%下降到1.1%。山西生态扶贫模式在脱贫攻坚与生态治理"两大战役"中同时突进，互利共赢，是习近平总书记"绿水青山就是金山银山"重要理念在三晋大地的生动实践，符合山西实际，具有山西特色，为全国树立了"生态脱贫样本"，提供了生态脱贫的经验和启示。

（一）紧盯攻坚目标，坚持共享发展

山西生态扶贫模式的核心是树立共享式发展理念，将生态文明建设与精准扶贫相结合，增绿增收相统一，既能够保证生态文明建设，符合可持续发展理念，提升国家经济社会发展的内在需求，也能够将人与自然之间的关系处理得更好，有效解决阻碍贫困问题的基本矛盾，促进经济较落后地区消除贫困、改善人民的生活质量。各地省情和贫困状况不同，在贯彻国家重大决策部署中，应坚持目标导向，因地而宜，科学施策。

（二）聚焦精准方略，细化政策机制

山西生态脆弱和贫困落后高度重合，从顶层设计上，把生态扶贫纳入全省脱贫攻坚"八大工程20个专项行动"，放在攻坚深度贫困"十大超常举措"的首要位置。从制度层面上，先后制定出台了《关于扶持发展扶贫攻坚造林专业合作社的指导意见》《关于发展和规范扶贫攻坚造林专业合作社的意见》等一揽子文件，科学完善的政策体系为打赢脱贫攻坚战提供了重要保障。

（三）勇于创新发展，拓宽扶贫路径

创新扶贫开发工作，必须从实际出发，不断创新扶贫工作新方法、新思路、新模式。山西扶贫模式打破全国通行的"以往栽树，要进行市场化招标

程序，由有资质的绿化公司竞标"的做法，把参与主体由造林绿化公司改为扶贫攻坚造林合作社，把招标的程序改为议标。以改革促攻坚，以攻坚倒逼改革，攻坚举措的不断创新，为持续发展提供源源不断的内生动力，让越来越多的贫困群众充分享受脱贫攻坚带来的政策红利。

（四）激发内生动力，建立稳定脱贫长效机制

打赢脱贫攻坚战，关键在于充分激发贫困群众的自主脱贫意识，调动其脱贫的主体性、能动性和创造性。山西省规定：扶贫攻坚造林专业合作社 60% 成员要由贫困户构成，使他们能够最大限度地参与到生态扶贫中；建立社员进退机制，劝退无劳动能力、不愿干活的贫困社员，及时吸纳能干活、愿干活的贫困人员；采取能人领办、大户牵头、专业队改造的方式，解决贫困群众参与率低和能力不足的问题。这些举措不仅保证了有序脱贫、迅速脱贫、稳定脱贫，而且实现了贫困户组织起来、合作社壮大起来、村集体经济发展起来的目标。

山西省扶贫办主任推荐语

增绿又增收，利在当下，更在长远。山西生态扶贫的成果，既符合"生态兴省"战略，又让"绿水青山就是金山银山"的理念得到实践，贫困群众在参与生态建设中尝到了甜头、看到了奔头、增强了劲头。实践证明：在生态环境脆弱地区把脱贫攻坚同生态建设有机结合起来，这既是脱贫攻坚的好举措，也是生态建设的好路子。打赢脱贫攻坚战，深入实施生态扶贫重大工程，改善贫困地区生态脆弱状况，探索实施贫困地区可持续发展的举措，推动生态脱贫、绿色发展，实现共同富裕的目标。山西生态扶贫的经验和做法，值得推广和借鉴。

刘志杰：山西省脱贫攻坚领导小组办公室主任，省扶贫办党组书记、主任

专家点评

贫困地区往往是生态脆弱地区和生态功能区，呈现出脱贫致富与生态保护这一对矛盾体。同时，脱贫攻坚也是一项系统工程，必须与国家或区域发展重大战略密切配合、协同推进。在打赢脱贫攻坚战的过程中，山西省在"一个战场"同时打响"两场战役"，创造性地实现脱贫攻坚与生态治理有效衔接，探索出一条具有可持续性、可推广性的生态脱贫之路，这对很多贫困地区都具有借鉴和推广价值。从该案例中可以得出两点认识：一是脱贫攻坚要运用"绣花"功夫，因地制宜，探寻一条符合本地实际的总体思路与实现路径。二是运用矛盾分析法和辩证思维法，找准各类重大事项之间的结合点，善于将劣势转化成优势、将约束条件转变为推动力量，形成各项工作之间的强大合力。

曹　立：中共中央党校（国家行政学院）经济学部副主任、教授、博士生导师

思 考 题

在"一个战场"打赢脱贫攻坚和生态治理"两场战役"有哪些方法和路径？

延伸阅读

1.《山绿了，日子也红了》(《人民日报》2019年7月4日)

2.《山西，生态扶贫兴大计谋长远》(人民网，http://sx.people.com.cn/n2/2019/0704/c189132-33105868.html，2019年7月4日)

牵住稳定脱贫的"牛鼻子"

——内蒙古自治区科左后旗黄牛产业扶贫模式

摘要： 内蒙古自治区科左后旗立足旗情打造黄牛产业精准扶贫模式，使农村牧区通过养殖黄牛谋致富、谋发展成为新常态，贫困农牧民内生发展动力被充分激活，脱贫致富成效充分显现。近年来，科左后旗把发展黄牛产业作为稳定脱贫的"金钥匙"，以扶贫贷款为支撑，以配套服务为保障，以利益联结为抓手，实现了农牧民脱贫致富、黄牛产业全产业链发展和生态环境改善的互促共赢、可持续绿色发展。

关键词： 产业扶贫　黄牛产业链　牧区稳定脱贫

引言： 2018年2月12日，习近平总书记在打好精准脱贫攻坚战座谈会上指出："产业扶贫是稳定脱贫的根本之策，但现在大部分地区产业扶贫措施比较重视短平快，考虑长期效益、稳定增收不够，很难做到长期有效。如何巩固脱贫成效，实现脱贫效果的可持续性，是打好脱贫攻坚战必须正视和解决好的重要问题。"

❖ **背景情况**

科左后旗全称科尔沁左翼后旗，是国家级贫困旗县和革命老区，位于内蒙古通辽市东南部，辖15个苏木镇262个行政村。地处环渤海经济圈、东北经济规划区，与辽宁省彰武、康平、昌图，吉林省双辽两省四县

（市）毗邻，总面积 11570 平方公里，人口 40.15 万，有蒙古族、汉族、回族等 19 个民族聚居，其中蒙古族占 75.24%，是内蒙古自治区县域蒙古族人口较集中的地区之一。

科左后旗于 2011 年被确定为国家扶贫开发工作重点旗。科左后旗是一个典型的农牧结合旗，种植业和草牧业资源禀赋突出，农村牧区的黄牛养殖基础较好，传统优势较为明显。因此，在精准扶贫实践过程中，该旗从农村牧区贫困现状出发，立足黄牛产业发展和贫困人口生产实际，明确了"大力发展黄牛产业，促进农牧民增收致富"的基本思路，制定了一系列政策措施推进黄牛产业全产业链发展，通过做大做强黄牛产业，将农村牧区贫困群体全部吸纳进产业链，实现脱贫增收。2018 年科左后旗黄牛饲养量达 81 万头，贫困户（含已脱贫户）养牛 6.18 万头，人均养牛 2.2 头，养牛成为群众增收致富的主渠道，该旗被列入全国首批养殖大县名录。

"科尔沁黄牛"助力农牧民稳步脱贫

❖ 主要做法

（一）强化黄牛产业扶贫政策保障

内蒙古自治区《关于创新扶贫开发工作机制扎实推进扶贫攻坚工程的意见》（内党办发〔2014〕20号）、《内蒙古自治区"十三五"产业扶贫规划》（内政办发〔2016〕126号）提出了立足贫困地区农牧业资源禀赋、以特色产业促进农牧民脱贫增收的目标，黄牛产业被列为七大扶贫产业之一，科左后旗被列为重点支持旗县。通辽市围绕做大做强黄牛产业、推进全产业链发展、打造"中国草原肉牛之都"的目标，制定落实《通辽市肉牛产业发展行动计划》等多项政策，明确了八项重点任务。科左后旗认真落实中央、自治区和通辽市的产业扶贫政策，结合经济社会发展实际，确立了以黄牛产业为主导的农村牧区产业扶贫体系，明确了以产业扶贫为重点，确保实现2018年年底全旗脱贫摘帽、贫困人口持续稳定增收的目标，相继制定出台10项发展黄牛产业的相关政策，为黄牛产业扶贫提供政策保障。

（二）创新构建扶贫资金保障体系

科左后旗在扶贫实践过程中，不断探索扶贫资金投放的有效模式，创新构建了以政府贴息、企业担保、群众联保等方式为主的扶贫资金保障体系。一是创新放贷方式，拓宽放贷渠道。采取担保、联保、互保和"惠农一卡通"质押贷款等增信措施，解决贫困农牧民缺乏抵押担保资产问题，使有劳动能力、有贷款意愿、有还款能力的建档立卡贫困户全部能够得到3万至8万元贷款。全旗累计投入风险抵押金6500万元，存入农业银行、旗信用联社，放大十倍予以发放。2014年以来，全旗发放养牛贷款7.9亿元，为7807户建档立卡贫困户发放扶贫贷款3.7亿元。二是建立绿色通道，快速有效放贷。政府部门积极对接金融机构，及时准确提供建档立卡贫困户的基本信息，金融机构根据实际情况，制定出台相关放贷政策，设立扶贫贷款专柜专岗，确保在政策允许的范围内覆盖更多贫困户。三是强化贷后监管，确保资金使用到位。由结对包联干部和嘎查村"两委"班子共同监督、引导贫困农牧民使用贷款购买基础母牛，对于无能力购买或资金使用把握不准的贫困户，由结对包联干部和镇村干部协助统一购买，确保扶贫贷款真正用于发展生产。四是加快信用体系建设，优化农村牧区金融环境。建立农村牧区信用信息数据库，开展信用村、信用户评定工作，完善企业、合作社和农户信用信息数据，实现各金融机构信息互

实现有贷款意愿且符合条件的
贫困户金融扶贫贷款全覆盖

联互通，使农村牧区征信体系在精准扶贫工作中发挥重要作用，有效解决农牧民贷款无抵押、额度小、周期短、利率高的问题。截至 2018 年，已评定信用村 92 个、信用户 48440 户。

（三）加强基础设施建设，改善贫困户养牛条件

科左后旗通过强化饲草料储备、完善养牛基础设施，改善了农牧民养牛硬件基础。从农牧业产业内部结构调整入手，实施引草入田、粮改饲工程，突出发展饲草业，使种植业成为养殖业的"第一车间"，有效解决了饲草料问题。近年来，全旗每年种植青贮都在 100 万亩以上。逐年加大扶贫、生态、农牧、发改等部门项目资金整合力度，鼓励和引导农牧民增加投入，加强养牛基础设施建设。2014 年以来，累计为贫困户建设棚舍 5531 座、窖池 3678 座，贫困农牧民养牛条件得到了明显改善。坚持种草养畜，加大现有草原生

态环境保护力度，制定了天然草原修复工程实施方案。2018年，实施草原修复工程112万亩，采取禁垦禁牧、封禁保护及补播等措施进行自然修复，在通辽市率先实行重点区域全年禁牧，推动养殖模式由传统粗放式向规模化、标准化转变。

农牧民储青贮现场

（四）提升技术服务水平，推进科技保障体系建设

传统养殖模式粗放、科技含量低，农牧民缺乏科学养畜知识和技术，有牛不会养、养不好、效益低的现象较为普遍。为确保贫困群众有牛养、养好牛、稳定增收脱贫，科左后旗多措并举，积极构建养牛科技保障体系。

1. 织密服务网络。建立旗、镇、村三级服务网络，每年春季、冬季定期开展黄牛饲养、防疫、改良、育肥、青贮生产、母犊分离等实用技术培训和现场指导活动，提高农牧民养牛技术水平。仅2018年上半年，就组织培训

405 场次，受益农牧民 6.8 万人次。完善配套服务，建立健全农牧业服务中心和基层兽医站所，全旗现有黄牛冷配中心点 22 处、村级冷配点 680 处、配种技术员 895 人，有基层动物防疫站 22 个、基层兽医 130 人、村级防疫员 395 人、村级协检员 335 人。2017 年黄牛冷配 23.9 万头，重大疫病免疫密度达到 100%。

2. 加强技术培训。通过组建专家团队和技术骨干团队，形成逐级培训长效机制。聘请内蒙古民族大学、内蒙古自治区肉牛疾病防控工程技术研究中心、上级业务部门的种植养殖专家，定期对全旗技术骨干和种养大户进行现代饲养管理技术、繁育技术和疾病防控技术培训。成立技术骨干讲师团，深入农村牧区开展培训。充分发挥种养大户的示范和指导作用，通过包户实地指导、组团外出观摩、微信平台交流等方式，随时随地解决贫困户养牛技术难题。

3. 强化技术推广。在全旗范围内，以舍饲母牛高效繁殖模式、公犊直线育肥模式和深度育肥模式为主线持续强化养殖技术推广，以优质牧草种植技术、全株青贮玉米种贮配套技术、玉米秸秆黄贮技术为主线推广饲草料种贮技术，逐步达成"为养而种，为牧而农，种养平衡"的发展目标。

4. 搭建交流平台。通过设立广播电视专栏、典型人物报道、微信平台宣传、举办赛牛大会、开展集中培训、现场咨询、田间示范、开通农信通短信平台和 12316 服务热线等多种途径，广泛宣传黄牛养殖政策、养殖技术和典型经验做法。

（五）因户精准施策，实现贫困户养牛全覆盖

农村牧区致贫原因错综复杂，根据贫困户的基础条件和发展潜能，将贫困户精细划分为能贷能养、能贷不能养、不能贷能养和不能贷不能养四种类型，制定针对性措施进行精准帮扶，使有劳动能力的家家有牛养，无劳动能力的户户有分红，确保脱贫致富路上"一个不能少"。一是对能贷能养的贫困

户给予贷款支持，帮助建棚舍、建窖池，鼓励群众自繁自育自养，形成"小规模大群体"。目前，全旗能贷能养贫困户共 3860 户，养牛 34852 头。二是对能贷不能养的贫困户，利用贷款购牛，通过合作社合养、大户托养、亲友代养等方式养牛。目前，全旗能贷不能养的贫困户共 1259 户，托管代养黄牛 6884 头。三是对不能贷能养的贫困户，使用扶贫项目资金统一购牛，交由贫困户饲养。目前，全旗不能贷能养的贫困户共 1263 户，养牛 3314 头。四是对不能贷不能养的贫困户，由镇、村帮助协调项目资金，贫困户与企业、合作社、养殖大户签订协议，进行资金托管，享受利润分配。目前，全旗不能贷不能养的贫困户共 1425 户，户年均分红超过 1800 元。通过上述措施，实现养牛精准帮扶全覆盖。

（六）完善产业链，提升产业带富能力

科左后旗针对黄牛产业链薄弱环节定目标、定措施，推进全产业链发展。在推进品牌建设方面，打造绿色有机牛肉产品，获得了"科左后旗黄牛"原产地保护和品牌认证，目前正在打造"中国好牛肉"电商品牌和"千里眼"溯源系统。在强化企业带动方面，积极培育重点龙头企业，加快推进标准化养殖场建设，带动黄牛产业向规模化、标准化、组织化方向发展。在密切利益联结机制方面，推行"企业+合作社+农户+基地""合作社+贫困户"等产业化经营模式，采取入股分红、代养托管、承包租赁、订单种植、贷款担保等形式，密切龙头企业与农牧户特别是贫困户的利益联结，丰富贫困户资产收益形式。在完善交易平台方面，提升现有黄牛交易市场水平，有效辐射黑龙江、吉林、辽宁、河北、内蒙古东部等地区，使农牧民购销成本最小化；建立黄牛电子交易平台，与可意网联合推出"我在草原有头牛"定制牧业项目，实现消费者与养殖户直接对接，促进网上交易。

科左后旗黄牛交易市场

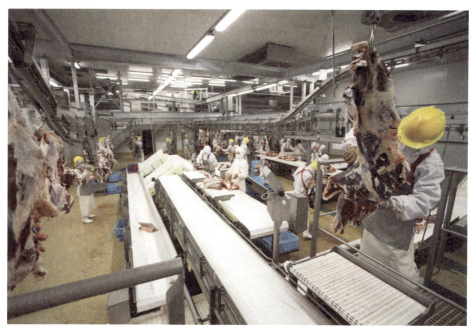

科左后旗现代化的肉牛养殖加工龙头企业——科尔沁牛业股份有限公司

❖ 经验启示

科左后旗精准扶贫取得显著成效的关键是把牢了精准关，即精准选择产业、精准施策、精准推进、精准落地，通过政府、金融部门、企业、合作社和养殖大户多方聚力，同时强化产业链带动效应，使贫困农牧民内生发展动力得到充分激发，达成了贫困农牧民增收脱贫目标。

（一）选准产业是前提

贫困地区要把精准选择产业作为产业扶贫的先决条件。按照促进贫困群体脱贫增收和推进产业发展互促互赢的思路，全方位研判区域产业发展基础、优势条件、成长空间，充分考虑贫困群体现状、接受能力以及产业适应性，对接市场需求、对应产业现状，精准选择具有区域比较优势、带动覆盖面广、产业发展空间大、增收效果好的产业，确保最大限度地激活综合区域优势，充分利用贫困群体的人力资本，实现产业稳定持续带富。

（二）因人因户施策是关键

产业扶贫的出发点和落脚点是贫困户增收脱贫，只有贫困户全员参与，整体脱贫的目标才有望实现。科左后旗将贫困户划分为能贷能养、能贷不能养、不能贷能养、不能贷不能养四种类型，进而因户制策施策，其目的就是让所有贫困户都能够"靠牛吃牛，念牛经发牛财"，让不同类型的贫困户都能够稳定获得养殖收益、务工收益、政策扶持收益、资产扶贫收益或入股分红收益，达成贫困户脱贫致富的目标。在脱贫攻坚过程中，不同贫困县资源禀赋存在差异性，不同贫困户的致贫原因也不同。因此应因人因户进行分类治理，实施不同的脱贫举措。产业扶贫重在突出特色，其模式选择需充分考量农户具体情况，提升其针对性和科学性。

（三）全要素保障是基础

产业扶贫是系统工程，涉及要素多，既要抓好组织推进，更要强化关键要素的基础支撑作用。要围绕提升产业发展水平、带富能力，突出组织引导，优化政策环境，持续增加投入，改善基础条件，跟进技术服务，通过抓好政策落实、资金整合、技术服务、品牌建设、利益联结等，进一步夯实产业扶贫要素保障，推进产业扶贫能见效、可持续。

（四）全产业链发展是方向

农村牧区产业扶贫需要立足产业基础、特色和发展前景，明确产业发展定位、目标、路径、方式，科学制定产业中长期发展规划，全面加强基地、龙头、品牌、市场建设，发展专业合作社，培养农村牧区经纪人，提高农牧民参与度，从而推进黄牛产业全产业链发展，以产业的高成长性确保贫困群体脱贫致富的可持续性。

内蒙古自治区扶贫办主任推荐语

科尔沁左翼后旗位于科尔沁沙地腹地，典型的农牧交错带，是国家级贫困旗县，2018年顺利通过评估验收实现脱贫摘帽。该旗在脱贫攻坚过程中，始终坚持生态优先、绿色发展的理念，推进"种养加"相结合，突出发展生态建设型黄牛产业助力精准扶贫。当地贫困群众脱贫的过程，是促进人与自然和谐发展的过程，是生产生活方式变革的过程，是从简单地掠夺式效益低下的生产到生态效益型舍饲精养科学发展转变的过程。通过发展壮大科尔沁黄牛产业，贫困农牧民融入主导产业链，实现增收，脱贫致富。该案例是习近平生态文明思想的具体实践，是践行"绿水青山就是金山银山"的真实写照。

么永波： 内蒙古自治区扶贫办党组书记、主任

专家点评

内蒙古自治区科左后旗德尔黄牛养殖产业扶贫模式具有以下典型价值：一是坚持产业发展与生态建设相结合，强调人与自然和谐共生，是践行习近平生态文明思想的重要实践；二是坚持因地制宜、分类施策，用好区域产业发展的优势条件，根据生计资本和可行能力将贫困农牧民分成四类，按类型实施扶持措施；三是构建益贫性的利益联结机制，让贫困户在全产业链的各个环节中分享收益，实现增收致富；四是完善产业发展的公共服务体系，从政策和制度上支撑产业发展，推动形成产业发展长效机制。该案例是产业扶贫的成功典型，其分类扶持的操作模式、多样化的带贫方式、可持续的发展理念和运行机制对各地产业扶贫具有很大的借鉴价值。

陆汉文：华中师范大学中部地区减贫与发展研究院院长、社会学院教授、博士生导师

思考题

1. 脱贫攻坚期内，如何完善龙头企业、专业合作社、家庭农场和经营大户等经营主体和贫困群众的利益联结机制，让贫困户在产业链上持续增收致富？

2. 在少数民族聚居区，采取哪些切实可行的措施，可以充分激发贫困群众的内生动力？

延伸阅读

1. 新闻报道摘编

2. 统计数据

以科技点燃脱贫攻坚引擎

——科技扶贫的辽宁省"兴城经验"

摘要： 兴城市地处辽宁省西南、辽东湾西岸，居"辽西走廊"中部。近年来，农业产业发展较快，带动扶贫效果明显。但是，产业总体水平还较低，特别是在贫困地区，普遍面临缺少年轻有文化的务工人员、缺少启动资金、缺少生产管理技术、缺乏引领性产业等问题。因此，兴城市采取政府牵头、产业带动、科技助力的方式，以项目牵动产业、产业带动扶贫、科技推动脱贫，探索总结产业精准扶贫脱贫新模式。把产业发展与贫困户就业相结合，把脱贫与致富相结合，创造新的增收点，增强"造血"能力，从根本上实现贫困户持续增收、脱贫致富。

关键词： 政府牵头　科技扶贫　产业扶贫

引言： 2012 年 12 月 29 日，习近平总书记在河北省阜平县考察扶贫开发工作时指出："全面建成小康社会，最艰巨最繁重的任务在农村、特别是在贫困地区。没有农村的小康，特别是没有贫困地区的小康，就没有全面建成小康社会。"

❖ 背景情况

　　兴城市地处辽宁省西南、辽东湾西岸，居"辽西走廊"中部，是沿海农业大县、旅游强县。近些年来，农业产业发展较快，已初步形成以花生产业化体系、蔬菜产业化体系、畜牧养殖加工体系、水产品养殖加工体系、水果生产贮藏加工体系、食用菌生产加工体系六大农业产业化体系，在扶贫工作中起到了很好的带动作用。但从总体上看，各产业水平还较低，产业链条短，加工能力延伸不足，产品附加值较低，生产管理技术不规范。在产品质量、加工销售等方面还存在诸多问题，严重挫伤了种植生产者的积极性，影响了各产业的持续稳定发展。

兴城市共有建档立卡贫困户 16541 户 36453 人，重点贫困村 17 个，扶贫任务非常艰巨。尤其是在兴城市贫困地区，留乡务农人员老龄化、缺乏技术，发展内生动力严重不足，个别地区"等、靠、要"思想严重。基础性产业、农牧业仍然是当地农民的主要收入来源，也是改善当地农民生活环境的重要途径，但普遍面临缺人、缺钱、缺技术、缺乏引领性产业的问题。所以，如何依托景区景点、大企业、大项目、合作社，引导贫困村发展推进各种产业，引进推广新技术和新措施，培养当地技术管理骨干，带领贫困户进行产业生产，带动贫困人口增收，实现贫困户脱贫致富，是兴城市脱贫攻坚工作的重点。

为此，兴城市采取政府牵头、产业带动、科技助力的方式，以项目牵动产业，以产业带动扶贫，以科技推动脱贫，探索总结产业精准扶贫脱贫新模式。把产业发展与贫困户就业相结合，把脱贫与致富相结合，创造新的增收点，增强"造血"能力，从根本上实现贫困户持续增收、脱贫致富。

❖ 主要做法

2017 年 4 月，根据中央、省脱贫攻坚工作总体安排和省政府"重实干、强执行、抓落实"专项行动部署，辽宁省扶贫开发办公室结合辽宁省农业科学院和兴城市在扶贫领域的良好合作基础，依托兴城市得天独厚的自然资源和特色扶贫产业发展基础，围绕兴城市贫困区域农业产业技术需求，充分发挥辽宁省农业科学院科技创新、成果转化、基地建设、人才培养等优势，发挥科技在产业扶贫中的支撑作用，决定与辽宁省农科院签订建立长期帮扶合作关系，共同在兴城市建立科技扶贫示范基地，培育和壮大贫困地区新型农业经营主体，带动广大建档立卡户脱贫致富，并探索精准扶贫的产业新模式。

兴城市人民政府与辽宁省农业科学院科技扶贫示范基地签约仪式

（一）政府引领：因地制宜上项目

在缺资金、缺项目、缺技术的情况下，兴城市人民政府采取"政府+企业+科技+贫困户"的科技扶贫模式，以扶贫专项资金启动项目，以项目带动产业，以科技促进产业，以实现带动建档立卡贫困户脱贫为目标。在扶持各乡镇发展特色产业、帮助企业实现自身增效的同时，培育壮大了一批区域特色农业产业，让扶贫由"输血"转变为"造血"。贫困户通过土地流转、入股分红、务工等形式，享受政策的红利，充分带动了建档立卡贫困户的增收脱贫。

依托"裕隆果蔬种植专业合作社"出口切花菊生产经验和出口销售渠道，

建立年产出口切花菊 600 万枝的产业扶贫基地。由"裕隆果蔬种植专业合作社"负责种苗供应和产品出口销售，辽宁省农科院经济作物研究所组成专家团队进行全程跟踪技术指导。2017 年，对旧门满族自治乡通过土地流转带动建档立卡贫困户 21 户，通过提供就业岗位带动建档立卡贫困户 47 户，通过资金入股分红带动建档立卡贫困人口 75 人就业，人均收入 3066 元。产业带动贫困人口 500 人受益，户均增收 600 元。

郭家镇张立志、张天财、张天祥等贫困户，在 1 亩塑料大棚内，通过上茬西瓜亩收入 6000 元，下茬切花菊亩收入 1.8 万元，实现了一年脱贫、两年致富，为建设年产 1000 万枝出口切花菊基地、创立自己的品牌、提高产品知名度，打下了良好的基础。

兴城市结合旅游资源优势，围绕"碱厂乡红南果梨"地理标志，以辽宁

辽宁省农科院领导到基地检查指导

省农科院果树研究所为技术依托，在碱厂乡、旧门乡、徐大堡镇等兴城市西部山区，发展设施特色果树产业。建立果树核心示范区 4 个，技术示范面积 100 余亩，辐射带动 1000 余亩，技术推广面积 2000 余亩。在产业基地建设过程中，采取定期技术指导、统一生产管理及资料配置、统一包装商标、统一销售的方式，打造精品特色果业产业园，建设集果品采摘、餐饮、休闲娱乐于一身的多功能产业园，拉动兴城市特色果树产业发展，为贫困山区打造"绿水青山"和"金山银山"，帮助贫困山区贫困户实现长久脱贫致富。其中，徐大堡镇 4 亩避雨棚桃，年产值达到 12 万元，真正成了贫困户的"金山银山"。

兴城市围绕"兴城红崖子花生"地理标志，以红崖子镇现有的 26 个花生合作社为产业基础，发展花生种植和加工产业。依托"葫芦岛市福康农业科技有限公司"，发展花生加工产业。由辽宁省农科院花生研究所、加工研究所负责生产和加工技术指导。同时对东北最大的红崖子村花生集散地进行性能改造提高，带动当地第三产业的发展，扩大村民当地就业数量。红崖子镇红崖子村马强、边壕子村潘洪军，按照专家指导，采取提早抗旱播种、深翻造墒、种子包衣、降解膜覆盖、大型机械一播四行、病虫害综合防治等技术，亩产花生 350 公斤，比当地当年平均亩增产 100 公斤左右，成为当地花生优质高产栽培的示范典型。

兴城市依托"葫芦岛农函大玄宇食用菌野驯繁育有限公司"在产业扶贫中已经取得的成效，借助辽宁省农科院食用菌研究所及加工所技术优势，发展食用菌生产加工产业。推广应用食用菌标准化栽培技术，引进应用食用菌新型栽培基质高效利用关键技术，配合企业开展平菇新品种引进与筛选。解决企业在生产工艺上存在的问题，提出解决办法，进行技术升级。开发食用菌加工新产品，为企业提供了新思路。

（二）科技助力：优化提升保质量

为保证产业的实施和长久持续发展，兴城市政府与辽宁省农业科学院联

2018 年科技产业扶贫对接会议

合开展科技扶贫引导示范项目，双方共同集成熟化科技成果，发展生态农业、精品农业，培育一批有示范带动作用的新型农业经营主体，实现科技扶持产业、产业带动脱贫。深化科技服务平台建设，进一步优化提升"专家服务、技术供给、产业信息、供销对接"四大服务质量和水平。积极对接科技人员深入贫困乡村开展技术服务和创新创业；鼓励发挥研究单位在研究、推广和开发过程中积累建立的平台作用。对产业产前、产中、产后进行全方位技术咨询和指导，在农资采购、产品加工销售等方面给予必要的指导和帮助。优化提升科技扶贫体系，建立完善的农业科技推广服务平台。扶持培育地方特色农业产业，优化提升产品质量，打造区域品牌，发挥科技在产业扶贫中的引领带动作用。

出口切花菊产业。辽宁省农科院经济作物研究所委派菊花栽培专家，进行覆盖产前（种苗生产）、产中（栽培管理技术指导和培训）、产后（加工销售）的全程跟踪技术指导，每周到现场进行技术指导。推广应用穗条直插定植、水肥一体化管理、病虫害识别与防治、花期调控等技术措施。这些技术措施的应用可使亩节约生产成本 500 元以上，生根成苗率 99% 以上，有效保证了产品质量，控制了病虫害发生，实现了按要求时间开花，产品 85% 达到出口日本标准，并得到了日本、韩国客户的认可。同时辽宁省农科院经济作物研究所还为各基地联系了先正达、国光、中化集团、陶氏亦农等知名厂家，保证农药、化肥等农资的质优价廉。

出口切花菊技术指导

发展特色果品产业。辽宁省农科院果树研究所组织有关专家，定期到田间地头进行技术指导。引进果树新品种 6 个，推广红南果梨高产优质栽培、设施油桃标准化栽培、露地蟠桃避雨栽培、设施李杏高效栽培等集成栽培管理技术。南红梨、苹果提质增效、桃防裂等技术的推广应用，有效提高了果品的商品性。露地蟠桃避雨栽培技术，果优质率由 60% 提高到 80%，新引进的火龙果定植成活率高达 95%。

开拓花生生产及加工产业。通过引进高产优质抗逆花生新品种，筛选适宜的生物肥和农药，示范推广降解膜地膜覆盖种植、病虫害综合防治、花生抗重茬栽培、抗旱避灾一播全苗、良种繁育等高效绿色优质栽培技术，减少了连作障碍，改善了花生品质，提高了花生产量。对引领兴城花生产业向优质高产方向发展及品牌建设具有重要推动作用。

针对"葫芦岛市福康农业科技有限公司"在花生油压榨技术、花生油精炼技术以及产品更新方面存在的问题，有关专家指导完善原料质量控制体系，建立质量理化指标标准，降低食品添加剂投放量，为生产"绝对纯正品质"花生油、打造"兴城市花生油"品牌，提供了技术保证。通过改进提高毛油精炼操作水平技术，协助厂家精炼花生油 10 吨，为企业挽回损失近 30 万元。扶持帮助花生加工企业开展精深加工和新产品研发，协助申请发明专利，开发特色花生小吃产品，提高并规范了现有 248 户花生粗加工厂家加工水平和标准。

开发食用菌生产和加工产业。为企业引进食用菌新品种 10 个，协助企业完成了食用菌现代化全自动生产线的引进投产工作，生产速度由 1000 袋 / 小时提高至 2500 袋 / 小时，合格率由 85% 提高至 97%。新技术的开发应用，提高了食用菌产量，实现了平菇、香菇、滑菇、黑木耳的高产优质。

通过改进提高食用菌清水净菜技术工艺，提升了产品品质，提高了生产效率。以平菇为原料，加工出平菇柄松、平菇酱和平菇泡菜 3 种食用菌新产品，为企业提供了新的产品思路，增加了产品附加值。

（三）增强内力：技术培训添动力

通过走访调查，在摸清贫困户具体情况，搞清贫困户贫困原因、技术需求、文化程度和接受技术程度的情况下，兴城市采取"授人以渔"的扶贫办法，整合辽宁省农科院科技资源，邀请高等学校、科研院所专家，开展实用技术和人才培训。从辽宁省农科院各专业研究单位引进不同的专家服务团队，根据优势特色产业技术需求，组织高校院所专家小分队，采取田间讲解、地头培训、面对面传授、示范带动等方式，力争科技示范村的每户农户掌握 1—2 项先进实用技术，增强贫困农户脱贫致富的内生动力。

兴城市出口切花菊产业培训

　　采取集中办班与现场指导相结合的科技培训手段，着力抓好种养大户、家庭农场、农民专业合作社、龙头企业等骨干人员的技术培训，培养科技带头人、技术骨干以及销售能手。为各基地培育懂技术、会管理、能经营的科技人才，使地方企业和技术人才成为产业扶贫的实践者和科技致富领路人，为当地发展特色农业产业、向优势产业转型奠定基础。2018年组织农业先进适用技术培训10场，培训各产业技术骨干30余人，培训新型职业农民600余人，发放技术材料850余份。

　　在举办培训班和现场技术指导的同时，各服务团队专家通过电讯、图片传输的方式及时与生产企业负责人保持密切联系，随时为项目区的企业、合作社、农户解答生产过程中遇到的问题并提出解决方案，成为生产企业重要的技术依托，增强了地方和企业发展特色产业的信心和动力。

（四）积极探索：科学管理见实效

围绕乡村振兴战略，扶持和壮大新型农业经营主体和村集体经济，需要一个好的产业项目。一个好的产业项目的实施和发展，除了政府支持、资金投入、科技支撑之外，还需要科学的管理体制和模式。从现有的模式看，贫困户既可以通过土地租赁、投工投劳等途径来拓展经济来源，增加经济收入，乡村政府及贫困户也可以在扶贫产业中按投资比例得到利润分红，这是带动贫困户整体脱贫、整村脱贫的有效办法。在实践中，兴城市探索了三种扶贫模式和管理模式。

一是"政府＋村集体＋科技＋贫困户＋龙头企业"模式。贫困户通过土地流转、到合作社务工等途径，增加收入，实现脱贫。

二是"政府＋乡派干部承包＋科技＋贫困户＋龙头企业"模式。地方乡镇委派专职干部承包生产，有限聘用建档立卡贫困人口在企业务工，保底上交土地流转费和承包费用以后，按照销售金额一定比例上交乡村用于扶贫。

三是"政府＋科技＋贫困户＋龙头企业"模式。对有一定劳动能力的贫困户，采取由扶贫办投资建设大棚、提供种苗、免费提供技术服务，产品由龙头企业回收销售的方式，直接帮扶贫困户快速长久脱贫。

❖ 经验启示

习近平总书记指出：要脱贫也要致富，产业扶贫至关重要，产业要适应发展需要，因地制宜、创新完善。要实施产业精准脱贫，就需要构建以产业为主导、企业为主体、基地为依托、产学研相结合的现代产业体系。通过发展贫困人口参与度高的特色主导产业，创造新的增收点，增强"造血"能力，从根本上实现贫困户持续增收、稳定脱贫并长效致富。

（一）产业项目与扶贫相结合

兴城市的经验表明，在脱贫攻坚战中，必须要坚持因地制宜，根据产业需求导向，制定顶层设计，以项目牵动产业，因村因户施策。积极扶持培育新型农业经营主体和龙头企业，带动引领贫困村和贫困人口参与产业发展，壮大村集体经济，增强"造血"能力。

（二）科学技术与扶贫相结合

在新品种、新技术快速更新的形势下，农村地区脱贫产业的发展，必须依托科研院所的科技优势，需要农业专家团队进行配套技术服务指导，帮助发现并开发本地资源中蕴藏着的巨大附加价值。

（三）产业发展与市场相结合

在市场经济全球化、网络化快速发展的今天，产业的发展必须以市场为导向，鼓励产业龙头企业在产品市场销售中发挥作用，支持发展订单农业，解决产业发展中长期存在的销售难问题。必须因地制宜地开展适度规模经营，增强抵抗市场风险的能力，保证产业扶贫项目的良性推进和持续稳定发展。

（四）产业发展与培训宣传相结合

在家务农的群众不善于摸索新技术、收集新信息、寻找新项目、接受新知识和新技术。必须要对他们加强示范、培训和宣传引导，将产业发展与贫困户就业深入相结合，让贫困户在参与产业生产的过程中，感受科技知识的力量，学习先进技术和技能。

（五）产业脱贫与长效致富相结合

通过发展贫困人口高度参与的脱贫产业，激发贫困户自主创业致富的动力，提高贫困人口的创新创业能力。只有通过推进一二三产业融合的产业链发展，为当地贫困人口提供更多的就业创业机会，才能实现脱贫后长效致富。

辽宁省扶贫办主任推荐语

　　把精准扶贫工作做得更有成效，最根本的是要高端引领，创新驱动产业发展。这个高端引领不仅仅是复制，更重要的是给贫困村、贫困户智慧。通过智慧农业变"输血"为"造血"，实现贫困人口长久稳定脱贫。兴城市与辽宁省农科院联姻共建，率先实施了科技助力产业脱贫的举措，总结了首席专家带专业团队扶持新型农业经营主体的扶贫模式，从出口花卉、花生、果树、加工、食用菌5个扶贫产业着手，做强、做实、做大产业扶贫，授人以渔，切实提升贫困户"造血"能力，取得了很好的效果，为我省打赢脱贫攻坚战提供了可借鉴样板。今后，辽宁省将整合全省的科技资源，大力推广"兴城科技扶贫引领示范基地共建"的模式，为确保稳定脱贫建立起科技支撑的保障机制。

　　李　军：辽宁省扶贫办党组书记、主任

专家点评

　　农业产业作为一项传统产业，必须要以农业现代化为发展导向，与其他生产要素实现紧密结合，增强抗风险能力。作为农业大县，辽宁兴城将科技引入农业产业，并将农业和科技作为脱贫攻坚的助推器，开创了科技扶贫的"兴城经验"，这一经验对农业型地区脱贫攻坚与乡村振兴具有很大的借鉴意义。兴城的做法与探索表明，产业扶贫既要因地制宜、契合本地产业基础和资源条件，也要与市场、技术等生产要素有效对接，还要考量与培育贫困人口的利益诉求和内生动力，从而在实现贫困人口持续增收的基础上，建立稳定脱贫的长效机制。

　　郑风田：中国人民大学农业与农村发展学院副院长、教授、博士生导师

思考题

1. 在产业精准扶贫中，如何发挥科技助力作用？如何最大限度地发挥科技在农业扶贫产业中的作用？

2. 在产业扶贫过程中，应该采取怎样的管理机制和实施模式，实现产业发展与贫困户就业相结合？

延伸阅读

1.《科技扶贫一年 新增效益过亿》(《辽宁日报》2018 年 12 月 5 日)

2.《省农科院副院长史书强到兴城市科技扶贫示范引领基地调研》(辽宁省政府网，http://www.ln.gov.cn/zfxx/tjdt/201907/t20190711_3529289.html，2019 年 7 月 9 日)

创新党建模式　助力脱贫攻坚

——吉林省安图县建立驻村干部党委的探索

摘要： 为强化驻村干部管理，有效利用帮扶资源，充分发挥党建的组织优势、功能和力量，吉林省安图县积极创新党建模式，成立脱贫攻坚驻村干部党委，对中央和省、州、县下派的驻村干部进行统筹管理，以党建创新助推脱贫攻坚，实现了基层党建与脱贫攻坚的深度融合。通过党建强化组织引领，搭建"四个平台"，营造良好氛围，有力增强了干部的积极性和主动性，持续提升了基层组织的凝聚力和战斗力，更加坚定了干部群众决胜脱贫攻坚的信心和热情，扎实推进了驻村扶贫工作有序开展，切实打造了一支善于做群众工作的干部队伍。

关键词： 党建脱贫　驻村干部党委　组织创新

引言： 2015 年 11 月 27 日，习近平总书记在中央扶贫开发工作会议上指出："越是进行脱贫攻坚战，越是要加强和改善党的领导。脱贫攻坚战考验着我们的精神状态、干事能力、工作作风，既要运筹帷幄，也要冲锋陷阵。各级党委和政府必须坚定信心、勇于担当，把脱贫职责扛在肩上，把脱贫任务抓在手上，拿出'敢教日月换新天'的气概，鼓起'不破楼兰终不还'的劲头，攻坚克难，乘势前进。"

❖ 背景情况

安图县地处吉林省延边朝鲜族自治州西南部，辖区面积 7444 平方公里，辖 7 镇 2 乡 180 个行政村，人口 21 万，其中贫困村 80 个，建档立卡贫困人口 5495 户 9811 人，是国家级贫困县。自脱贫攻坚启动以来，中央和省、州、县先后选派了 540 名驻村干部，实现了驻村帮扶全覆盖。在脱贫攻坚工作伊始，驻村工作存在"四难"现象：一是上级要求落实难。驻村干部沉到基层，与原单位脱钩，了解政策、领取任务往往要经过县里部署、乡镇传达，最终接收乡镇站办所指令，受时间、能力等因素影响，容易出现传达不及时、不透彻的问题，导致工作衔接不顺畅、任务落实不到位。二是各自为战工作难。驻村干部虽然都是派出单位选拔的中坚力量，但受个人专长、地域特点等制约，特别是沟通联系渠道不畅的影响，往往各自为战，导致其联系地方党委和帮扶单位的纽带作用不能充分发挥。同时，也导致地方党委对其了解不深、关爱不够。三是组织生活开展难。按照上级要求，驻村第一书记必须将党组织关系转到村里，在村里过党的组织生活。驻村第一书记入村后，大多把时间和精力用到项目建设和民生服务上，有时未能及时指导和参加村党组织生活，容易出现游离于组织生活之外的问题。四是目标管理激励难。对驻村干部日常工作的考核多数是乡镇的上级部门或业务主管部门，驻村干部派出单位很难常态化入村对其进行督促检查，难以全面客观地掌握驻村干部的表现情况，容易出现"真干假干一个样，干多干少一个样，干好干坏一个样"的问题。这些问题严重制约了驻村干部的作用发挥、帮扶资源的有效利用。对此，安图县委决定成立"安图县脱贫攻坚驻村干部党委"，充分发挥党建的组织优势、组织功能和组织力量，对全县驻村干部进行统筹管理，助推脱贫攻坚，坚决打赢脱贫攻坚战。

2016年8月，中共安图县召开脱贫攻坚驻村干部委员会成立暨第一次党员大会

❖ 主要做法

（一）创新组织模式，凝聚攻坚合力

安图县立足把脱贫攻坚驻村干部帮扶力量融合为一个有机整体，通过搭建一个机构、健全一组制度、规范一套机制，实现凝聚外力、激活内力、形成合力。

一是构建组织机构。安图县委报经延边州委同意，成立驻村干部党委。党委设委员14名，党委书记由县委书记担任，副书记由县委副书记担任，其他委员主要由中央和省派驻村第一书记担任。全县9个乡镇分设驻村干部党支部，由乡镇党委书记担任支部书记，负责管理所在乡镇全体驻村干部。2017年以来，驻村干部党委管辖驻村干部540名，实现了对80名驻村第一书记、180个行政村驻村工作队队员的全覆盖。

二是建立工作机制。围绕"怎么干"明晰主线，制定出台《安图县抓党建促脱贫攻坚工作十八条措施》为统领的"1 带 8"系列文件，创新"双五""三亮一比一评"等活动载体，健全"五人议事""党建书记"等制度机制，形成脱贫攻坚期间党建引领"一盘棋"。围绕"怎么管"建立机制，制定出台驻村干部党委工作规则、职责及例会制度等 20 余个规范性文件，做到有章可循、有制可依；根据工作需要和驻村干部意见建议，制定下发脱贫攻坚档案管理、"三会一课""主题党日"等一系列规范规程，促进工作提质提效。

三是丰富交流载体。坚持上接"天线"、下接"地气"，定期学习传达上级有关文件和会议精神，研究部署阶段性重点工作，截至 2019 年，累计召开驻村干部党委全体（扩大）会议 10 次、工作经验交流会 12 次，各驻村干部

松江镇驻村干部党支部召开庆"七一"主题党日活动

党支部召开会议 320 余次，确保各项工作始终沿着正确方向前进。积极打造"一刊、一号、一栏"宣传阵地，创办《攻坚》刊物，定期刊登政策要求、工作动态、经验做法等，指导驻村干部开展工作；建立驻村干部 QQ 群、微信群，创设脱贫攻坚微信公众号；开辟《追梦》电视专栏，制作"凝聚驻村干部合力、坚决打赢脱贫攻坚战"驻村干部党委工作纪实片。组织开展"图说攻坚"、编印驻村干部故事集、组织"第一书记先进事迹报告巡讲"等活动，有效发挥了攻坚宣传、经验交流、典型引路等作用。先后选树了明月镇龙泉村第一书记王平堂、松江镇盘道村第一书记侯志国、新合乡大荒沟村第一书记于衍来等先进典型，推动形成了比学赶超的良好氛围。

（二）搭建四个平台，明确功能定位

一是搭建服务平台。建立谈心谈话制度，驻村干部党委委员定期与驻村干部开展谈心谈话，认真听取意见建议，帮助解决困难问题，让驻村干部没

2017 年 9 月，安图县领导和驻村第一书记参观新合乡大荒沟村香菇大棚产业项目基地

有后顾之忧。研究出台驻村干部补助发放办法，为驻村干部参保意外险，组织免费健康体检，特制党委书记亲笔签名生日贺卡，中秋、元旦以电子相册的形式为驻村干部送去慰问祝福和新年寄语，开展驻村干部体能拓展训练活动，充分彰显人文关怀。截至 2019 年 6 月，开展各类活动共计 400 余次，开展谈心谈话 360 余次，收到意见建议 100 余条，协调解决各类问题 230 余件。

二是搭建管理平台。定期召开驻村干部党委全体会议和党员大会，学习传达上级文件精神，研究部署阶段性重点工作。推广使用"党建促脱贫——智能云管理"办公平台，执行驻村干部脱产驻村、请销假、重大事项报告等制度，督促其履职尽责。将驻村干部党组织关系划归县委组织部统一管理，并分别转到 9 个驻村干部党支部，严格执行"三会一课"等制度，确保其过好镇村双重组织生活。

三是搭建协调平台。建立由驻村干部党委牵头，各级帮扶单位、乡镇党委共同参与的联席会议制度，定期召开工作例会，通报工作进展情况，研究

2018 年 10 月，安图县召开抓党建促脱贫攻坚推进会

解决重大问题。畅通乡镇党委与各级帮扶单位、帮扶领导的联系渠道，推动信息互通、帮扶共建，整合利用各级帮扶单位资源，推动资金、政策、项目统筹谋划，争取上级支持和帮助。坚持日常帮扶工作信息县内交流和向上推送并举，通过信息专刊、督查通报等载体，实现下情上传与上情下达无缝对接。2018 年，全县累计争取帮扶单位资金 4795.8 万元，提请帮助协调落实产业项目 154 个、基础设施项目 293 个。

2019 年 2 月，安图县召开驻村干部"三亮一比一评"实绩比评活动表彰大会

四是搭建考评平台。建立脱贫攻坚督查巡查机制，由驻村干部党委办公室牵头，联合督巡办、纪检委等部门，对驻村干部在岗履职情况进行检查，并将检查结果向派出单位进行反馈，督促驻村干部认真履职尽责。制定出台驻村干部管理考评办法，对工作实绩、群众满意度等情况进行量化打分。对成绩优秀、工作表现突出的予以表彰；对考核一般或较差的，进行诫勉谈话

或组织调整。实行不称职驻村干部"召回"制度，对被召回的县管干部一般不予提拔重用。2016年以来，驻村干部党委先后三次表彰优秀驻村干部115人次，并召回4名第一书记。

（三）完善工作体系，提供坚强保障

通过构建"一践五措"工作体系，实现党建优势充分释放、阵地作用充分凸显、党员作用有效发挥、帮扶力量充分凝聚，为决胜脱贫攻坚提供了坚强的组织保障和人才保障。

一是践行"一线工作方法"。建立领导干部率先垂范工作机制，倡导各级领导干部和广大扶贫干部深入基层，做到"情况在一线了解、问题在一线解决、感情在一线融合、形象在一线树立、干部在一线检验、业绩在一线创造"。组建"2+2+3+18"协同工作架构，全县脱贫攻坚工作由县委书记和县长负总责，2名县委副书记直接负责，1名县委常委（组织部长）、1名县政府副县长、1名县政协副主席牵头负责，18名县委常委、县政府副县长及联系乡镇县级领导分区划片具体负责。明确各级领导驻村工作要求，即县级、包保部门、乡镇党委主要领导保证每月到基层指导工作时间分别不少于9天、12天、15天。在县级领导带动下，各级干部率先垂范，以"脚上有泥"的方式，聚焦解决"两不愁三保障"突出问题，抓重点、破难点、强弱项、补短板，有效推动了安图县高质量稳定脱贫摘帽工作进程。

二是实施"人才培养工程"。推行基层一线锻炼干部，精准助力脱贫攻坚。选派优秀年轻干部到脱贫攻坚的第一线挂职锻炼，坚持在脱贫攻坚主战场、服务群众最前沿培养锻炼干部，实现干部培养与精准扶贫"双提升"。先后选派86名年轻干部到脱贫攻坚一线挂职锻炼。突出"凡提必炼"，坚持把脱贫攻坚作为锻炼干部、发现干部、使用干部的主阵地，对同等条件下的考察对象，优先提拔使用有一线工作经历的干部，及时选拔重用一批脱贫攻坚有激情、帮扶工作有办法、精准扶贫有成效的优秀干部。2016年以来，提拔

在脱贫攻坚工作中表现突出的干部 56 人次，其中乡镇基层干部 42 名、第一书记 15 名、扶贫部门干部 3 名。聚焦提升村级党组织的组织力、战斗力、带富力，创新实施了"双培养、双增强"工程，将农村党组织党员干部培养成致富带头人，把致富带头人培养成党员干部，形成了农村脱贫攻坚一线干部队伍"源头活水、水量充沛、水质清澈"的生动局面。2019 年以来，全县共确定"创业带富培育对象"400 名、"党员干部培养对象"370 名，真正实现了村级组织"能人带富"、集体经济"年年有余"、后备力量"后继有人"、农村党员"主动作为"。

三是创新"党建活动载体"。开展"懒变勤、勤变能、能变富、富变典"的"四变"行动，不断激发困难群众"我要脱、我能脱"的内生动力，真正做到扶志长志气、扶智长本事，实现贫困群众"等、靠、要"思想的转变。开展"三亮一比一评"活动，即亮身份、亮思想、亮作为，比实绩，评标兵，实现驻村干部履职能力的转变。2017 年以来，各级帮扶部门共开展"支连共建活动"1600 余次。开展"九个一起"活动，倡导所有扶贫干部下沉一线，与广大群众一起感党恩、学政策、干农活、兴产业、优环境、树新风、过佳节、圆心愿、奔小康，实现党员干部作风的转变。2018 年以来，召开"三亮一比一评"活动"实绩比评"现场会 9 场次，表彰驻村工作队 33 个、第一书记 33 人、"党建书记"10 人。开展"树立五个标杆，实现五个起来"主题活动，实现村级党组织建设的转变。到 2020 年，全县 90% 的村将成为"班子坚强有力、百姓生活富足、服务功能过硬、群众重德崇善、人居环境舒适"的标杆村。开展"支部连支部，共建促脱贫"主题活动，通过组织共建、党员共管、人才共育、致富共帮，打造一支"不走的工作队"，实现驻村帮扶主体的转变。

❖ 经验启示

吉林省安图县成立驻村干部党委的创新做法先后在中央《党建要报》、中组部《当代组工干部》以及《人民日报》《吉林日报》《吉林工作交流》《延边日报》等中央和省、州级刊物上发表，吉林省委常委、延边州委书记姜治莹同志作了重要批示，要求全州各县市学习借鉴。2018年10月，安图县作为吉林省唯一一个集体，荣获全国脱贫攻坚组织创新奖，具有典型的带动意义。

（一）打赢脱贫攻坚战，应充分发挥党建思想引领优势

驻村干部党委通过规范组织生活，强化学习动员，关心关爱激励，使广大驻村干部在思想上打足了气儿、行动上铆足了劲儿、达到了思想与行动的高度统一，切实增强了驻村干部的"主人翁"意识，实现了从"驻村扶贫"到"助村脱贫"的转变。广大驻村干部长期奋战在脱贫攻坚一线，与困难群众同吃、同住、同劳动，把村子当家、把群众当亲人，把脱贫当作自家事，密切了党群干群关系，树立了驻村干部在群众中的威信，坚定了困难群众脱贫的信心，激发了贫困群众脱贫致富的内生动力，改变了以往"干部干、群众看"的被动局面，实现了由"要我脱贫"到"我要脱贫"的思想转变。

（二）打赢脱贫攻坚战，应充分发挥党建组织优势

扶贫首要扶支部，帮钱帮物不如帮助建个好支部。驻村干部在党委领导下，把建强基层组织、强化班子建设作为自身工作的第一要务。驻村干部既是驻村党委的一员，又是村支部班子成员，上接党委，下联支部，是加强村党组织建设的指导员和战斗员。基层党组织在脱贫攻坚战中发挥了战斗堡垒作用，驻村干部的加入，壮大了村党组织力量，提高了议事决策能力，引领党员干部带动群众脱贫致富，打造了一支"不走的扶贫工作队"。

（三）打赢脱贫攻坚战，应充分发挥党建制度优势

驻村干部党委的成立，完善了县、乡、村三级监督管理体系，健全了驻村干部的教育培训、监督管理、考评激励等一系列制度，深化了学习、量化了考核、强化了激励。在具体执行过程中，坚持用制度管人、用制度管事、用制度评价，确保驻村扶贫工作务实、过程扎实、结果真实，让脱贫成效真正获得群众认可、经得起实践和历史的检验。

（四）打赢脱贫攻坚战，应充分发挥党建干部培养优势

驻村干部党委为驻村干部的培养锻炼搭建了一个大舞台，在党委的统一领导下，驻村干部坚守岗位、凝心聚力、互帮互助、合力攻坚，在扶贫一线上得到了锻炼和成长。部分下派干部还是党委骨干成员，真正参与和融入脱贫攻坚主战场，有效解决了驻村干部独来独往、身在基层不知情的问题，在实战中打造了一支能征善战的干部队伍，为全面决胜脱贫攻坚打下坚实的基础。

吉林省扶贫办主任推荐语

因村派人精准，是习近平总书记提出的脱贫攻坚"六个精准"要求之一。实践中，不同层级、部门、单位选派的驻村干部，集中在一个地方，对其工作如何指导、管理如何加强、组织生活如何开展、动力如何激发、合力如何凝聚等，都是影响和制约精准扶贫、精准脱贫成效的重要课题。安图县树立"一盘棋"导向，以成立县委书记挂帅的驻村干部党委、分设 9 个驻村干部党支部为主抓手，对中央和省、州、县级选派到全县的 540 名驻村干部，实行全覆盖统筹管理；以建立系统配套的工作制度为支撑，搭建服务、管理、协调和考评"四个平台"，对驻村干部管得更严、考核更实，使驻村干部干得更好、驻得更安，驻村干部与当地干部群众合力更强、心气更足，有力地促进和保障了全县打赢脱贫攻坚战。安图县创新驻村干部党组织设置，借好外力、激发内力、凝聚合力，促进脱贫攻坚的经验做法，值得借鉴和推广。

张宝才：吉林省扶贫办党组书记、主任

专家点评

农村基层党组织是贯彻落实党的扶贫开发工作部署的战斗堡垒，而驻村帮扶是这个战斗堡垒的重要组成部分，脱贫攻坚需要基层党组织与驻村帮扶形成合力。吉林省安图县创造性地建立驻村干部党委，是对党建助力脱贫攻坚的模式创新：一是创新了组织模式，对驻村干部进行统筹管理，激发了驻村干部的积极性；二是打造了驻村干部工作平台，通过搭建服务、管理、协调和考核平台，凝聚了脱贫攻坚合力；三是丰富了基层党建的载体，通过开展经验交流会、打造"一刊、一号、一栏"宣传阵地、创新党建活动等方式，实现了基层党建与脱贫攻坚深度融合。该案例完整呈现了党建助力脱贫攻坚的创新模式，对于如何加强基层党建、发挥党建引领脱贫攻坚优势具有很大的借鉴意义。

王晓毅：中国社会科学院社会学研究所教授、博士生导师，农村与产业研究室主任

思 考 题

1. 在脱贫"摘帽"的关键期，自觉抵御乡村干部和驻村干部精神懈怠、麻痹思想症的侵袭有哪些方法？

2. 面对边境民族地区"空心化""老龄化"问题，在脱贫攻坚过程中如何发挥农村党员先锋模范作用？

延伸阅读

1.《安图县荣获全国脱贫攻坚奖组织创新奖》(新浪网，http://k.sina.com.cn/article_2286908003_884f726302000vzzt.html?qq-pf-to=pcqq.c2c，2018 年 10 月 26 日)

2.《安图县探索抓党建促脱贫攻坚新途径》(新浪网，http://jl.sina.com.cn/yanbian/wangqing/2016-12-06/11318.html?qq-pf-to=pcqq.c2c，2016 年 12 月 6 日)

以"三个落实"打通脱贫攻坚
"最后一公里"

——黑龙江省克东县脱贫"摘帽"实践

摘要： 黑龙江省克东县 2001 年被列为省级贫困县，2011 年被列入大兴安岭南麓片区县，依靠仅有的耕地难以脱贫致富。克东县在脱贫攻坚过程中，围绕"六个精准""五个一批"的要求，以"绣花"功夫和"钉钉子"精神，统筹推进专项扶贫、行业扶贫和社会扶贫，科学统筹、合力攻坚，全面推进责任落实，细化措施、强化保障，全面推进政策落实，紧盯目标、多点发力，全面推进工作落实，如期顺利实现了脱贫摘帽的既定目标。

关键词： 三个落实　精准施策　脱贫摘帽

引言： 2017 年 12 月 31 日，习近平总书记在《二〇一八年新年贺词》中强调："到 2020 年我国现行标准下农村贫困人口实现脱贫，是我们的庄严承诺。一诺千金。到 2020 年只有三年的时间，全社会要行动起来，尽锐出战，精准施策，不断夺取新胜利。"

❖ 背景情况

　　克东县位于黑龙江省齐齐哈尔市东北部，辖区面积 2083 平方公里，耕地 188.5 万亩。辖 7 个乡镇 10 个农林牧场 98 个行政村，总人口 29.9 万，其中农业人口 23.2 万。2001 年被评定为省级贫困县，2011 年被国家列入大兴安岭南麓特困片区县。全县有贫困村 55 个、建档立卡贫困人口 8724 户 19627 人，贫困发生率为 8.5%。

2014 年以来，克东县委、县政府深入贯彻习近平总书记关于扶贫工作的重要论述，坚持以脱贫攻坚统揽克东经济社会发展全局，坚定"脱贫不是目的，带领全县人民奔小康才是终极目标"的思维，认真按照中央、省委和市委的工作部署，紧密结合县情实际，围绕"六个精准""五个一批"的要求，以"绣花"功夫和"钉钉子"精神，统筹推进专项扶贫、行业扶贫和社会扶贫，强化责任落实、政策落实和工作落实，取得了阶段性成效。2018 年，全县 55 个贫困村已全部出列，脱贫 7579 户 17055 人，未脱贫 1145 户 2572 人，贫困发生率降至 1.11%，顺利实现了脱贫摘帽的既定目标。

❖ 主要做法

（一）科学统筹，合力攻坚，全面推进责任落实

克东县委、县政府坚持把脱贫攻坚作为首要政治任务来抓，组织动员全县力量，全力以赴推进精准扶贫和精准脱贫。

克东县召开脱贫攻坚 3000 人誓师大会

在全局统筹上，立足高位谋划。克东县在脱贫攻坚上坚持党政同责，建

立了脱贫攻坚"双组长"制，成立由县委书记、县长担任组长的县扶贫开发领导小组和县脱贫攻坚指挥部，定期召开领导小组会研究重大事项，累计召开扶贫开发领导小组会 51 次，随机遇到问题或研究具体事项召开指挥部工作调度会，累计召开调度会 37 次。此外，在县委常委会和政府常务会上多次研究扶贫工作，制定了一系列脱贫攻坚方案、专项扶贫方案、三年行动计划和扶贫政策等。县扶贫开发领导小组下设办公室，并抽调骨干力量成立统筹办，分别负责克东县扶贫工作的摆布推进和业务指导。成立了 21 个专项工作组，由 21 位县级领导分任组长，牵头研究部署本行业脱贫攻坚工作，分战线分行业推进，保证了全县脱贫攻坚工作的高效有序运转。

在压实责任上，坚持全面覆盖。集中优势，尽锐出战，把责任压实到基层一线，覆盖到所有环节。坚持从县 4 个班子做起，以上率下，县党政主要领导把扶贫主体责任扛在肩上，做到遍访所有贫困村平均在 3 次以上，乡镇党委书记遍访贫困村所有贫困对象，村支部书记遍访本村所有农户，各级干

驻村工作队帮助贫困户研究脱贫措施

部深入村屯走访，做到村不漏组、组不漏户、户不漏人，保证脱贫攻坚的责任强度和工作质效。围绕"两不愁三保障"，落实行业部门分工责任，补足基础设施短板，解决就医就学难题。压实驻村结对帮扶责任，29名县级领导每人联系2个贫困村和2个非贫困村；组建88支工作队，与10支省市工作队一道，对全县所有村驻村帮扶全覆盖；全县2211名干部以"一联四"方式，对所有建档立卡贫困户结对帮扶全覆盖；扶贫单位与所帮扶村成立临时党支部，由部门一把手担任临时党支部书记，由驻村工作队队长任派驻村第一书记，实现党组织引领扶贫全覆盖，以"支部联支部、脱贫奔小康"活动为载体，加强基层党建促脱贫。

在工作推进上，强化督导考核。坚持"领导带头、全员参战、狠抓落实、决战决胜"思维，发扬"准严细实"作风和苦干实干精神，形成了"三个工作常态"：各级干部白天进村入户帮扶，晚上总结部署培训成为常态；周六"扶贫奉献日"党员干部沉到扶贫一线成为常态；坚持问题导向，不间断排查整改成为常态。县委、县政府分别与乡镇和承标单位签订脱贫攻坚责任状，

克东县干部同贫困户研究发展黑猪产业

把对部门和乡镇年度目标考评的扶贫考核比重分别提升到 70% 和 80%。对扶贫工作推进不力、群众满意度低的乡村、派出单位、驻村工作队和帮扶干部，实行一次约谈、二次诫勉、三次问责。坚持在脱贫攻坚中重用选拔干部，在扶贫一线提拔重用干部 42 人，并对脱贫攻坚先进集体和个人进行了表彰，进一步激发了扶贫一线干部的工作动力和干事激情。

（二）细化措施，强化保障，全面推进政策落实

瞄准"两不愁三保障"目标，结合县情实际，克东县多措并举，全力把党的扶贫政策落到实处。

心系群众饮水安全，全面改造村屯饮水设施。克东县把群众喝上放心安全水作为扶贫的头等大事，落实县水务局对各村屯饮水设施进行全面排查，对村屯水质进行严格检测。县政府两年投入了 6521 万元，其中 2018 年投入 3739 万元，共打水源井 48 眼，铺设供水管网 1072 公里，修建大型集中水处理设施 61 处，安装小型分户式净水器 532 套，受益村屯 362 个，受益人口 11.9 万，其中受益贫困人口 5573 户 1.25 万人，全县贫困人口都喝上了安全水。

发挥产业扶贫政策作用，着眼群众稳定脱贫。为保障贫困人口稳定脱贫，县委、县政府着力打造扶贫产业，两年整合资金 3.26 亿元，全力推进扶贫产业。新型经营主体采取土地流转、务工拉动等方式，叠加带动贫困户 14361 户。按照"一村一品、一户一策"要求，扶持培育棚室经济和特色种养项目，建设大棚 968 栋，带动贫困户 1047 户，户均月增收 950 元。贫困户发展特色种养业带贫 5071 户，户均月增收 730 元。建成村级光伏电站 96 个，覆盖全县所有行政村，可实现年收益 2800 万元。2018 年带动贫困户 3749 户，户均月增收 1253 元。充分利用"克东半亩园""兢山馆"等电商平台，带动 834 户贫困户全年共增收 18.8 万元。

落实就业扶贫政策，增加贫困户工资性收入。围绕产业发展方向和贫困

发展"光伏+肉鹅"产业促脱贫

劳动力需求，开展就业技能培训，累计培训贫困劳动力5172人次，实现县外就业1271人、县内就业4361人。鼓励返乡创业能人带动贫困户扩大就业，全县有145名贫困人口参加返乡创业能人领办的合作社稳定就业，年均增收6500元。系统开发农村公益性岗位，对就业困难的贫困人口实行托底性安置。

落实危房改造政策，改善农村人居条件。聘请第三方房屋鉴定中心对全县农村住房进行拉网式排查和精准鉴定。采取"购、租、改、建"等措施，对C级危房进行修缮加固，对D级危房实行翻建，对无房的租房户发放租房补贴，做到大改造与小维修同步推进，贫困户与非贫困户同步推进，因户施策，应改尽改。近两年来投入9445万元，改造危房4871户，解决无房租赁1320户，灭迹农村严重损毁房屋4058户，贫困户均住进安全房。

落实健康扶贫政策，解决群众看病难题。一是全县建档立卡贫困户基本医疗保险费个人缴纳部分由县里全额补贴，建档立卡贫困户城乡基本医疗保险参保率达到100%。2018年贫困人口在各级医院住院7896人次，医疗总费用4760万元，报销4019万元，报销比例为84%。实行"先诊疗、后付

克东县组织医护人员进村义诊

费"政策，县内医院住院推行"一站式"服务，为贫困户患者发放住院结算明白卡。二是建立五条保障线，贫困户患者在县外、县城、乡镇医院住院报销比例分别提高到 70%、80% 和 95%。三是开展家庭医生救助贫困人口工作。全县有 22 个家庭医生团队签约医生 228 名，农村常住贫困人口签约覆盖率达 100%。

落实教育扶贫政策，不让任何一个孩子掉队。认真落实各项教育助学政策，采取依法控辍、帮扶控辍等有效措施，确保义务教育阶段无建档立卡贫困家庭学生因贫辍学。就读高校的建档立卡贫困学生，县财政每人每年补助 2000 元，办理生源地贷款 8000 元，新入学大学生给予省内每生 1000 元、省外每生 2000 元的交通补助。对就读幼儿园的贫困幼儿，每人每年资助 1200 元，实现对在籍在校在园符合国家、省、县资助政策的建档立卡贫困户子女全覆盖，确保了政策落实和学生救助两个 100%。

落实金融扶贫政策，拓宽群众增收渠道。一是"户贷户用"模式。对有贷款意愿、有创业潜力、符合贷款条件的贫困户进行评级授信，给予"免抵押、免担保"信用贷款。近两年共发放 279 户 768.2 万元。二是"社贷企用"模式。采取"金融政策＋贫困户＋合作社＋龙头企业"模式，发放扶贫小额贷款 5390 万元，带动贫困户 1078 户，发放扶贫产业贷款 1.04 亿元，带动贫困户 8169 户。三是"户贷社用"模式。选择经济实力强、经营效果好、带动作用突出的农民专业合作社，发放扶贫小额贷款 2.1 亿元，带动贫困户 5257 户。克东农商行荣获"2018 年全国精准扶贫优秀县域银行"荣誉称号。

落实兜底保障政策，解决贫困户后顾之忧。按照全省动态管理规定，做好低保制度与扶贫政策两项制度有效衔接，确保贫困人口符合低保条件的全部纳入保障范围，实现应纳尽纳、应保尽保。截至 2018 年，全县建档立卡贫困低保户 5124 户 9170 人，占全县贫困人口总数的 46.72%，建档立卡特困人口 273 户 293 人，占全县贫困人口总数的 1.5%，落实残疾人"两项补贴"，惠及残疾贫困人口 2450 人，发放残疾人补贴 423 万元，为每名建档立卡贫困人口每年代缴养老保险费 100 元，惠及贫困人口 6720 人。

（三）紧盯目标，多点发力，全面推进工作落实

克东县坚持"抓产业、补短板、强措施、见实效"，认真落实各项扶贫措施，全力推进精准扶贫、精准脱贫。

完善基础设施支撑脱贫。投资 3.34 亿元，加强农村中心屯基础设施、道路及公共设施建设，两年新建农村道路 158.6 公里，维修、加宽农村道路 172 公里，维修破损路面 850 处 110 公里，实现了"村村通""屯屯通"；投入 950 万元，新建、改造村卫生室 96 所（2 个村在乡镇卫生院所在地），所有贫困村均设置了村卫生室，达标率和村医配备率均为 100%；投入 1245 万元，建成村级文化活动广场 83 个，文化活动室均达到规定标准，实现了贫困村"双达标""双覆盖"。

激发内生动力自主脱贫。一是建立奖补机制。制定农业助力脱贫攻坚奖补政策，县财政安排专项资金 422.54 万元，在发展特色种养业方面给予补

助，共为 5071 户贫困户发放补助资金，每户补助 300 元以上。二是设立公益岗位。借助生态扶贫政策支持，选聘贫困户生态护林员 1387 名。结合光伏电站运维、环境卫生保洁等工作，设立农村公益岗位 2771 个，实现了贫困户劳有所得和农村公益事业发展的良性互动。三是建立有效载体。通过孝亲敬老、"三好家庭"评选以及爱心超市等载体，有效解决了政府干、干部帮、子女看的问题。2018 年，全县具备赡养能力的 5690 户贫困户子女中，有 4565 户给付了共计 476 万元赡养费。

凝聚社会力量助推脱贫。利用"村村响"大喇叭定期宣传，借助广告牌立体宣传，在县乡村主要路口设置图板全方位宣传，通过报纸、电视公益广告和微信公众号动态宣传，调动社会力量主动投入脱贫攻坚行动中。召开"携手同行，社会扶贫"爱心捐助大会，募集 271 万元，设立了县爱心扶贫基金，用于扶贫救助工作，为脱贫攻坚提供了有力支持。号召 44 家民营企业与 43 个贫困村结成帮扶对子，扶产业、促就业、搞公益、献爱心，实现了"一对一"帮扶。

克东县牧原公司为兴华村捐赠扶贫资金

❖ 经验启示

（一）提高政治站位，压实脱贫攻坚责任

克东县在推进精准扶贫、精准脱贫上，始终把脱贫攻坚作为首要政治任务，深入贯彻学习习近平总书记关于扶贫工作的重要论述，在全县上下形成"三个共识"，即以脱贫攻坚统揽全县经济社会发展全局；坚持脱贫不是目的，奔小康才是终极目标；举全县之力决战脱贫攻坚。同时，建强脱贫攻坚指挥体系和责任体系，靠实"三级书记"抓扶贫的责任机制，形成县委统筹、政府主抓、全员上阵的工作格局。

（二）坚守严准细实精神，扎实推进精准施策

脱贫攻坚贵在精准，成败也在于精准。克东县通过群众公开评、干部严核查和数据云管理，全面推进精准识别、精准施策，不仅扶贫对象精准，帮扶措施更精准，保证每户贫困户至少有三项以上脱贫措施，确保了贫困人口长期稳定脱贫。根据贫困人口的不同类型和特点，对缺资金、缺技术、缺劳力和无生存条件的贫困户等各类贫困群体，分别实施产业扶贫、就业扶贫、技术扶贫、内生动力扶贫、社会保障兜底扶贫等政策，既扶贫，又扶志（智），把扶贫工作做得精准细致，把扶贫责任落到人头，真正扶到"根本"上，帮在"关键"处。

（三）增强综合施策思维，加快脱贫摘帽步伐

脱贫攻坚是一项系统性、综合性、政策性和普惠性很强的民生工程，扶贫对象覆盖了所有建档立卡贫困人口，扶贫范围涉及产业、交通、住房、饮水、教育、医疗、保障等各个领域，必须坚持专项扶贫、行业扶贫、社会扶贫相结合的思路，统筹兼顾各领域、各行业的扶贫资源，全部向脱贫攻坚聚焦发力。此外，形成"县委统筹、政府主导、乡村主责、社会协同、群众参与"的扶贫工作机制，既为当前脱贫攻坚提供了助力，更为着眼长远乡村振

兴奠定了基础。

（四）强化精神力量建设，引领干部脱贫攻坚

脱贫攻坚是一场检验党委、政府团结协作能力的政治硬仗，也是对广大干部群众韧劲耐力、持续攻坚能力的严峻考验。克东县始终把脱贫攻坚作为首要政治任务和第一民生工程，除了在全县明确"三个共识"之外，提前谋划，坚持把干部力量、社会力量、群众力量统筹起来，在全县形成脱贫攻坚的强大合力。在漫长而艰苦的脱贫攻坚历程中，克东县四个班子领导始终以上率下，在压实扶贫责任、落靠扶贫措施的基础上，注重激发广大干部的精神力量。

黑龙江省扶贫办主任推荐语

克东县地处黑龙江省西部，是传统的农业县，经济发展基础差、总量小，一度被列入全省"十弱县"，也是大兴安岭南麓集中连片特殊困难地区县。全县贫困人口比例高、贫困程度深、脱贫摘帽难度大。克东县委、县政府始终以脱贫攻坚统揽经济社会发展全局，带领全县近30万名干部群众向贫困宣战，发扬"准、严、细、实"的工作作风，做强产业、发展光伏、引进牧原、借力金融、全民动员、尽锐出战，凝聚了众志成城、攻坚拔寨的磅礴力量，如期完成了脱贫摘帽任务，取得了珍贵的经验启示，为全省精准扶贫、精准脱贫提供了可学、可用、可复制的有益经验。

崔培元：黑龙江省扶贫办党组书记、主任

专家点评

黑龙江省克东县围绕"六个精准""五个一批"的要求，以"三个落实"打通脱贫攻坚"最后一公里"，顺利实现了脱贫"摘帽"的既定目标。其工

作亮点主要有三个方面：一是科学统筹，凝聚合力，从组织建设、政策设计、责任压实等层面谋划县域脱贫攻坚蓝图；二是细化措施，精准施策，瞄准"两不愁三保障"目标，认真贯彻各项脱贫攻坚政策；三是聚焦短板，精准发力，全面落实各项工作举措。本案例为脱贫攻坚工作带来的启示有：要建立科学有效的责任体系，激发广大干部群众脱贫攻坚的积极性；要精准施策，让扶贫开发政策发挥最大效应；要找准发力点，让脱贫攻坚工作有抓手、出成效。

王浦劬：北京大学国家治理研究院院长、教授、博士生导师，教育部长江学者特聘教授，国务院学位委员会政治学科评议组第一召集人，中国政治学会副会长，中国行政管理学会副会长

思考题

1. 在实现稳定脱贫的过程中，如何更好地摆脱依赖心态，实现"志智双扶"？

2. 从"输血"式扶贫转向"造血"式扶贫，有哪些关键性举措？

延伸阅读

克东县脱贫攻坚典型材料

以"保险+期货"开启产业
扶贫"金钥匙"

——上海市对口帮扶云南省普洱市创新天然橡胶项目

摘要： 天然橡胶是云南省普洱市贫困群众赖以生存的重要经济作物，近年来，天然橡胶等大宗商品价格持续下跌，严重影响了当地贫困人口的脱贫增收。推动"保险+期货"金融模式助推产业扶贫，将天然橡胶目标价格保险覆盖建档立卡户，能够有效对冲胶价下跌导致的减收，托底一部分收入。普洱天然橡胶"保险+期货"扶贫项目通过东西部对口帮扶、社会各方协作，以金融保险工具为路径实施精准扶贫，该模式是产业助推脱贫攻坚的成功范例之一。

关键词： "保险+期货" 金融扶贫 天然橡胶项目

引言： 2016年7月18日，习近平总书记在考察宁夏回族自治区固原市的脱贫攻坚工作时指出："发展产业是实现脱贫的根本之策。要因地制宜，把培育产业作为推动脱贫攻坚的根本出路。"

❖ 背景情况

普洱市是云南省天然橡胶的重要产地之一，天然橡胶种植面积约占云南省的四分之一，是云南第二大橡胶种植区域。2016年，普洱市橡胶种植面积为157.54万亩，产量6.71万吨，产业覆盖人数达到21.2万人。近年来，由于东南亚和南美各国大面积开垦橡胶林，加之国际金融市场不景气，大宗商品价格一直处于下行趋势，天然橡胶价格长期跌破成本线，在云南的部分橡胶产地，当地胶农的稳定产业收入难以保障，胶农的生产积极性明显下降，甚至已经出现"弃割"现象，极大地影响了当地橡胶产业的发展和农户的增收。

为响应党中央、国务院关于打赢脱贫攻坚战的号召，贯彻落实产业扶贫、金融扶贫的战略，上海市人民政府合作交流办公室、上海市政府驻昆明办事处及上海期货交易所就如何保护普洱市天然橡胶产业发展、使胶农有效抵御市场风险、确保减贫增收等方面的问题，结合上海市的金融优势，组织安信农业保险股份有限公司（以下简称"安信农保"）、太保产险云南分公司、五矿经易期货、金瑞期货、大有期货等金融机构开展普洱市天然橡胶"保险＋期货"精准扶贫试点项目（以下简称"天然橡胶'保险＋期货'项目"），打造"保险＋期货"的精准扶贫新模式。该模式能在大宗商品价格下行时锁定价格，对冲下跌亏损，以市场化模式给予胶农补偿，通过较小的资金投入放大保障倍数。2016年以来，中央"三农"文件连续四年对"保险＋期货"模式鼓励支持，2019年中央"三农"文件要求，"完善农业支持保护制度，扩大农业大灾保险试点和'保险＋期货'试点"。天然橡胶"保险＋期货"项目围绕全国脱贫攻坚和东西部扶贫协作与对口支援战略的实施，将上海市的先进金融服务技术和经验引进到对口帮扶地区，为贫困地区农业风险的防控、分散提供保障。

当地胶农割胶场景

❖ 主要做法

（一）政府支持与市场让利并重，积极拓展农业保险资金来源

天然橡胶"保险＋期货"项目取得期货交易所立项资金、沪滇协作扶贫资金、落地地方政府配套资金的支持，拓展了农业保险资金来源。项目立项资金总额是322.2万元，其中，上海期货交易所立项资金301万元，政府配套21.2万元。参与试点项目的胶农不承担保费，其保费由财政扶贫资金代缴。保险公司承担的费率为15%—20%，与非扶贫的"保险＋期货"项目相比，保险公司的成本约高出5%。保险公司在贫困地区多出的成本主要包括在贫困地区开展保险的差旅费用、承保及理赔操作上的人工费用及其他额外费用。在实际项目操作中，保险公司只收取10%左右的费用作为支出的成本。在试

点期间，保险公司、期货公司是不营利的。

普洱市天然橡胶"保险 + 期货"项目核心要素

试点区域	普洱市西盟县、宁洱县、江城县、孟连县
标的名称	上海期货交易所天然橡胶合约（RU1801）
保费规模	上海期货交易所立项资金 301 万元，地方政府配套 21.2 万元，总保费规模 322.2 万元
服务对象	优先考虑当地建档立卡贫困户，覆盖 1600 余户建档立卡贫困户
保险期间	天然橡胶割季 9 月、10 月、11 月三个月份
保险价格	16545 元 / 吨
市场价格	保险期间内上海期货交易所公布的天然橡胶期货主力合约收盘价的算术平均值
理赔方式	市场价格低于保险价格，保险公司就会对胶农提供赔付
承保数量	3533 吨天然橡胶（4.4 万亩）
扶贫效果	项目共赔付约 501.4 万元，帮扶建档立卡贫困户 1600 余户，户均赔款达 3133 元

　　天然橡胶"保险 + 期货"项目在云南省普洱市西盟县、宁洱县、江城县、孟连县 4 个县进行试点。其中，江城县、宁洱县的试点项目分 3 期进行，每期的期限都是 1 个月，起始日期分别是 2017 年 9 月、10 月、11 月的第一天，每期的截止日期分别是当月的最后一天；西盟县、孟连县的试点项目保险期限起止日期分别是 2017 年 9 月 1 日和 2017 年 11 月 30 日。4 个县的试点项目共承保橡胶 4.4 万亩（折合 3533 吨），投保农户共 1793 户，其中建档立卡贫困户有 1600 余户。

　　天然橡胶"保险 + 期货"项目总保费规模 322.2 万元，为试点地区胶农提供 16545 元 / 吨的价格托底保障，项目共赔付约 501.4 万元，户均赔款达 3133 元，基本实现脱贫目标。在 4 个试点县的保费规模分布上，江城县 3 期总保费规模是 60 万元，每期 20 万元；宁洱县 3 期总保费规模是 30 万元，每期 10 万元；西盟县保费规模是 122.2 万元；孟连县保费规模是 110 万元。在 4 个试点县的赔款金额分布上，江城县 3 期的总赔款金额是 30.78 万元，每期的赔款金额分别是 26.78 万元、2 万元、2 万元；宁洱县 3 期的总赔款金额是 15.39 万元，每期的赔款金额分别是 13.39 万元、1 万元、1 万元；西盟县的赔款金额是 233.34 万元；孟连县的赔款金额是 221.86 万元（具体见下图）。

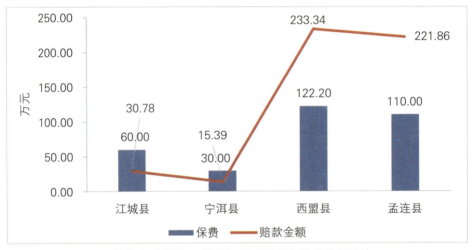

天然橡胶"保险 + 期货"项目保费和赔款金额分布

（资料来源：笔者根据安信农保提供的项目资料进行整理）

（二）聚焦橡胶产业特色，打造"保险 + 期货"项目运营模式

　　天然橡胶是普洱市的主导产业，更是当地贫困户的核心收入来源。天然橡胶"保险 + 期货"项目由上海期货交易所立项批准并提供资金支持，由保险公司、期货公司与当地政府协同推进完成。其中：上海期货交易所和政府部门提供立项资金，负担贫困户的全额保费，同时负责收集贫困户信息、协调多方参与主体等工作，在整个项目中起主导作用；保险公司提供保险产品开发、承保理赔服务，期货公司负责风险对冲。保险公司和期货公司立足扶贫，不以营利为目的，以有效转移天然橡胶价格风险为目的，这是区别于一

般的市场化"保险+期货"项目的独特之处。

天然橡胶"保险+期货"精准扶贫试点座谈会

天然橡胶"保险+期货"项目总体运营模式如下:第一,当地胶农在项目立项资金全额补贴保费的支持下,通过购买保险公司的价格保险,保障其橡胶生产收益;第二,保险公司购买期货风险管理子公司提供的场外看跌期权产品进行再保险,对冲橡胶价格下跌可能带来的保险赔付风险,弥补保险公司风险管理方面的不足;第三,期货风险管理子公司在期货市场进行相应的风险对冲,最终将橡胶价格风险转移到期货市场;第四,当地政府提供政策及少部分资金支持,并为项目试点推进提供组织保障。多方合力为产业发展面临的市场风险提供保障。

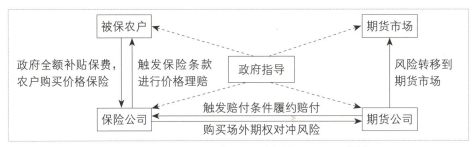

普洱天然橡胶"保险＋期货"精准扶贫项目运营模式

　　天然橡胶"保险＋期货"项目以上海期货交易所公布的天然橡胶期货主力合约的价格作为价格依据，充分利用期货价格发现的功能，一旦天然橡胶价格下跌至低于保险的目标价格，保险公司立即进行赔付。同时，为分散风险，保险公司与期货公司签订场外期权合作协议，在期货市场上进行风险对冲。

　　保险公司根据地方政府及保险公司收集的农户及建档立卡贫困户信息（姓名、身份证号、银行卡号、投保面积等）进行理赔，赔款不经过第三方直接拨付至建档立卡贫困户的银行卡中，高效精准，从而实现精准扶贫。

走访慰问当地建档立卡贫困户

（三）培育农民保险履约能力，以金融服务促进农民增收脱贫

在天然橡胶"保险＋期货"项目中，参保农户与保险公司签订的价格保险合同相当于买进了一种看跌期权，若是保险到期时天然橡胶的市场价格高于保险价格，投保农户可放弃履约权利，以市场价格卖出天然橡胶来获得更高收益；若是保险到期时的天然橡胶市场实际价格低于保险价格，投保农户可行使权利，获得保险公司的赔付金额，以保障其最低收益。另外，保险公司为预防保险到期时市场实际价格低于保险价格带来的风险，可以在期货风险子公司买入看跌期权时进行风险对冲，获得理赔损失。

天然橡胶"保险＋期货"项目凝聚了"保险"和"期货"两种金融工具优势，为农户提供有效的市场风险保障，同时也弥补了保险公司市场价格风险分散不足的缺陷，探索了一条针对天然橡胶或其他农产品价格波动的风险管理和分散的可行路径。这种扶贫模式，能够带动贫困户和当地农户积极利用金融工具化解农产品市场风险。事实上，对贫困户而言，利用金融工具的能力相当弱。在政府、金融企业等多方努力下，通过财政扶贫资金补贴保费，让贫困户参与到金融企业开发的"期货＋保险"金融产品中，利用市场机制化解市场风险，对培育当地贫困户和非贫困户充分利用金融市场服务的能力、推进当地的减贫脱贫工作具有重要意义。

❖ 经验启示

（一）金融保险是打好脱贫攻坚战的重要抓手

2017 年 6 月，习近平总书记在太原主持召开深度贫困地区脱贫攻坚座谈会发表重要讲话时指出，要发挥政府投入的主体和主导作用，发挥金融资金的引导和协同作用。增加金融投入对深度贫困地区的支持，资本市场要注意对深度贫困地区的上市企业安排，保险机构要适当降低对深度贫困地区的保费收取标准。"保险＋期货"助推产业扶贫模式，通过运用价格收入保险机制

防范市场价格波动对农业生产收益的影响，确保和稳定农民收益，实现脱贫致富，体现了金融保险是打好脱贫攻坚战的重要抓手。

（二）东西部项目协作是西部地区产业脱贫的有效路径

2016 年 7 月，习近平总书记在银川主持召开东西部扶贫协作座谈会时发表重要讲话，强调要动员东部各界力量积极参与脱贫攻坚工作，大胆探索产业合作。"保险 + 期货"扶贫项目由上海对口帮扶资金、上海期货交易所和各期货公司资金支持，是东西部扶贫协作的成功实践，体现了东西部扶贫协作的巨大作用。上海作为国内金融行业最为发达的地区，拥有成熟的金融实践经验，而贫困人口较多的普洱市又以天然橡胶为主导产业，天然橡胶"保险 + 期货"扶贫项目是东部金融支持西部实体经济和东西部对口帮扶的创新实践，更是变传统财政资金直接补贴农户的"输血"式扶贫为市场化手段的"造血"式扶贫的一种创新。

（三）多方协作是扶贫模式创新的组织保障

习近平总书记在太原会议上强调，坚持专项扶贫、行业扶贫、社会扶贫等多方力量、多种举措有机结合和互为支撑的"三位一体"大扶贫格局。普洱天然橡胶"保险 + 期货"模式，动员了上海市人民政府合作交流办公室、上海期货交易所、保险公司、期货公司、当地政府等政府、企业和社会各界多方力量参与，通力合作、坚持不懈，才能取得并不断巩固脱贫成果，脱贫攻坚离不开多方协作。

上海市合作交流办主任推荐语

在打赢脱贫攻坚战中，产业扶贫最可持续，但是难度也最大，常常会面临巨大的市场风险。为了有效化解市场风险、保障贫困地区农户的收入和当地产业的可持续发展，上海市在东西部扶贫协作中动员保险公司利用金融扶贫工具，帮助贫困地区发展特色产业脱贫。安信农保在普洱市探索天然橡胶目标价格保险，开展"保险＋期货"金融扶贫模式，利用政府扶贫资金作为保险保费补贴的财政杠杆，以上海期货交易所公布的天然橡胶期货主力合约价格作为保障价格，保险公司再向期货风险管理子公司购买场外看跌期权产品，以再保险对冲风险，而期货风险管理子公司在期货市场进行相应的风险对冲。该模式作为一个重大的金融创新，将"保险"和"期货"有效结合，不仅有助于分散农业生产者的市场风险，还有助于保险公司实现价格风险转移。

姚　海：上海市人民政府合作交流办公室党组书记、主任

专家点评

发展产业脱贫是我国脱贫攻坚的重要举措。但是贫困农户在产业发展时多次面临产品市场价格大幅度波动的风险。上海在对口帮扶云南普洱市时，结合当地贫困户主导产业（橡胶）发展面临的困境，引入"保险＋期货"扶贫模式，利用期货市场的价格发现功能和保险的风险分散功能，通过适当的政策支持和帮扶安排，帮助受益贫困户较好地解决了橡胶产品价格波动对当地贫困农户稳定增收的冲击问题，创新了对口帮扶和产业扶贫的方式，取得了不错的效果。上海对口帮扶云南普洱创新天然橡胶项目对东西部扶贫协作和产业扶贫工作提供的重要启示主要是：第一，东西部扶贫协作同样要坚持精准帮扶的原则，要根据协作区域面临的关键问题寻求创新性解决方案；第二，产业扶贫不只要帮助贫困户发展生产，还要帮助他们解决产品销售问题，帮助农户实现产品价值才是产业扶贫的根本目标；第三，"保险＋期货"可以成为对产业扶贫的金融支持的重要形式，而且随着生产性产业扶贫达到一定阶段之后，"保险＋期货"可能成为更重要的扶贫金融产品。

吴国宝：中国社会科学院农村发展研究所研究员、博士生导师，贫困问题研究中心主任

思考题

1. 当贫困户脱贫之后，在没有政府资金补贴的情况下，保险公司和期货公司按照市场手段收取服务费用，这种模式是否能够持续经营和推广？

2. 对于有特色产业的贫困地区而言，如何将产业扶贫与金融扶贫更有效地融合起来？

延伸阅读

1.《"保险＋期货＋精准扶贫"新模式 助胶农脱贫致富》(中国网，http://t.m.china.com.cn/convert/c_rp1H5S9U.html，2017 年 9 月 22 日)

2.《天然橡胶期货价格指数保险为胶农稳增收》(金融界，https://m.jrj.com.cn/madapter/finance/2017/11/14162323383253.shtml，2017 年 11 月 14 日)

打造一支不走的扶贫协作工作队

——江苏省丹阳市对口帮扶陕西省富平县的故事

摘要： 近年来，苏陕扶贫协作持续深化。自2017年以来，江苏省丹阳市派驻的苏陕扶贫协作工作队，在各级领导的关心指导下，强化组织领导，落实工作责任，着力推进两地交流、项目实施、产业合作、劳务协作和携手奔小康等方面的工作，经过两地干部群众的共同努力，全面完成扶贫协作各项目标任务。

关键词： 苏陕协作　扶贫工作队　脱贫攻坚

引言： 2016年7月20日，习近平总书记在东西部扶贫协作座谈会上指出："东西部扶贫协作和对口支援，是推动区域协调发展、协同发展、共同发展的大战略，是加强区域合作、优化产业布局、拓宽对内对外开放新空间的大布局，是实现先富帮后富、最终实现共同富裕目标的大举措，必须长期坚持下去。"

❖ 背景情况

党的十八大以来，以习近平同志为核心的党中央将扶贫工作摆到治国理政的重要位置，提升到事关全面建成小康社会、实现第一个百年奋斗目标的新高度，纳入"五位一体"总体布局和"四个全面"战略布局进行决策部署。

党的十九大明确指出，坚决打赢脱贫攻坚战，确保到 2020 年我国现行标准下农村贫困人口实现脱贫，贫困县全部摘帽，解决区域性整体贫困，做到"脱真贫、真脱贫"。

富平县是国家扶贫开发工作重点县、革命老区县，也是陕西第一人口大县，全县共有贫困户 7632 户 22207 人，脱贫攻坚时间紧、任务重。如何围绕富平现有的基础建立两地扶贫协作的长效机制、充分发掘富平县已有的资源禀赋推动脱贫摘帽进程，是富丹合作需要破解的重点。按照苏陕协作要求，自 2016 年以来，丹阳市开展与富平县的对口帮扶，双方互访交流日益频繁，合作领域愈加广泛，通过产业扶贫、就业扶贫、教育扶贫、健康扶贫、社会扶贫统筹谋划、协同推进，已经形成了高规格、全方位、多层次、立体化的工作机制和协作格局。

丹阳市领导在富丹产业园前海智能科技公司了解企业生产经营情况

◆ 主要做法

丹阳市坚持把扶贫协作作为重大政治任务，着力在两地交流、项目实施、产业合作、劳务协作和携手奔小康等方面明确目标任务，强化组织领导，落实工作责任，全面完成苏陕扶贫协作各项工作任务。2017 年，丹阳市驻富平工作队被富平县委县政府授予脱贫攻坚特别贡献奖，丹阳副市长杭春云同志连续 2 年被评为陕西省脱贫攻坚先进个人，丹阳经发局副书记、副局长李嘉兴同志走村访户、洽谈项目，为两地扶贫协作飞架桥梁。富丹产业园在 2018 年陕西省商务厅综合评估第一名；《一片丹心向富平，东西携手奔小康》在东西部扶贫协作工作推进会上作为典型经验交流，陕西卫视、《陕西日报》先后来富平做专题报道，新华网也对富丹友谊幼儿园进行了报道。"苏陕两地共建 '区中园' ——富丹产业园模式" "张桥集体经济模式"等帮扶新路径、新模式亮点频现，扶贫协作工作不断获得新进展、取得新成效。

（一）领导重视，两地交流趋向深入

领导互访频繁有力。为推动两地对口扶贫协作工作深入开展，丹阳市委书记黄春年 3 次到富平县考察交流，富平县长张海乾也 4 次带队赴丹阳市交流学习，共同制定的《苏陕协作——富丹合作五年规划》获得两地政府批准，规划涉及帮扶资金近 2 亿元。2017 年以来，两地领导部门以及镇村互访达 50 批 350 多人次，频繁交流为富丹两地架起了沟通桥梁。人才交流体系完善。为切实加强两地人才交流管理，丹阳市组织部出台《关于丹阳市与扶贫县双向选派干部人才挂职交流工作的实施意见》，全面推进两地人才交流。积极打造两地干部交流学习平台，2017 年以来，共有 17 名年轻骨干到部门乡镇挂职，两地卫计系统互派 18 名医生挂职交流，在丹阳举办培训 2 次，培训人数达 400 余人，农业系统互派 17 名技术干部交流学习，在丹阳农产品馆设立富平专柜。深化两地教育交流合作机制，两地学校共签订全学段覆盖协议 13

个，丹阳市教育局共 3 次选派 70 名教育专家去富平县进行教学交流，两地互派 16 名教师支教。交流范围不断延伸。拓展两地交流范围，全方位提升富丹合作水平。2017 年以来，丹阳与富平共签订合作协议 61 份。邀请富平工商联带企业代表来丹阳考察学习，缔结友好商会。丹阳 22 家企业与富平 3 个镇 8 个村签订镇村企帮扶协议，共捐资 61 万元用于村级发展。富平青年就业创业协会到丹阳交流学习，与丹阳眼镜协会签订共建富丹眼镜城协议。加大扶贫扶智力度。"贫困在口袋，根子在脑袋。"人才是发展的根本，教育是发展的保障。丹阳市与富平县两地各 12 家教育单位签订了结对合作协议书，新华网对富丹友谊幼儿园开园作了专题报道。

（二）创新模式，全力推进援建项目，资金持续投入

在 2017 年丹阳援助富平资金 3417 万元的基础上，2018 年援助资金 3805 万元，截至 2018 年底援助资金达 7222 万元。实施苏陕合作项目 15 个，其中：两地共同投资 3200 万元（丹阳出资 1600 万元）新建的富丹友谊幼儿园，已招生 186 名；4 个贫困村村级卫生室已投入使用。2017 年以来，丹阳市帮助富平县争取苏陕扶贫协作资金共 3410 万元，实施苏陕协作项目近 21 个，为 2151 户 7099 名贫困群众实现增收。江苏扬子江药业集团与富平县签订了投资 5 亿元人民币的汉唐药坊项目。为确保苏陕协作资金不流失，增值保值，苏陕扶贫协作工作队通过多方考察商讨，创造性地形成了富平发展村集体经济新模式——"张桥模式"，即用苏陕资金建设大棚等农业设施，资产归村集体所有，每年出租设施收益的 70% 给贫困户分红，30% 给集体用于村公共事业，在保证贫困户得实惠的同时，集体经济也得到发展。此做法在陕西省级主流媒体多次进行专题报道，并在 2018 年 7 月国务院扶贫办召开的全国东西部扶贫协作工作推进会上做交流。富平县的老庙黄芩、美原葡萄、庄里柿子加工等援助项目积极学习"张桥模式"，并取得了村户增收发展的良好效果。

（三）多措并举，劳务协作成效初显

人社部门通力协作。针对富平县现状，丹阳市人社、劳务部门出台了交通、培训、稳岗、就业、就学等相关政策，帮助富平县贫困劳动力长期稳定就业。组织劳务公司、企业开展劳务对接已达 5 批 30 余人次，并组织富平县职业学校赴苏州、上海等地考察企业，召开苏陕专场招聘会 7 场，提供就业岗位 6500 余个，举办苏陕劳务协作贫困劳动力培训 3 场 142 人次，有 70 名贫困群众赴江苏稳定就业，95 名贫困劳动力在省内就业。丹阳职中、江苏福荣制衣有限公司也与富平职中签订了定向培训就业协议，在富平城乡建设高级职业中学设立"丹阳机械班"。交流学习机制灵活。以学生为主体，扩大交流覆盖面，积极鼓励推动富平各校学生赴丹阳学习生活。2018 年安排了 5 名富平学生到丹阳市中等专业学校，进行为期一个学期的交流学习，使富平学

在富平城乡建设高级职业中学设立丹阳机械班

生在学习生活实践中，了解丹阳，能扎根丹阳，在丹阳就业，推动教育交流机制更具针对性和精准性。劳务协作成果明显。2017年以来，丹阳市在富平县建立社区工厂3家，搭建就业扶贫基地4家、就业孵化基地3家，共吸纳贫困劳动力就业90人。通过产业帮扶，富平县提供当地就业场所3个，其中，在圣唐乳业就业238人，前海智能电子公司就业111人，富平拓普电子厂就业31人。

（四）创新载体，产业合作初具规模

高标准筹划"区中园——富丹产业园"。两地以《丹阳市与富平县合作共建富平高新技术产业开发区框架协议》为基础，共同投资在富平高新区内规划建设"区中园——富丹产业园"，核心区占地200亩，发展汽车零部件、航空、物流等产业。苏陕扶贫协作工作队成功招引前海智能创维产业园、圣唐乳业羊奶粉加工、陕西威陆农业物联网等项目入园。陕西省商务厅领导高度评价"富丹产业园"，在2018年陕西省商务厅综合评估中荣获第一名。第一，高水平创建"富平模式"。在"区中园"建设上，丹阳市帮助富平县创新建立了"富平模式"：在富平县成立富平发展投资集团有限公司，具体负责建设运营，2017年起丹阳每年注资2500万元资金，预计至2020年4年共1亿元分年存放在国家开发银行陕西分行，富平县政府以等额资金配套。国家开发银行2018年以2亿元额度支持富丹产业园内企业，用于落户企业厂房建设，头3年内贴息，放大资金使用效能，引进更多企业来富平投资，助力富平经济发展。陕西富平前海智能新创维产业园项目，国开行陕西分行核准授信了6000万元。第二，高效率推进援助项目。2017年以来，富丹产业园共落地企业4家，实际投资额已达4亿元，占地104亩、总投资36.9亿元的前海智能动力能源项目，9.6万平方米的厂房已全面建设；前海智能电子项目在园区租赁2万平方米厂房，建成一条生产线，已为当地提供100余人的就业岗位；由江苏博领科技集团股份公司与陕西圣唐乳业公司合作投资3.6亿元共建

的陕西圣唐乳业羊奶粉加工项目占地 80 亩，建成一条可日处理 500 吨鲜奶、年产 20000 吨配方奶粉的生产线，招收 200 多名当地职工，每天收购羊奶 120 多吨。

（五）全面对接，两地携手奔小康

镇镇对接趋向深入。丹北镇与庄里镇、云阳街道与淡村镇、丹阳经济开发区与高新区在完成对接交流的基础上，丹阳高新技术开发区两次向淡村镇捐款 100 万元，用于村教育和产业发展；丹北捐款 50 万元用于援助庄里三河村室建设。村村对接趋向广泛。2017 年以来，有 8 对村完成对接，共捐赠资金 142 万元。其中，城南村、界中社区捐赠深度贫困赵老峪北村 48 万元，车站社区捐赠团结村 40 万元，姚家弄村捐赠三河村 10 万元，东风社区捐赠华张村 12 万元，皇塘村捐赠十字村 10 万元，城北村捐赠石桥村 12 万元，吕城镇中心村捐赠大渠村 10 万元。

❖ 经验启示

做好苏陕扶贫工作，必须坚持以习近平新时代中国特色社会主义思想为指导，按照精准扶贫、精准脱贫方略，统筹谋划、协同推进，全面落实产业就业、教育健康、社会慈善等专项扶贫政策，提升扶贫协作工作质量。

（一）找准目标，实现精准发力

深入推进扶贫协作，既要全面贯彻落实中央和地方各级党委、政府有关脱贫攻坚的文件精神，又要结合县情实际，深入基层做好调研工作，摸清"家底"，找准问题短板，有针对性地采取措施，把帮扶方与被帮扶方的优势紧密结合起来，实现精准发力，提高扶贫工作的针对性和有效性。

（二）突出主体，激发内生动力

必须强化产业落地生根，注重吸纳贫困劳动力就业创业，挖掘经济发展增长点，通过教育、培训加强人力资源开发，切实增强被帮扶地区的自我发展能力，特别是以产业扶贫推动自主脱贫，提高贫困群众的技能和综合素质，激发贫困人口的内生动力，由被动"输血"转变为主动"造血"。

（三）整合资源，形成强大合力

扶贫协作是一项系统工程，必须强化政府责任，引导市场、社会协同发力。一方面，政府要发挥主导作用。根据本地区实际制定有利于贫困地区贫困群众脱贫的发展战略和脱贫规划，组织动员各地区各部门各行业的资源支持脱贫攻坚，做到扶贫项目优先安排，扶贫资金优先保障，扶贫工作优先对接，扶贫措施优先落实。另一方面，积极引进市场力量和社会力量，特别要发挥实力企业作用，形成扶贫协作强大合力。

（四）完善机制，实现稳定脱贫

良好的机制体制是实现稳定脱贫和保证脱贫质量的重要后盾。在推进东西部扶贫协作的过程中，应着力通过体制机制创新，建立健全稳定脱贫长效机制，促使各项扶贫政策和措施具有延续性和长效性，有效防止脱贫后返贫现象的发生。

江苏省扶贫办主任推荐语

江苏丹阳市按照中央和省委、省政府关于苏陕对口扶贫协作的部署要求，坚决履行政治责任，携手陕西省富平县，聚焦建档立卡贫困人口脱贫精准发力，着力深化产业合作、劳务协作、人才支援、资金支持等，推进县、乡、村多层次挂钩合作，创新村集体经济发展机制，大力拓宽农产品销售渠道，积极打造富丹产业园，着力实施特色教育扶贫项目，形成了成效明显、特色鲜明的工作机制和协作格局。

朱国兵： 江苏省农业农村厅党组成员，省扶贫办党组书记、主任

专家点评

在脱贫攻坚战进入决胜的关键阶段，东西部扶贫协作和对口支援工作需要全方位、多层面、系统性地推进。建立畅通、高效的协作体制和机制成为扶贫协作双方能否以及在多大程度上形成强大合力的关键因素。在江苏省丹阳市对口帮扶陕西省富平县中，组建并派驻苏陕扶贫协作工作队，并将其常态化与长效化，作为苏陕扶贫协作各个子项目和子任务的联系纽带与指挥中枢，从而确保扶贫协作工作有序、顺利而高效推进。该案例最核心的价值和启示是，脱贫攻坚工作应以稳定脱贫和脱贫质量为核心标尺，着力体制机制创新，提升帮扶人员的组织化程度，构建常态化的工作体制和运行机制。

王晓毅： 中国社会科学院社会学研究所教授、博士生导师，农村与产业研究室主任

思 考 题

1.在东西部扶贫协作的实践中，如何发挥协作双方各自的资源优势，建立健全稳定脱贫长效机制？

2.在贫困县脱贫摘帽的过程中，如何有效巩固脱贫成果，防止返贫现象出现？

延伸阅读

1.《脚踏实地干事 真情实意帮扶——记陕西省脱贫攻坚奖苏陕扶贫协作先进个人获得者杭春云》(陕西省人民政府网，http://www.shaanxi.gov.cn/zdzl/tpgj/glgj/ssxz/137360.htm，2019 年 4 月 8 日）

2.《苏陕协作谋共赢》(陕西省人民政府网，http://www.shaanxi.gov.cn/zdzl/tpgj/glgj/ssxz/125464.htm，2018 年 11 月 5 日）

农旅融合引领山区村庄
步入康庄大道

——浙江省缙云县蛟坑村绿色脱贫记

摘要： 浙江省缙云县胡源乡蛟坑村依托国家级仙都风景名胜区大洋景区，立足青山绿水资源优势，利用优越生态环境和优秀人文环境，通过乡贤回归来引领、招商引资促发展、"无中生有"建项目、完善服务聚游客、创新分配增收入等，不断增加村民经济收入，逐步壮大村集体经济，打通了生态价值向经济价值转化的通道，摸索出一套"农旅融合＋扶贫开发"的乡村发展新模式。

关键词： 农旅融合　绿色扶贫　招商引资

引言： 2013 年 9 月 7 日，习近平总书记在哈萨克斯坦纳扎尔巴耶夫大学回答学生问题时强调："我们既要绿水青山，也要金山银山。宁要绿水青山，不要金山银山，而且绿水青山就是金山银山。"

❖ 背景情况

胡源乡位于浙江省缙云县东南部，距缙云县城 15 公里，地处偏僻，山高路险，交通设施建设落后，人多地少，人均耕地 0.21 亩，乡村发展步伐停滞不前。蛟坑村隶属胡源乡 7 个行政村之一，2017 年以前，村集体总收入不到 2 万元，其中经营性收入几乎为零。2017 年，该村开始实施环境整治工程，使得村容村貌焕然一新，经济发展也迎来了破冰机遇，2018 年经营性收入突破 5 万元，总收入超过 25 万元，2019 年以来，经营性收入已达 30 万元。

蛟坑村的转变源自山水资源的开发转化。胡源乡蛟龙大峡谷地势险峻，未经开发，自然生态保持良好，峡谷两边都是海拔 1000 多米的高山，为花岗岩地貌，适宜发展旅游项目。胡源乡党委、政府下大决心招商引资，谋划以建设蛟龙大峡谷旅游景区为切入点，打造"两山一峡谷"旅游休闲度假区，希望以此改变胡源乡落后的经济社会面貌。乡党委、政府以乡贤情感为纽带，号召乡贤回乡投资，参与蛟龙大峡谷旅游景区建设，实现以山水资源为纸，用工商资本作笔，描绘一幅乡村旅游蓬勃发展的美丽画卷。

项目谋划之初，胡源乡党委、政府与蛟坑村面临诸多考验：项目建设过程中，如何避免蛟坑村整体环境遭到破坏的情况发生，项目建成之后，如何才能保证村集体收益的持续稳定，如何保障村民借助旅游红利实现脱贫致富，建设旅游配套设施资金从哪里来，如何平衡产业发展与生态保护，如何实现乡村休闲旅游产业扶贫可持续发展，这些与项目落实紧密相关的问题都亟待解决。

❖ 主要做法

（一）强化头雁引领，筑牢脱贫攻坚战斗堡垒

村党支部书记是农村基层党组织的"领头雁"，唯有头雁领路，才能群雁齐飞。强大的组织力是干事创业的基础，曾经的蛟坑村"两委"缺乏战斗力，胡源乡党委、政府以此为切入点，从严从实推动基层党组织战斗力水平，加快脱贫攻坚步伐。

1. 选优配强头雁队伍。蛟坑村通过换届换血、选派联村领导、全员轮训、上挂锻炼、交叉兼职、书记论坛等途径，不断提升基层党组织队伍的整体素质。选拔家乡情结深厚、在外经商经验丰富、眼界宽、能力强的徐子富担任

村党支部书记。

2. 建立健全考核机制。开展基层党组织"对标挂星、晋位争星"活动，通过星级化动态管理，蛟坑村党组织在思想上组织起来，纪律规矩上严管起来，激发了比学赶超的动力。通过定制责任清单、义务清单、民生清单"三张清单"履职，蛟坑村以领办项目化运作方式推动"支部建设"落地。

3. 凝聚汇聚乡贤力量。蛟坑村系统实施"乡贤＋引资引智""乡贤＋社会治理""乡贤＋乡风引领""乡贤＋公益助善"四大工程。组建乡贤"参谋团"，党员带头开展"筹资金""筹治理""筹服务""筹思路"等活动，充分发挥乡贤党员在基层治理工作中的先锋模范作用。

（二）强化环境整治，补齐村容村貌突出短板

胡源乡党委、政府以蛟坑村"千年古盐道"为基础，自制《胡源信步图》，打造胡源旅游品牌，成效显著，成功吸引企业家江波多次前往蛟坑村考察。他对山水风景称赞不绝，而对于山脚的村庄却望而却步，村庄"脏、乱、差"现象，使江波对投资缺乏信心。村"两委"干部醍醐灌顶，一致认为，招商引资必须从环境整治入手。

1. 打赢"露天厕所"歼灭战。"露天粪缸"是整治的重点。起初，村民对于拆除"露天粪缸"顾虑多、抵触强，工作难以开展。村"两委"通过挨家挨户走访，说明"粪缸"拆除的目的以及拆除后修建生态公厕的规划，保证善后工作的到位，同时对于拆除的"粪缸"以 300 元 / 丘的价格补偿损失。在做通村民思想工作后，蛟坑村一周之内将"露天粪缸"全部拆除，并用 3 个月的时间完成清理、绿化工作，被誉为"胡源速度"，在全县小有名气。

2. 打好"环境卫生"持久战。蛟坑村"两委"组织党员、村民代表到其他旅游示范村参观学习，增强环境保护意识。回来后在村民中聘请"环卫工人"，垃圾日扫日清，并设立专人巡查制度，每日按时巡查，发现家禽散养、乱丢垃圾等现象及时劝诫制止，村庄环境实现了"蝶变"。

在村干部的带领下，蛟坑村拆"粪缸"、圈家禽、做绿化，经过3个多月的攻坚战，顺利通过"A级旅游景区村"考核验收，村庄面貌焕然一新。2017年，蛟坑村被评为市级绿化示范村和市级法治示范村，2018年，被评为浙江省卫生村，为招商引资打下了坚实的环境基础。

环境整治后的蛟坑村风貌

（三）强化理念转变，打造招商引资良好环境

蛟坑村通过环境整治，营造了良好的自然环境。然而，"不理解""不支持"的人文环境成了最后的绊脚石。蛟龙峡农旅开发项目建设之初，相当多的村民因担心项目实施后现有的良好生态环境遭到破坏，而自己也得不到什么利益，而拒绝项目建设。为了统一全村人的思想认识，在召开党员和村民代表会议时，乡村两级干部动之以情，晓之以理。

1.秉持发展原则。乡村两级干部向村民明确表态：既要绿水青山，也要金山银山是习近平总书记的明确指示，环境保护是我们的基本国策，破坏环境谋发展的事我们决不会干。

2.创新发展理念。乡村两级干部用了"借鸡生蛋"的比喻，用最简单朴实的话对群众进行劝导：我们想吃鸡蛋，但我们自己没有鸡，就不可能有蛋吃，怎么办呢？那只好向人家借鸡生蛋。我们有条件，就给鸡喂好饲料，鸡就会下又多又好的蛋。我们没有条件，那鸡它自己也会去找一些吃的，也会下一些蛋给我们。关键是我们要牢牢稳住这只鸡，别让它跑了。鸡跑了，那什么都谈不上了。终于，大家渐渐转变了观念，纷纷表示理解和支持。

蛟龙村村干部正在给村民做宣传劝导工作

（四）强化农旅融合，创新扶贫开发多赢模式

经过多次协商，蛟龙峡农旅开发项目在 2018 年 3 月 12 日正式签约，项目一期、二期工程全部为企业家江波投资，总投资额 8000 万元。第一期项目实际投资 5378 万元，2018 年 5 月项目正式启动，9 月底工程完工，到了 10 月中旬景区玻璃栈道就开始试营业。从签约到运行仅仅用了 7 个月时间，而施工期只有短短的 5 个月，"胡源速度"再一次出现。该项目毗邻丽水市首个百亿工程——缙云抽水蓄能电站，不仅可以提升当地城市的服务功能，更对南乡区域的发展起到龙头示范作用。

蛟龙峡农旅开发项目效果图

项目落成之后，为了确保村集体收入以及村民收益的最大化，胡源乡蛟坑村走出了自己的致富增收新路子。2019 年，蛟坑村经营性收入已超过 30 万元，"家底"日渐厚实。昔日的"薄弱村""后进村"，一跃成为现在的"网红村"。

1. 农旅融合利益共享方式。一是在项目范围内的用地合作方面：村集体以全部山林资源入股合作经营，投资方自负盈亏，村里每年可以拿到固定的分红，旱涝保收，并且收入阶梯式递增，最初是 3.75 万元 / 年，最高达 23.7 万元 / 年。二是在配套项目的合作和收益方面：投资方只负责景区内的管理和收益，其他如停车、住宿、吃饭、购物等服务性项目，归村集体和村民经营。"扶贫不扶懒汉"，能赚多少钱靠村民自己的本事；同时上级补助经费，如公益林款以及山林所有权仍然归村集体。从长远看，项目最大的获利点是资源增值，所以协议规定，合作期满后企业和村集体对未来收益股份各占 50%。

2. 农旅融合配套发展模式。一是蛟坑村向投资方预支 50 万元（以历年的分红扣除），建造了有300多个车位的生态停车场，既满足了游客停车需要，又完善了景区的基础设施。据统计，仅2019年"五一"期间已收入停车费接近2万元。目前蛟坑村以每年7万元的租金将停车场进行发包，收入持续稳定。二是建设配套的叠箱山居精品民宿。在政府相关部门的帮扶下，收到上级拨款110万元，村集体采用"以工代投"的方式自筹资金50万元推进项目，在保证质量的前提下，要求承包商适当让利。蛟坑村的创业精神，感动了承包商，最终作出让利的决定。由村支书、村主任带头，尽可能动员村民参加义务劳动，用最少的投入产生最大的效益，把每分钱都用在刀刃上。现已完成民宿招租工作，每年为村集体带来收益7.4万元。三是开发了"游山玩水"项目，山由景区负责开发，并承担生态保护的责任；而水，蛟坑村谋划了河道流域承包项目，将其发包。承包商在水质始终能够达标的前提下，可进行合法的开发利用，保护了水生态，满足了游客需要，也增加了村集体的收入，"一举三得"。四是在村内徐氏宗祠南边计划建造8间2层共320平方米的商铺。主要销售本村土爽面、番薯干、生姜、竹笋、烧饼等一些绿色农产品，打破土特产"藏在深山无人知"的尴尬局面，拓宽其销售门路。单说烧饼一样，一天就有3000元左右的销售额。春节前后，据不完全统计，村民们的销售额就有50多万元；蛟坑村村民还将民宅改造成农家乐、民宿，实现"一家一种风味"。

招商引资项目落地，为村民提供了在家门口就业的机会，更关键的是为蛟坑村带来了客流量与知名度，刺激了蛟坑村经济发展的活力。在利益共享的模式下，依托自然优美的乡野风景、舒适怡人的清新气候、环保生态的绿色空间，结合周围的田园景观和民俗文化，村民积极开展旅游配套服务，打造休闲度假旅游模式。在这个过程中，村民锻炼了自身干事创业的能力，增加了经济收入，实现了脱贫致富。

蛟坑村生态旅游景区一隅

（五）强化区域合作，加快乡村振兴前进步伐

由于资源匮乏，曾经的胡源乡家家习武，为的就是争"一亩三分地"。现在，通过蛟坑村的让利，各村各展所长，村与村之间的关系也得到了极大的改善。

1. 文化礼堂变饭堂。与蛟坑村"一田之隔"的柘岙口村，统筹利用文化礼堂基础设施资源，一方面大力开展文化活动，另一方面积极主动联系景区旅游团队，将文化礼堂变身为农家乐饭堂，推出极具特色的"胡源十大碗"，为游客提供饮食场所。自2019年1月推出服务以来，仅一个月，便接待了4批次旅游团队，营业纯收入超过1万元。

2. 产品销售有出路。在旅游景区的带动下，2018年以来，以仙都黄贡茶叶有限公司为龙头的茶产业销售收入实现翻番，达140万元。现已建成黄茶科技示范基地500亩，带动周边茶叶种植5000亩，茶产业实现规模化种植、规范化生产，茶叶合作社效益越来越好，茶园观光、茶山骑行等休闲农业项目未来可期。

3. 民宿经济显活力。乡贤投资300余万元在上坪村建成缙云县南乡区域招牌民宿——"云上溪邻"精品民宿，带动20多位外出人员返村创业，这个过程也见证了胡源全乡民宿行业的兴起。民宿、农家乐犹如雨后春笋，2018

年7月以来，已有20余家开始营业。

4. 全域旅游促繁荣。胡源乡的古方山、石牛山翠峰耸立、怪石嶙峋、奇岩遍地、水流清澈，是驴友路线选择的热点，目前已建设古方古道山脊线、蛟龙峡溯溪线、石牛山山脊线等驴道10余条，贯穿全乡；张山寨"七七会"是活跃在胡源乡章村村的一项传统民间民俗大型文化集会活动，已有400多年的历史，于2011年被列入国家级非物质文化遗产，现章村村已完成通山公路的建设，完善了交通条件，为胡源乡旅游业发展添上了文化的色彩，乡村全域旅游繁荣发展。

乡村经济发展到今天，不再是一种简单的经济活动，而是通过农旅融合加快乡村振兴步伐，发展成为一种兼顾物质生产和精神休闲的活动。农旅融合不是单一的固定模式，而是有主有次、各有特色，榧树根村的羊肉、生姜，章村村的"七七庙会"，胡村村的黄茶，上坪村的精品民宿、驴道，蛟坑村的旅游项目等，在专攻的基础上相辅相成，各村的"落后局面"变成了"繁荣景象"。未来的胡源乡，不仅是村民守望的美丽家园，也是城市人向往的"世外桃源"。

❖ 经验启示

（一）组织战斗堡垒是核心

提升组织力是新时代基层组织建设的新要求，实现"农旅融合、扶贫开发"是新时代农村发展的新使命。农村党支部组织力的强与弱，直接关系脱贫攻坚效果的好与坏。在"万众创新"的时代，挑选出敢"异想天开"、能"真抓实干"、愿"责无旁贷"的干部尤为重要。

（二）发展全域旅游是关键

胡源乡以《胡源信步图》为起点，打造自己的品牌，发出自己的声音，让外界能够看到胡源、了解胡源，从而不断招徕意向投资商，最终落地蛟龙峡旅游开发项目。落后的地方，未经开发，从另一个角度来说也是原始宝藏最丰厚的地方。打造一方特色，发出自己的声音，再因地制宜地开发田园农业旅游模式、民俗风情旅游模式、村落乡镇旅游模式、休闲度假旅游模式、科普游学旅游模式等，走出自己的农旅融合之路。

（三）乡贤回归创业是重点

"树高千尺，叶落归根"，乡愁流淌在每一个华夏儿女的血液里。蛟坑村坐拥绝美的山水风景，却始终"看得见财富，揣不进口袋"，缺少的就是乡贤在外创业拼搏的过程中积累的资本、人才、经验、想法等。引导乡贤回乡创业，能够增强村民的信心，促进合作的顺利开展，因为"乡愁"的存在，项目成功落地的可能性更高。

浙江省扶贫办主任推荐语

农旅融合拓展了农业和旅游业的服务功能，是旅游精准扶贫的核心。缙云县胡源乡蛟坑村立足本地资源优势、人文历史和乡贤资源，大力开发农业农村生态资源和乡村民俗文化，着力在"求特色、创精品、强组合"上下功夫，促进农业产业链延伸、价值链提升、增收链拓宽，打通了"绿水青山"向"金山银山"转化的通道，有效带动了农民增收、农村发展、农业升级，探索出了一条可复制、可借鉴的乡村发展路径。

林健东： 浙江省农办主任、省农业农村厅厅长、省扶贫办主任

专家点评

作为发达省份的欠发达山区，浙江省缙云县蛟坑村充分利用其优越的生态环境和省域内的旅游需求，以农业与旅游业的融合发展为依托，大力发展壮大村级集体经济，构建村庄发展与村民致富之间的利益分享机制，

走出了一条农旅融合、绿色脱贫的乡村发展新路。该案例的推广价值主要有：首先，脱贫攻坚应充分考量本地的资源禀赋，通过资源开发益贫、资产盘活益贫、土地营运益贫等多种方式，将资源优势最大限度地转化为经济优势。其次，鉴于乡村产业发展的自然风险、市场风险和社会风险，产业扶贫应实现不同产业的深度融合，构建产业链，增强抗风险能力。最后，基于小农户在大市场和社会化大生产中的弱势地位，乡村振兴应注重壮大村级集体经济，提升农户的组织化水平和生产经营能力。

游　俊：吉首大学原党委书记、教授、博士生导师，吉首大学武陵山片区扶贫与发展协同创新中心主任，中国民族学学会副会长

思 考 题

1. 在旅游资源丰富地区，如何做好"农旅融合"的文章？

2. 如何实现落后地区脱贫攻坚工作与乡村振兴战略的有效衔接？

延伸阅读

1.《山乡又见好容颜　缙云胡源乡环境整治彰显个性特色》(浙江新闻网，https://zj.zjol.com.cn/news/1093516.html，2018 年 12 月 11 日)

2.《游进"仙境"　玻璃栈道架起了胡源"致富金桥"》(浙江新闻网，https://zj.zjol.com.cn/news.html?id=1119433&from=timeline&isappinstalled=0，2019 年 1 月 16 日)

强化扶贫项目管理
破解脱贫攻坚难题

——安徽省六安市脱贫攻坚项目库建设探索

摘要： 作为革命老区、粮食主产区、生态功能区，安徽省六安市为地方乃至国家发展作出很大贡献，同时又面临着脱贫攻坚的难题。近年来，六安市坚持精准谋划项目，科学储备项目，择优遴选项目，及时立项实施，有效推进县级脱贫攻坚项目库建设，为精准脱贫提供有力支撑。其经验启示是：聚焦脱贫摘帽，为项目库建设提供"牵引器"；坚持规划引领，为精准谋划项目牵好"牛鼻子"；强化群众参与，为项目落地兜好"防护网"。

关键词： 项目库建设　扶贫改革　扶贫项目管理

引言： 2016 年 4 月，习近平总书记在安徽省六安市金寨县大湾村实地考察脱贫攻坚工作时指出，脱贫攻坚已进入啃硬骨头、攻坚拔寨的冲刺阶段，必须横下一条心来抓。要强化目标责任，坚持精准扶贫，认真落实每一个项目、每一项措施，全力做好脱贫攻坚工作，以行动兑现对人民的承诺。

❖ 背景情况

　　安徽省六安市位于大别山北麓，是全国著名的革命老区、重点生态功能区和粮食主产区。其所辖四县三区中，霍邱县、金寨县被列入大别山集中连片特困地区（同时也是国家级贫困县和省级深度贫困县），舒城县、裕安区为国家级贫困县，金安区为省级贫困县，叶集区比照享受省级贫困县待遇。2014 年全市建档立卡贫困村 442 个，贫困人口 70.96 万人，贫困发生率 13.84%。

党的十八大以来，习近平总书记在多次实地考察和讲话中反复强调"精准扶贫"的重要性，强调要坚持"六个精准"，要由"大水漫灌"变为"精准滴灌"。其中，如何实现"项目安排精准、资金使用精准"，成为打好脱贫攻坚战的焦点问题之一。然而，在脱贫攻坚工作实践中，一些地方在项目管理中仍然存在谋划不深不细、实施不够规范、管护机制不全，以及群众参与程度不高等问题。为彻底解决好这些问题，六安市坚持多措并举，通过扩大项目储备规模、提高项目储备质量，逐步建立并完善脱贫攻坚项目库。2014 年以来，全市已累计实现近 62 万人脱贫，438 个贫困村出列，舒城县、裕安区、金安区"摘帽"。截至 2018 年年底，六安市贫困村减少到 4 个，贫困人口减少到 8.97 万人，贫困发生率下降至 1.79%。这一做法得到了国务院扶贫办的充分肯定，并于 2018 年 4 月在六安市举办了全国完善县级脱贫攻坚项目库建设现场培训会。

❖ 主要做法

（一）坚持规划引领，精准谋划项目

坚持"项目跟着规划走"，围绕"十三五"发展规划和脱贫攻坚规划，组织各县区开展规划编制调研，立足资源禀赋，找准制约贫困村、贫困户发展短板，重点谋划破除瓶颈、促进均衡发展的项目，不断提高项目谋划的精准度。另外，在谋划项目时，紧密结合贫困群众自身特点、发展能力，突出项目建设与群众的"适配度"。对未脱贫户，摸清其突出问题，优先将解决"两不愁三保障"的项目纳入项目库；对已脱贫户，重点将提升产业发展、"双基"建设等巩固脱贫成效的项目纳入项目库。同时，为巩固脱贫成果、做好

脱贫攻坚与乡村振兴的有效衔接，依托"一谷一带一岭一库"四大平台（六安茶谷、淠河经济带、江淮果岭、西山药库）建设，积极探索 2020 年以后项目谋划工作，力争走出一条"大小产业相连、长短产业互补、多重产业叠加"的产业发展路子。

一是注重因地制宜，提高谋划质量。不定期开展脱贫攻坚调研，加强对县区脱贫攻坚项目谋划工作的指导和支持，强化脱贫攻坚项目前期研究，认真分析贫困村、贫困户的致贫原因、资源禀赋、脱贫需求等要素，精准谋划扶贫项目。精准谋划好"两不愁三保障"项目。坚持现行扶贫标准，逐村、逐户、逐人梳理建档立卡贫困户在义务教育、基本医疗、住房安全、饮水安全等方面存在的突出问题，建立项目需求台账，并纳入脱贫攻坚项目库，优先保障实施，切实解决贫困户"两不愁三保障"的突出问题。精准谋划好"双基"项目。突出革命老区、山区、库区、行蓄洪区等重点区域，在基础设施建设上，注重补齐短板，优先考虑村组道路、易地扶贫搬迁、危房改造、农田水利建设、电力设施建设等项目，让群众的生产、生活条件能快速得到改善。在基本公共服务上，注重公共产品供给的及时性和有效性，不断增强贫困群众的获得感。精准谋划好产业发展类项目。深入了解贫困村、贫困户脱贫需求和发展意愿，因地制宜、因户施策规划产业，以"一谷一带一岭一库"特色产业发展"四大平台"为支撑，重点培育茶叶、水果、木本油料、蔬菜、中药材、水产、皖西白鹅、霍寿黑猪、竹木、茧丝绸等"十大产业"，实现户户有增收项目、人人有脱贫门路，保障每个贫困村、每个有产业发展能力的贫困户都有稳定的增收产业，切实增强贫困户的"造血"功能。

二是创新方式方法，提高统筹水平。立足上下结合。自上而下强化指导、规划引领，自下而上摸清需求、审核论证。注重点面结合。积极培育村级当家产业，大力推进"四带一自"产业扶贫模式，建立健全新型经营主体与贫困户利益联结机制，让到户产业与村级主导产业有机衔接。着眼长短结

叶集区孙岗乡石龙河村瓜蒌种植产业扶贫基地

叶集区江淮果岭产业扶贫基地

合。产业发展类项目谋划既考虑贫困户短期增收脱贫，又考虑持续性、稳定性。"双基"建设类项目谋划坚持量力而行、尽力而为，既考虑脱贫攻坚工作需要，又考虑与乡村振兴有效衔接。

三是坚持群众参与，发挥主体作用。在扶贫项目谋划过程中，强调群众尤其是贫困群众参与，广泛征求群众意见，尊重贫困群众意愿，与群众共同商议、共同谋划，确保扶贫项目群众能知情、能参与。

（二）严格编报程序，科学储备项目

在精准谋划项目的基础上，严格按照"村级申报、乡镇初审、主管部门审核、领导小组审定、市级备案"的流程，编制入库项目，建立脱贫攻坚项目库。同时，坚持监督关口前移，对项目编报程序、精准性，以及资金匹配等方面加强审查，对与脱贫攻坚无关的项目、拔高标准的项目、未有效建立带贫减贫机制的项目、未编报绩效目标的项目等，一律不纳入项目库。

村级申报。到村项目，村"两委"提出项目清单，经村民代表大会讨论后公示，公示无异议后上报乡镇人民政府。到户项目，贫困户向所在村"两委"提出申请，村"两委"核实、公示无异议后，上报乡镇人民政府。

金寨县铁冲乡前营村 2018 年项目库建设村民代表会议

　　乡镇初审。乡镇组织业务站所有人员深入村或贫困户家中调查核实，重点审查项目是否真实，项目内容是否完整（审查项目名称、项目类别、建设性质、实施地点、时间进度、责任单位、建设任务、资金规模和筹资方式、受益对象、绩效目标、群众参与和带贫减贫机制等）。乡镇初审通过并公示无异议后，将项目按照类型分类汇总，上报县区项目主管部门。

　　主管部门审核。县区项目主管部门重点审查乡镇上报的项目是否符合县区"十三五"扶贫规划及行业部门规划，是否符合土地政策、环境保护政策，是否符合本地发展实际，是否可以支持稳定脱贫等。主管部门审核通过后，出具审核意见。县区扶贫部门结合脱贫攻坚规划及资金计划，汇总后合理确定项目库储备规模，报县区扶贫开发领导小组。

　　领导小组审定。县区扶贫开发领导小组研究确定拟入库项目，经公示无异议后，将符合条件的项目纳入项目库并在县区政府网站、报刊等媒体上公

霍山县农业农村局召开产业扶贫项目入库专家评审会

告。跨村、跨乡镇扶贫项目分别由乡镇人民政府、县区人民政府统一规划，按照上述申报程序确定，一并纳入项目库管理。每年第四季度，各县区根据扶贫工作需要、政策调整变化、脱贫攻坚进度等情况，对纳入项目库的项目进行一次动态调整，做到有进有出。

市级备案。县区扶贫开发领导小组完成项目审定入库后，形成完整的项目资料，报省、市扶贫部门备案。备案后，对需要调整的项目，县区扶贫开发领导小组要提交调整说明，重新履行备案手续。2019年年初，经动态调整后建成《六安市脱贫攻坚项目库（2019—2020）》，共入库项目36207个，资金规模134.5亿元，其中2019年项目24420个86.1亿元，2020年项目11787个48.4亿元。

（三）择优遴选项目，及时立项实施

坚持"资金跟着项目走"。专项资金、整合资金到位后，按照年度脱贫攻坚任务需求，县区扶贫开发领导小组从县级脱贫攻坚项目库中择优选择项目，及时匹配资金，下达项目批复，正式立项实施。实施中，严把项目筛选、实施、验收、运营管护、公开5道关口。

严把项目筛选关。每年11月底前，编制下一年度项目计划。村"两委"按照年度脱贫攻坚计划，在认真分析村情户情的基础上，结合年度脱贫攻坚计划，从项目库中筛选出群众需求最迫切的项目。如：在基础设施扶贫上，注重优先考虑危房改造、农田水利建设等项目，让群众生产生活

六安市裕安区扶贫开发领导组会议纪要

条件能得到快速改善；在社会事业扶贫上，将教育、健康扶贫等项目作为重中之重，注重公共产品供给的及时性和有效性，不断增强贫困群众获得感；在产业扶贫上，注重结合当地实际，科学选择光伏、茶叶、油茶、山核桃等特色优势项目，增强贫困户的自我发展能力和脱贫的可持续性。

严把项目实施关。在项目实施过程中，根据项目的性质和特点，严格执行项目公示公告制、法人负责制、招投标（政府采购）制、合同管理制、工程监理（监管）制、竣工验收制、国库集中支付制、决算审计制、绩效评价制、责任追究制"十制"管理，压实责任、规范操作、科学管理，确保项目实施规范、有序。县区扶贫开发领导小组批复的项目原则上不得擅自变更项目建设地点、建设内容、投资规模、建设标准等。因特殊情况，确需调整变更的，要按项目原申报程序报批。此外，明确要求单个项目自批准之日起一年内完成，批准后60日内未开工且无正当原因的，资金收回重新安排。

严把项目验收关。项目实施完成，在项目实施单位自验合格后，按照有关规定向乡镇人民政府或县区主管部门申请验收。按照"谁主管、谁负责"的原则，乡镇人民政府或县区项目主管部门成立项目验收小组组织验收，并将验收报告提交县区扶贫开发领导组，其中到户扶贫项目验收报告必须经受益贫困户签字确认。

严把运营管护关。项目验收后依据有关规定，明晰产权归属，明确运营管护主体，建立运营管护制度，确保项目持续发挥效益。此外，六安市还把建成项目纳入脱贫攻坚项目库信息系统管理，提高运营管护的规范化、科学化水平和管理效率。

严把项目公开关。项目库建设严格执行"三公示、一公告"制度。村一级通过公示栏、公示牌等公示本村拟入库项目，乡镇一级通过公示栏等形式公示本乡镇拟入库项目，县区一级通过政府网站、报刊等媒体公示县区拟入库项目，经公示无异议，将符合条件的项目纳入项目库并予以公告，广泛接受社会监督。

金寨县油坊店乡召开 2019 年项目库动态调整审查会议

❖ 经验启示

　　通过全市上下共同努力，六安市在精细谋划项目、精准实施项目、精心监管项目等方面进行了一些有益的探索，项目库建设管理工作也取得了较为明显成效，为顺利完成年度减贫任务提供了有力支撑。

　　（一）聚焦脱贫摘帽，为项目库建设提供"牵引器"

　　六安经验表明，着眼于脱贫摘帽的目标，是项目库建设得以支撑当地率先啃下精准脱贫硬骨头的前提。扶贫项目瞄准户脱贫、村出列、县摘帽，聚焦"两不愁三保障"脱贫标准，把产业扶贫、"双基"建设作为重点，因项目谋划相对精准，实施过程中极少发生项目调整，从而保证了脱贫质量。

　　（二）坚持规划引领，为精准谋划项目牵好"牛鼻子"

　　脱贫攻坚是一项系统工程，规划是引领，项目是支撑，两者互为依托、密不可分。项目的选择要坚持以规划为引领，只有科学合理、具有前瞻性和可操作性的规划，才能为项目谋划提供准确引领。规划要靠一个个具体的项目来落实，只有把项目谋划好、实施好，才能一步步实现规划确定的目标。

（三）强化群众参与，为项目落地兜好"防护网"

按照"自下而上"的项目申报模式，实现了扶贫项目"从群众中来"，提高了贫困群众的参与度。扶贫项目实施严格、高效、规范，扶贫项目后期运营管理有力，贫困群众生活质量明显改善，赢得了贫困群众的信任，实现了扶贫项目"到群众中去"，群众的获得感不断提升。

安徽省扶贫办主任推荐语

六安市创新实施脱贫攻坚项目库建设，规范项目储备、筛选、实施、资金拨付、监管五大流程，形成了全流程动态管理模式，提高了扶贫项目资金绩效，先后十多次在浦东干部学院、国家行政学院介绍经验。国务院扶贫办于2018年4月在六安市举办了全国完善县级脱贫攻坚项目库建设现场培训会。2019年，六安市扶贫局因脱贫攻坚项目库建设被评为全国脱贫攻坚奖组织创新奖候选单位。

江　洪：安徽省政府副秘书长、省扶贫办主任

专家点评

安徽省六安市以精准扶贫、精准脱贫战略为指引，在扶贫项目的管理实施方面做出了卓有成效的探索，其创新点主要有：一是项目谋划精准。在项目谋划上体现了三个结合，即实现"十三五"发展规划与脱贫攻坚规划的有效结合、贫困群众自身特点与发展能力的有效结合、脱贫攻坚与乡村振兴的有效结合。二是项目储备科学。严格按照"村级申报、乡镇初审、主管部门审核、领导小组审定、市级备案"的流程，编制入库项目，并加

强审查项目编报程序、精准性以及与资金匹配度等。三是项目实施规范。严把项目筛选、实施、验收、运营管护、公开 5 道关口。该案例对于扶贫项目的管理使用具有较强的借鉴意义。

曹　立：中共中央党校（国家行政学院）经济学部副主任、教授、博士生导师

思 考 题

1. 在脱贫攻坚工作中，如何实现"项目安排精准、资金使用精准"？

2. 在扶贫项目实施完成后，如何加强对扶贫资产的管理、实现效益最大化？

延 伸 阅 读

1.《老区"红"变生态"绿"——革命老区六安脱贫攻坚见闻》（新华网，http://www.xinhuanet.com/local/2018−10/23/c_1123599773.htm，2018 年 10 月 23 日）

2.《六安市人民政府办公室关于印发六安市扶贫项目管理暂行办法的通知》（六安市人民政府网，http://www.luan.gov.cn/openness/detail/5a668e601ea8ac400e000000.html，2017 年 11 月 10 日）

电商助推脱贫攻坚
驶入"快车道"

——福建省漳州市"一户一店一码"电商扶贫模式

摘要： 福建省漳州市委、市政府认真贯彻落实习近平总书记的指示要求，以电子商务进农村示范创建工作为契机，借助"党建＋互联网＋精准扶贫"新思路，推动农产品"标准化、品牌化、网货化"进程，变"大水漫灌"为"精准滴灌"，激发贫困地区内生发展动力。2018年，全市农村电商助力精准扶贫带动贫困户增收446人，增收金额126.22万元，取得了阶段性成效。"一户一店一码"电商助力扶贫模式入围福建省改革开放四十周年"福建影响力"优秀案例。

关键词： 电商扶贫　一户一店一码　扶贫模式创新

引言： 2016年4月19日，习近平总书记在网络安全和信息化工作座谈会上指出：可以发挥互联网在助推脱贫攻坚中的重要作用，推进精准扶贫、精准脱贫，让更多困难群众用上互联网，让农产品通过互联网走出乡村，让山沟里的孩子也能接受优质教育。

❖ 背景情况

福建省漳州市委、市政府认真贯彻落实习近平总书记的指示要求，以电子商务进农村示范创建工作为契机，借助"互联网＋"的新技术、新思维、新渠道，推动农产品"标准化、品牌化、网货化"进程，变"大水漫灌"为"精准滴灌"，激发贫困地区内生发展动力，变等靠"输血"为强身"造血"，探索出一条行之有效的"互联网＋精准扶贫"新途径。2018年，全市发展农村电商助力精准扶贫，带动贫困户446人增收，其中带动就业98人，增收金额126.22万元。2019年上半年，全市带动贫困户增收364人，其中带动就业35人，增收金额70.55万元，取得了阶段性成效。"一户一店一码"电商助力扶贫模式入围福建省改革开放四十周年"福建影响力"优秀案例。

平和、云霄、诏安、漳浦4个中央苏区县入选国家级农村电子商务示范县以来，共建设农村服务站点607个，覆盖贫困村71个，2018年4个县电商交易额达98.62亿元。2019年上半年，电商交易额达48.73亿元，相比2018年增长15.8%。2018年，4个县开展电商培训46场，电商带动贫困人口405人，增收金额98.25万元。此外，平和县还入选阿里巴巴研究院"电子商务促进乡村振兴"全国十佳案例；漳浦县、云霄县、平和县入选阿里巴巴研究院"2017—2018年全国电商示范百佳县"榜单，分别位居第36位、第44位和第74位；"平和琯溪蜜柚网销"项目被国家邮政总局评为"2018年全国快递服务现代农业金牌项目"。

❖ 主要做法

"扶贫开发贵在精准，重在精准，成败之举在于精准。"通过将农村电子商务纳入扶贫开发工作体系，漳州市围绕政策创新、载体创新和模式创新，大力推动农产品"网销出村"，搭架扶贫与电商之间的桥梁。

（一）政策创新，耕好"责任田"

漳州市于2015年年底率先出台《漳州市推动农村电子商务发展行动方案》，提出了培育壮大涉农电商主体、构建漳州味网销市场等主要措施，充分发挥电子商务对破解"三农"问题、促进农村经济新一轮发展的重要作用，深化拓展农村电子商务应用水平。2016 年，漳州市编制《电子商务"十三五"发展规划》，把农村电商作为今后 5 年实施的重点工程加以推进，通过做大存量、做优增量，打造示范样板。2018 年 3 月，漳州市率先出台福建省首份市级电商助力精准扶贫政策，从创新电商扶贫模式、引导贫困户融入电商产业链条、推动贫困地区网络覆盖、培育农村电商市场主体、加强贫困地区农村电商服务站建设和打通贫困地区物流"最后一公里"6 个方面入手，加快破解贫困地区农村电商发展"瓶颈"，多部门联手打造电商扶贫"生态系统"。2019 年 4 月，出台《电子商务助力乡村振兴活动实施方案》，由创新"一户一店一码"、开展农产品产销对接、推动电子商务进农村示范创建、孵化从业载体 4 个主题活动组成，"输血""造血"并举，通过 2 年时间探索出一条"生态+互联网+乡村振兴"的新路径。

（二）载体创新，打造扶贫舞台

一是积极对接知名企业。2018 年以来，承办"福建省首届农业品牌峰会"，组织云霄、诏安、平和等 10 个县（市、区）在阿里巴巴兴农扶贫频道开通官方品牌站，从人才培育、电商服务、基础设施、农村物流等方面共同推动地标农产品"标准化、品牌化、网货化"进程，助力优质农特产品借助阿里巴巴平台以及盒马鲜生、大润发等线上线下新零售载体拓展营销渠道。组织优质电商企业参加"舌尖上的福建"兴农扶贫专场线上促销，30 款农特产品登台展销，近一半产品来自贫困县，取得了良好效果。

二是开展公益扶贫。联合建行福建省分行，依托善融商务电商平台，开展农村产品"网销出村"行动，为云霄、平和、诏安等贫困县开辟企业入驻绿色通道，推动优质农产品电商企业入驻电子商城，开展荔枝、龙眼公益网销，并将 6.52 万元利润捐献给马铺乡的 76 户建档立卡贫困户子女，用于补助 106 名学生半学期的午餐费，取得了较好的社会效益。

2019 年 6 月，举办"花样漳州，爱荔丰收"大型产销对接会，邀请阿里巴巴、京东、苏宁易购、建行善融商城等电商平台以及农业企业、合作社、家庭农场等参与，通过洽谈对接和互相交流推介，签订了 50 万斤 200 万元左右的荔枝意向采购订单，引导企业爱心认购贫困户荔枝 8.6 万元，助力产区人民增收。

2019 年 6 月，漳州市举办"花样漳州，爱荔丰收"
荔枝网销大赛，推动农产品网销出村

2019 年 6 月，漳州市积极组织电商企业认购贫困户荔枝 8.6 万元

三是推动消费扶贫。2019 年 7 月，在漳浦县举办首届"六鳌地瓜"丰收节，线上线下同步推介六鳌的文化、旅游以及农产品资源，搭乘电商产业的快车，六鳌地瓜已成为"网红"产品，在京东、淘宝、天猫等各大电商平台备受青睐，销售网络覆盖全国各地，单品年销售 1000 万斤、网销额 4000 万元以上。

四是实施金融扶贫。云霄农信社在 158 个村设立了小额支付便民点，其中普惠金融综合服务点 2 个。2018 年交易笔数达 62.25 万笔，年交易金额 12045.79 万元。其中助农取款年交易笔数 38.19 万笔，年交易金额 7359.69 万元；转账汇款 1.2565 万笔，交易金额 1743.23 万元；新农保缴费 8.57 万笔，交易金额 1767.36 万元；代理缴费 14.07 万笔，交易金额 1101.93 万元；小面额人民币物流配送 1106 笔，交易金额 153 万元。年发放宣传材料 8500 份，极大满足了广大人民群众对于金融服务的需求，实现了金融服务不出村。

（三）模式创新，引导产业升级

一是探索"一户一店一码"助力扶贫新模式。该模式是全省首创，先开设一个县域扶贫馆，系统梳理贫困户自产产品的种类和产量，并对有条件的贫困户进行辅导后开设扶贫馆下挂的手机微小店，一个微小店一个二维码，录入系统形成贫困户大数据。然后扶贫馆在其平台统一将贫困户的产品及二维码链接发布。各地采购商、经销商通过访问扶贫馆了解贫困户的产品及产量后，点击产品展示页面的二维码，进入贫困户的微小店直接采购农产品及加工品。县域扶贫馆设立以来，云霄县下河村、峰头村等 8 个村启动试点，已有 272 户贫困户接受辅导并开设微小店，销售杨桃、枇杷等产品，收入 46 万元；云霄县职业技术学校 40 名贫困户学生利用课余时间接受微店开店培训，学会了从上架产品、寻找客源、卖产品到做好售后服务等一系列电商知识，为脱贫提供了强有力的技术支撑。在诏安县，依托县域电商服务中心和 121 个农村电商服务站点体系，白洋乡湖美村 20 多户贫困户和太平镇雪里村近 30 户贫困户接受电商知识系统辅导。诏安县通过将扶贫对象与电商企业精准结合在一起，形成"贫困户 + 合作社 + 电商"模式，帮扶 43 户贫困户网销青梅增收 48.86 万元，让更多"富硒"好货上线营销。

二是探索"电商 + 党建 + 产业"深度融合。挖掘贫困地区基层党组织在引领农村发展、服务群众创业方面的正能量，引导诏安县、云霄县、平和县三个贫困县分别成立了联合党支部、电商协会党支部，在物流快递、摄影美工、代运营等管理配套方面联合为入驻企业提供团体议价服务，整合社会各方面资源为贫困户送就业机会、送物资，拓宽了农民增收的渠道。其中，平和县创淘学校通过支部引领、党员带动，共组织各类电子商务培训 1300 多人次，培育电商从业人员 400 余人，有效提升了本土青年人才的创业能力。

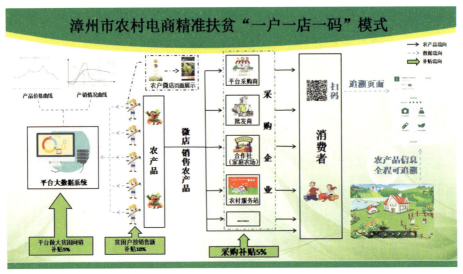

漳州市首创"一户一店一码"电商助力扶贫模式

（四）机制创新，打造脱贫"三条链"

漳州市开展以"金秋时节、喜迎丰收"为主题的"网上丰收节"促销活动，网销蜜柚 2 万件，近 20 万斤，探索形成"电商企业 + 合作社 + 贫困村 + 网店"的生态链，逐步提升"漳州味"产品的网络知名度、美誉度和市场占有率。

一是打造"品牌链"。诏安县以"电商＋富硒特色产业＋精准扶贫"的农产品上行模式，成功推出"富硒鸡蛋""富硒荔枝""富硒青梅"等品牌，并通过加速培育涉农电商企业，实现传统企业的转型升级，使产品平均附加值提升2倍以上；云霄县电商服务中心与富达、明煌等农民合作社合作，联合打造"云下"杨桃鲜果、"明煌"枇杷鲜果等一批农产品溯源体系品牌，网络销量增加50%，复购率增加30%，价值提升效应明显增强。

二是提升"价值链"。推动"平和琯溪蜜柚"入选"全国五十强农产品电商品牌"，年销售8000万斤，销售额达2.6亿元以上。深挖"六鳌地瓜"的内涵，增强品牌价值，从其独特的海边沙地生长环境和口感香甜粉糯的特质等方面入手进行差异化价值表达，结合"鳌小蜜""农捕手"等企业自有品牌形成了"地域公共品牌＋多品类子品牌"母子品牌推广方式，年销量达1000

漳浦县电商企业"农捕手"吸纳困难群众就业，日网销可达2000件
图中工作人员正紧张地为六鳌地瓜打包发货

万斤 4000 万元以上。"云霄枇杷"借助互联网打开销路，年销量达 120 万斤 2000 万元以上，精品每斤价格高达 18 元。"富硒红心芭乐"借助互联网实效销售 300 万斤 1500 万元以上；带"身份证"的"蜜卡柔 18° 杨梅"，通过价值营造、全渠道和故事化推广，有效提升了产品价值。

三是铸造"物流链"。目前，漳州市已经实现乡镇快递网点全覆盖，村级快递网点覆盖率达 53%。云霄县通过打造田丰供应链，实现 158 个村点全覆盖，下行到村点的快件免收村民费用。县中心到各村实现直接配送，60% 的村点可实现当天送达。漳浦县依托邮政企业点多面广、物流覆盖普遍的优势，投建县级物流配送中心、供应链仓储中心、21 个乡镇分仓、201 个村级服务站，配套建设农村电商物流云平台、可扩展的一休化供应链管理平台。大力拓展农村电商服务站点后，农民享受到和城市居民一样的网购服务。除了网络代订农资农具可节约近 20% 的开销外，服务站也提供金融、医疗、公益等各类民生服务，打破了城乡信息不对称的局面。全市拓建农村电商服务站点 809 个，云霄、诏安、平和 3 个县覆盖率分别为 100%、55%、48%，其中市级贫困村占 71 个。

漳浦县大力推进县、乡、村三级物流体系建设，畅通"城乡毛细血管"

❖ 经验启示

作为模式创新最重要的一环，漳州市重点打造全省首创的"一户一店一码"电商助力扶贫模式，逐步推进农产品产销对接、电子商务进农村示范创建、孵化从业载体等，"输血""造血"并举，探索出一条"生态＋互联网＋乡村振兴"的脱贫新路径。2018年12月6日，"一户一店一码"电商助力扶贫模式入围省委宣传部改革开放四十周年"福建影响力"民生工程类优秀案例，成为全省电子商务类唯一入围案例。新华网、中央人民广播电台网、东南网、新福建、《中国商报》、闽南网、海峡都时报、新浪网、腾讯大闽网、《闽南日报》等媒体均进行报道。

（一）脱贫攻坚要突出"精准"和"实效"

习近平总书记指出："扶贫开发推进到今天这样的程度，贵在精准，重在精准，成败之举在于精准"。漳州市首推的"一户一店一码"模式，正是一种扶贫模式的创新。一是实现对象精准。借助后台大数据，及时了解供需信息，摸清贫困户生产情况，解决滞销难题。二是实现资金精准。准确掌握电商企业和贫困户的交易数据，便于后期扶贫资金补贴精准到户、精准到人，切实做到电商扶贫项目"可查、可看、可追溯"。三是实现措施精准。通过鼓励更多贫困户运用互联网新渠道直接对接市场，以"星星之火"形成农村电商的燎原之势，形成农村电商服务站、合作社、电商平台等与贫困户层层联结、环环相扣的帮扶机制，共享电商产业链条增值收益，推动规模和效益双丰收。

（二）脱贫攻坚可发挥电商的引领带动作用

"在实践中探索，在前进中完善，在改革中创新。"漳州市对"一户一店一码"模式进行再完善、再升级，逐步打造"五合一"模式，即"一村一味""一村一游""一村一金融""一村一站""一户一店一码"。"一村一味"重点挖掘乡村特色地标农产品，对其进行宣传开发，推动"标准化、品牌化、网货化"进程，助力农产品网销出村。"一村一游"重点推动生态民宿预订、乡村旅游特色线路推介，对当地农田、古村落、地貌、民俗文化等优势资源进行系统开发，综合打造旅游电商。"一村一金融"推动金融服务进村入户，结合平台交易数据为贫困户、小微创业者提供特色免抵押、纯信用小额贷款，助推大众创业、万众创业进程。"一村一站"推动贫困地区农村和快递服务网点的覆盖，为农村居民提供一站式综合服务，打破城乡信息不对称的局面。"一户一店一码"引导贫困户运用互联网渠道销售自产农产品和加工品，形成农户、合作社、农村电商服务站环环相扣的利益共同体，共享产业增值收益。"五合一"模式有序推进，在"一村一金融"中，漳州市首个试点县云霄县大力推动金融下乡，在助农取款服务点为平台打造融"金融知识培训点""贷款零售服务宣传点""需求信息登记点""小额便捷支付点""小面额人民币物流配送点""农村'云闪付'支付平台"六项功能为一体的"五点一平台"农村金融服务模式的基础上，做活农村金融，推动保险下乡服务，实现"一村一金融"服务目标，其中小面额人民币物流配送点系福建省全省首创。

（三）脱贫攻坚需因地制宜

在脱贫攻坚实践中，应立足本地实际，找准精准扶贫与本地实情的契合点，找准突破点，实现模式创新。在电商扶贫模式中，可利用互联网采集和管理信息的强大功能，精准识别和扶持贫困户，通过将扶贫对象与电商企业精准结合在一起，带动农户转变生产观念、开阔市场视野、提高技能素质、实现自主创业，激发贫困群众内生发展能力，推动脱贫攻坚工作取得新成效。

福建省扶贫办主任推荐语

　　习近平总书记提出，可以发挥互联网在助推脱贫攻坚中的作用，推进精准扶贫、精准脱贫。福建省漳州市认真贯彻习近平总书记的重要指示精神，将电商扶贫作为产业扶贫的关键举措，充分运用新业态、新思维推动资金流、信息流、物流、人才流向革命老区集结，出台电商扶贫政策、创新扶贫模式和畅通县、乡、村物流体系等举措，形成了"工业品下乡"和"农副产品进城"的良好局面。其中，"一户一店一码"电商扶贫模式将贫困户、合作社、电商企业形成环环相扣的帮扶机制，实现扶贫项目"可查、可看、可追溯"，成功入围改革开放四十周年"福建影响力"优秀案例。该经验做法多次被商务部公众号、新华网、《国际商报》等报道，形成了脱贫攻坚的正能量，符合典型案例的要求，有代表性、创新性，可学习、可推广，特给予推荐报送。

　　黄华康：福建省委农办主任，省农业厅党组书记、厅长，省扶贫办主任

专家点评

　　近年来，电子商务成为农业供给侧结构性改革和乡村产业发展的核心驱动器。在打赢脱贫攻坚战中，电商显现出强劲的动力，电商扶贫为"五个一批"再添新动能。福建省漳州市将农村电商示范创建工作与脱贫攻坚工作有效结合，开创"一户一店一码"电商扶贫模式，极大地加快了脱贫攻坚进程。该案例所蕴含的推广价值：一是产业扶贫重在"特"和"新"。产业扶贫是脱贫攻坚最首要的方式和措施之一，不过面临着同质性强、创新性弱的困境，为此需要在"特"和"新"上下功夫，提高其市场竞争力和发展持续性。二是电商扶贫要注重平台建设。电商的优势在于开放、灵

活与便捷，其关键是运用信息和网络技术搭建一个集销售、信息、服务等功能于一体的平台。

向德平：华中科技大学社会学院教授、博士生导师，"新世纪百千万人才工程"国家级人选

思考题

1.除了鼓励电商企业吸纳贫困户就业、采购贫困户产品等方式，如何更好地发挥电商培训带动作用，授之以渔，引导贫困户开设网店，更好地销售自产农产品？

2.对于革命老区来说，将当地文化和旅游资源融入县域电商发展中，有哪些方法和路径？

延伸阅读

1.《畅销对接 人才强商 农村电商精准扶贫助力福建漳州振兴》（《中国商报》2019 年 1 月 4 日）

2.《漳州电商兴农扶贫"e 路畅"》（《国际商报》2019 年 5 月 23 日）

以井冈山精神助力脱贫攻坚

——江西省井冈山市率先脱贫"摘帽"的实践

摘要： 在中国的发展进程中，革命老区为革命事业作出了巨大贡献，同时又面临着发展挑战。近年来，井冈山市着力发挥井冈山精神引领作用，筑牢产业发展根基，激发贫困群众的内生动力，兜底保障确保稳定脱贫，实现率先脱贫"摘帽"。井冈山市推进红色文化与精准扶贫有机结合，为脱贫攻坚筑牢精神支撑；以产业扶贫为引领构建系统性、可持续的脱贫措施；以贫困人口可持续生计为根本建立稳定脱贫长效机制，构筑脱贫攻坚的保障体系。

关键词： 脱贫"摘帽" 红色文化 扶贫改革

引言： 2013 年 11 月 26 日，习近平总书记同菏泽市及县区主要负责同志座谈时指出："贫困之冰，非一日之寒；破冰之功，非一春之暖。做好扶贫开发工作，尤其要拿出踏石留印、抓铁有痕的劲头，发扬钉钉子精神，锲而不舍、驰而不息抓下去。"

❖ 背景情况

井冈山是中国革命的摇篮，在革命的实践中铸就了坚定信念、艰苦奋斗、实事求是、敢闯新路、依靠群众、勇于胜利的井冈山精神。在新时代，跨越时空的井冈山精神依旧照耀着这片红色土地。脱贫攻坚以来，井冈山市委市政府牢记习近平总书记"作示范、带好头"的叮嘱，以井冈山精神为动力源泉，坚定打赢脱贫攻坚战的信念，在全国率先实现了脱贫"摘帽"。

井冈山的脱贫之路可谓困难重重。首先，井冈山地处革命老区、边远山区和贫困地区"三区"重合的地方，贫困人口数量大，扶贫开发任务艰巨。据统计，2014 年年底，井冈山农村建档立卡贫困户 4638 户，贫困人口 16934人，贫困发生率 13.8%。说明了井冈山在脱贫中任务之重、难度之大。其次，井冈山经济发展滞后，地方产业发展不足。井冈山经济总量较小，三大产业结构仍需优化、产业结构调整缓慢。在农业发展中面临基础薄弱、可利用资源有限、难以实现集约化发展等问题。产业发展不足，脱贫根基就不稳。最后，井冈山陈规陋习严重，贫困人口观念落后。由于井冈山地处边远山区，偏远闭塞，与外界快速发展逐步脱节，思想观念落后，贫困人口不思进取、安于现状、发展内生动力严重不足等问题严重阻碍扶贫开发工作的推进。破除"等靠要"思想是井冈山脱贫路上亟须破解的难题。

井冈山的贫困成因具有复杂性。通过对贫困人口致贫原因的调查发现，井冈山的致贫原因主要是"三因三缺"（即因病、因残、因学，缺劳力、缺技术、缺资金），改善贫困地区公共服务和社会保障势在必行。在井冈山这样"三区"叠加的地方，生态环境脆弱、缺乏引领性经济产业，致使基础设施不健全、社会保障体系仍需完善，这样的发展方式导致贫困人口基本生活难以发生质的转变。井冈山的贫困，是为中国革命的胜利作出巨大牺牲和奉献后的贫困，是山大沟深、发展滞后等多重条件叠加构成的贫困。如何精准脱贫、带领老区人民脱贫致富奔小康，是井冈山市委市政府肩负的时代重托和使命。

❖ 主要做法

（一）以井冈山精神为引领，明确"两个率先"工作目标

在脱贫攻坚中，井冈山坚持以跨越时空的井冈山精神为指引，围绕"两个率先"的工作目标，把精准扶贫落到实处。让人民过上好日子是共产党人奋斗的目标，让曾经为革命作出巨大贡献的老区人民过上好日子显得更为迫

切。习近平总书记对跨越时空的井冈山精神给予高度评价：我们要结合新的时代条件，坚定执着追理想、实事求是闯新路、艰苦奋斗攻难关、依靠群众求胜利，让井冈山精神放射出新的时代光芒。井冈山市委市政府围绕"率先脱贫、率先小康"的工作目标，认真贯彻落实国家关于脱贫攻坚重大决策和部署，同时结合地方实际形成创新性举措，把精准扶贫真正抓实抓细。

　　首先，井冈山践行务实作风。为了保证精准识别，井冈山推出"三卡识别"方法，即按贫困程度分为红卡特困户、蓝卡一般贫困户、黄卡脱贫边缘户，使因户因人分类施策更具有精准性、针对性。其次，建立"321"帮扶工作机制。即县处级以上领导干部帮扶 3 户，科级干部帮扶 2 户，一般党员干部帮扶 1 户。全市 3200 多名党员干部联系帮扶 4638 户贫困户，每户贫困户都有一名以上帮扶责任人。再次，推进"五个起来"分类精准施策。即"有能力"的"扶起来"，"扶不了"的"带起来"，"带不了"的"保起来"，"住不了"的"建起来"，"建好了"的"靓起来"，确保精准扶贫不落下一个贫困群众，确保全市贫困人口如期实现脱贫目标。最后，实行"四卡合一、三表

扶贫工作人员进村入户保证信息精准

公开"。即把贫困户的"基本信息卡、帮扶记录卡、政策明白卡、收益登记卡"四卡合一，做到贫困户的家庭情况和实际收入清楚明白。对红、蓝、黄三卡户的《贫困户收益确认公开表》在有限范围内公示公开，严格进退程序，实现动态管理。

井冈山的"三卡识别"、"321"帮扶机制、"五个起来""四卡合一、三表公开"等从本地实际情况出发，在精准上下功夫，脱贫攻坚工作取得事半功倍的效果。

（二）因地制宜聚焦特色产业，筑牢脱贫攻坚根基

在脱贫攻坚中，井冈山坚持以产业为根，因地制宜选准产业，把发展特色农业产业和旅游产业作为重点。特色产业发展是井冈山率先实现脱贫摘帽的关键。

井冈山立足实际，坚持实事求是，确立了"红色引领，绿色崛起"的发展战略。利用资源优势，重点围绕茶叶、毛竹、果业三大主导产业，构建现代农业产业体系。井冈山根据实际对特色产业进行科学规划和布局，同时加大对特色农业产业的扶持力度。井冈山市政府每年拿出1000万元财政资金，对新增扶贫产业基地进行奖补，每年整合5000万元涉农财政资金用于扶持特色农业产业发展。井冈山以产业扶贫为抓手，实施"231"特色产业富民工程，即到2020年，重点打造20万亩茶叶、30万亩毛竹、10万亩果业产业基地。截至2018年，全市"231"特色产业基地面积达到29.46万亩。

红色旅游产业是井冈山发展的支柱性产业，带动贫困人口脱贫就业增收成效显著。井冈山采取的措施有：（1）将红色旅游拓展成红色教育培训，深化了红色旅游的爱国主义和革命传统教育功能；（2）将红色旅游拓展到乡村旅游，进一步发挥了红色旅游带动贫困村、贫困户脱贫致富的作用；（3）将红色旅游拓展为全域旅游，推动旅游产业在全市经济发展中挑起大梁。在具体层面上，首先，落实"旅游+"行动计划，发展"1+4"产业体系，即打造以旅游业为主导，以总部经济、休闲经济、会展经济、电商经济为补充的现

代服务业。其次，实施"茨坪+"行动计划，打造"1+6"特色旅游小镇，即坚持以茨坪为中心，梨坪、罗浮、拿山厦坪、黄坳、龙市、茅坪6个区域为辐射的特色旅游小镇建设。最后，打造一批乡村旅游新景点，井冈山已打造出6个4A级乡村旅游点，4个3A级乡村旅游点。井冈山产业发展壮大，筑就了脱贫的根基，培育了贫困人口增收的新动力，为贫困人口提供了在家门口就业的机会，带动了就业增收。

（三）开展扶贫扶志行动，激发贫困人口内生动力

实现长效脱贫，必须破除制约贫困人口内生动力不足、发展能力不强的瓶颈。井冈山市委市政府以井冈山精神为动力源，重视群众作用，密切联系群众，扎实推进"志智双扶"工程，努力增强贫困群体的脱贫信念，培育贫困人群自力更生的意识。

井冈山市以红色文化为引领，推动精神扶贫。井冈山市通过"扶志""扶智""扶技"三项实招，实施"志智双扶"工程。在"扶志"方面，聚焦产业发展、进城务工、自主创业等方面给予重点扶持，解决思想贫困问题。在"扶智"方面，加大对贫困户的教育扶持，从幼儿园到中学给予一揽子政策帮扶，阻断贫困群体代际传递。在"扶技"方面，通过技术和就业扶持，注重贫困人口劳动能力培训，消除贫困人口就业能力上的贫困，提升脱贫致富的能力和技术。同时，井冈山弘扬新时代下的井冈山精神，讲好红色故事。井冈山市专门组建红色宣讲团，唤醒贫困群众主动作为、自主脱贫的意识。

井冈山市建立激励机制：（1）干部帮带激励。做实干部包联工作，要求帮扶干部挨家挨户走访，宣讲政策，鼓励打气，帮助贫困户分析脱贫致富有利条件，协助制订切实可行的脱贫计划，培养主动性，激发进取心。（2）"三会两榜"激励。"三会"为培训会、点评会、道德评议会。培训会以实用技术、实用知识为主，提升贫困人口劳动技能。点评会是帮扶工作人员和所有贫困户共同参与，对贫困户脱贫情况进行追踪点评，实现具有针对性的帮扶。道

德评议会是对勤劳致富的贫困户，评定为先进典型；对内生动力不足的贫困户，教育引导其自我反省，转变观念。"两榜"为优秀脱贫户榜、优秀帮扶干部榜，表现优秀的脱贫户和帮扶干部上"红榜"，以示表扬。（3）考核激励。井冈山市每个季度组织专业人员对黄、蓝、红卡户进行服务大局、乡风文明、移风易俗等方面的考核。考核评分在全乡镇排名前三名的贫困户，颁发奖状并给予物质奖励；不足 60 分的，由帮扶干部对贫困户进行思想教育。

（四）健全社会保障体系，解决贫困人口后顾之忧

井冈山市建立教育、医疗、住房、社会保障四大兜底机制，保证在全面小康路上一人不落。在教育方面，实现"三个全覆盖"，即教育资助全覆盖、改薄全覆盖、强师全覆盖。教育资助全覆盖是对符合条件的全市贫困家庭学生进行各个学段全覆盖的资助。改薄全覆盖是全面实施"改善办学条件全覆盖"工程。井冈山市先后投入资金 1.1 亿元用于校园基础设施建设和薄弱学校的改造。强师全覆盖采取优先补充农村师资力量、培训农村师资骨干、确保农村师资待遇保障等举措。

在医疗方面，井冈山市建立了"六重医疗保障"（即基本医保、大病保险、医疗附加险、重疾护理、意外伤害险、门诊统筹），实现建档立卡贫困人口住院医疗费用实际报销比例达到 90%，减轻贫困人口看病负担。为建档立卡贫困人口

健康扶贫实现安心就医

提供家庭医生签约服务，截至 2018 年，井冈山建档立卡贫困患者家庭医生签约率达 100%。

在住房方面，井冈山市采取"四个一点"确保"建得起"，即采取政府补一点、群众出一点、社会捐一点、扶贫资金给一点的办法筹措资金，采取拆

旧建新、维修加固、移民搬迁、政府代建4种建房模式。针对一般贫困户采取奖补政策叠加的办法，分户组织实施；针对特别贫困户采取政府代建"爱心公寓"交钥匙的办法集中安置。针对就地新建或改造的，抓好村庄整治和基础设施配套，让贫困户住上安居房；针对移民搬迁的，抓好就业和产业配套，着力解决产业配套问题，确保搬迁户有就业、有收入。

在社会保障方面，井冈山市将低保政策向贫困户聚焦，推进贫困线和低保线"双线融合"，逐步实现"两项制度"衔接。据统计，"两项制度"衔接共覆盖农村贫困人口19686人，占当年农村总人口的16%。其中，纳入建档立卡系统的贫困人口16934人（含扶贫低保人口3783人），另有建档立卡之外的纯低保人口2752人。

❖ 经验启示

井冈山市在全国率先实现脱贫"摘帽"，井冈山贫困发生率由2014年年初的13.8%降至2016年年底的1.6%，2018年年底，井冈山市贫困发生率再降至0.25%。实现了让老区人民过上幸福美好生活的庄严承诺，也实现了井冈山对党中央、总书记的庄严承诺，为全国树立了"脱贫样本"，提供了脱贫的经验和启示。

井冈山坚持以红色文化为引领

（一）精准扶贫政策真正"落地"，脱贫成效才能"开花结果"

打赢脱贫攻坚战是对习近平新时代中国特色社会主义思想的根本遵循。打赢脱贫攻坚战需要提高政治站位和思想认识，坚决贯彻党中央、国务院关于打赢脱贫攻坚战的重大决策和总体部署，让精准扶贫政策真正"进村入户"。井冈山市率先脱贫离不开市委、市政府高度重视，市委、市政府把脱贫攻坚作为"头等大事"和"第一民生工程"，强化各级各部门党政主职负总责，层层传导压力，压实责任，保证扶贫政策"精"与"准"地惠及贫困人口。国家贫困县面临的贫困现状和成因不同，在贯彻国家重大决策和部署的同时，应该坚持以问题为导向，理性、客观分析面临的挑战和任务。

（二）以发展产业为根基，增强贫困人口发展能力

产业发展是贫困地区实现就业、增加收入、摆脱贫困的必经之路。只有筑就产业根基，脱贫攻坚才能达到长久、可持续的效果。井冈山市在产业的选择上，坚持脱贫攻坚与区域经济发展相结合，注重高质量和可持续发展。产业扶贫是实现"输血"与"造血"的有机结合，产业发展创造就业机会，带动贫困人口的增收，增强贫困人群的发展能力，只有让贫困人群有一技之长，才能发挥其主体作用，在脱贫致富、全面小康的道路上走得更好、更稳。产业扶贫应该注重贫困群体的参与感，让产业发展真正造福贫困群众，实现稳定脱贫。

（三）把"扶智""扶志"融入红色文化，为脱贫攻坚战提供精神动力

井冈山精神在新时代扶贫开发中得以运用与升华，井冈山精神成为脱贫攻坚的动力源泉。当前，随着我国脱贫攻坚不断深入，激发贫困人口的内生动力和自我发展能力显得越发重要。井冈山市通过典型示范带动，宣传脱贫先进典型，营造出脱贫光荣的氛围，构建精准扶贫与精神扶贫结合的新型扶贫机制。外力帮扶可以短期内改变现状，但是一味依靠外力，会弱化内生动力和自我发展能力，因此需要内外结合，形成外力扶贫与自我

脱贫的互动机制。

（四）以稳定脱贫长效机制为导向，构建系统化脱贫举措

打赢脱贫攻坚战需要全面的、系统的政策体系。首先，要注重顶层制度设计，脱贫攻坚工作的有序推进需要制度的"导航"，科学完善的政策体系，为扶贫开发工作提供制度性支撑。其次，要保证政策体系的延续性，脱贫攻坚和区域发展应保持发展定力，一届接着一届干，才能赢得可持续发展的局面。脱贫攻坚不能只顾眼前，应着眼长远发展，实现贫困治理逐渐向常规化和制度化转变，不断巩固提升脱贫成效，建立稳定脱贫长效机制。最后，脱贫攻坚需要构建政府、市场、社会协同推进的大扶贫格局。这是具有中国特色的扶贫开发基本经验之一，也是打赢脱贫攻坚战的重要力量保证。

江西省扶贫办主任推荐语

近年来，井冈山市始终牢记习近平总书记提出的"井冈山要在脱贫攻坚中作示范、带好头"的殷切嘱托，深入贯彻落实习近平总书记关于扶贫工作的重要论述，在中央、省、市的大力支持下，按照"核心是精准、关键在落实、实现高质量、确保可持续"的总要求，弘扬敢闯新路、敢于创新的精神，拿出踏石留印、抓铁有痕的劲头，探索创新"三卡识别"、"321"帮扶机制、"五个起来"等机制举措，在全国率先实现脱贫"摘帽"。这是习近平新时代中国特色社会主义思想在井冈山的生根结果，是习近平总书记关于扶贫工作的重要论述在井冈山的生动实践。脱贫不止步，致富奔小康，围绕率先脱贫、率先小康的"两个率先"目标要求，井冈山大力弘扬跨越时空的井冈山精神，带领老区人民向着全面建成小康社会的目标砥砺前行。

史文斌：江西省扶贫办党组书记、主任

专家点评

　　井冈山市率先脱贫"摘帽"，成为在中国脱贫攻坚的历史上的标志性事件，不仅对于中国脱贫攻坚的进程具有开创性和引领性作用，而且在国际具有积极而重要的政治影响。这一实践蕴含着三个层面的创新：一是井冈山精神贯穿于脱贫攻坚始终，是党建引领脱贫攻坚的宝贵经验；二是以产业扶贫为主要抓手，因地制宜确立了"红色引领、绿色崛起"的产业发展战略；三是内外融合，将外部支持与内生动力相结合，增强贫困人口发展能力，构建稳定脱贫长效机制。井冈山市脱贫"摘帽"的实践说明，在脱贫攻坚过程中要高度重视精神力量的引领作用，既要充分发挥扶贫干部的积极性，又要充分激发贫困人群的内生动力。

　　张志明：中共中央党校（国家行政学院）党建部主任、教授、博士生导师

思 考 题

　　1. 在脱贫"摘帽"过程中，如何处理好物质脱贫与精神脱贫之间的关系？

　　2. 对于革命老区来说，将红色文化融入县域脱贫与发展进程中有哪些方法与路径？

延伸阅读

　　1.《井冈山：老区人民脱贫了》（《人民日报》2017 年 2 月 27 日）

　　2.《绽放——2018 年全国脱贫攻坚奖先进事迹专题片》（央视网，http://tv.cctv.com/2019/03/18/VIDERjPn6Ol24FiZzISDvey5190318.shtml，2019 年 3 月 18 日）

"四权"分置让扶贫资金
高效运转起来

——扶贫资金管理利用的山东省"沂水样本"

摘要：近年来，中央及省市各级财政和社会各界持续投入大量的扶贫资金资产用于脱贫攻坚，面对这些巨额的扶贫资金资产，山东省沂水县强化政治担当，突破工作瓶颈，创新建立了扶贫资产所有权归村集体，经营权归合作社、龙头企业、专业大户等新型农业经营主体，受益权归贫困户，监管权归农业农村局的"四权"分置管理机制，实现了扶贫资产的高效管理、收益的长效稳定。

关键词："四权"分置　资产收益扶贫　扶贫资产管理

引言：2017年6月23日，习近平总书记在深度贫困地区脱贫攻坚座谈会上指出，要探索资产收益扶贫方式，财政专项扶贫资金和其他涉农资金投入设施农业、养殖、光伏、水电、乡村旅游等项目形成的资产，具备条件的折股量化给贫困村和贫困户。

❖ 背景情况

　　沂水县位于山东省中南部地区、沂蒙山腹地，是山东省20个脱贫任务较重的县之一。2016年，沂水县有131个贫困村，建档立卡贫困人口7.1万。前些年，面对各级各类扶贫资金资产，很多地方采取的扶贫措施是直接分钱分物给贫困户，"造血"功能没有发挥出来。近年来，中央及省市县各级财政和社会各界持续投入了大量的扶贫资金资产用于脱贫攻坚，如何将这些资金资产转化成扎实推进精准扶贫的强大动能，成为亟须思考的关键问题。为彻底打赢打好脱贫攻坚战，沂水县充分发挥产业扶贫项目在脱贫攻坚中的重要作用。2016 年以来，统筹整合涉农资金 19.7 亿元，其中扶贫专项资金 3.58 亿元，实施项目 337 个。面对各级各类扶贫资金资产的累加和数量庞大的贫困对象，沂水县在脱贫攻坚工作中仍然存在不少困惑：一是扶贫资金建成的经营性扶贫资产归谁所有更安全、收益更稳定、群众更满意？二是贫困群众普遍文化知识水平偏低、年龄偏大，因病、因残致贫占比高，绝大多数无劳动能力、无经营能力，如何将建成的经营性扶贫资产经营好？三是扶贫资产产生的收益如何持续稳定？在将收益分配到贫困户时怎样分配更科学合理？贫困户稳定脱贫后如何防止一顶贫困帽子戴到底？四是建成的经营性扶贫资产数量多、规模大，为确保资金、资产安全进而干部安全，需要哪些部门监管、如何监管？

扶贫资产"四权"分置示意图

面对这些问题，沂水县创新建立了扶贫资产所有权归村集体，经营权归农业公司、合作社、大户或致富带头人等新型农业经营主体，受益权归贫困户，监管权归农业农村局的"四权"分置管理机制，有效促进了扶贫资金资产的保值增值、循环利用、阳光运行。

❖ 主要做法

（一）明确所有权："把扶贫资产放进集体篮子里"

明确产权归属是加强资产管理的前提。沂水县将财政专项扶贫资金、整合用于项目村扶贫的其他涉农资金投入项目形成的扶贫资产，除明确到建档立卡贫困户的，全部划归村集体所有。社会帮扶到村资金投入项目形成的扶贫资产，除有明确指向的，全部归村集体所有。跨村建立资产收益扶贫产业项目基地的，明确与相关村对应的扶贫资产的所有权。2016 年以来，沂水县形成精准扶贫项目 337 个，覆盖 903 个村，32956 户贫困户 47842 人，所有权全部归项目涉及村的村集体所有。

沂水县院东头镇桃棵子村民宿一条街

所有权归村集体的做法带来了明显的效益：一是形成了可循环使用、保值增值的村集体资产。比如，沂水县院东头镇桃棵子村用扶贫专项资金 230 万元建成了 9 套小木屋精品民宿，形成经营性扶贫资产，通过公开发包经营，年实现收益 11.5 万元。由于该村有丰富的红色旅游资源和独特的自然风貌，游客络绎不绝，小木屋不断增值，2019 年评估值已达到 500 多万元。二是壮大了村集体资产。截至 2018 年，沂水县已实施的产业扶贫项目覆盖 903 个村，其中 97 个村集体资产空壳村结束了无村集体资产的历史。三是实现了村集体的收益权与监管责任对等。扶贫资产归村集体所有，本村及群众共同受益，一般按 3：7—5：5 的比例分成。扶贫资产不仅是村集体资产，而且村集体有分成收益，村集体对扶贫资产有效监管是起码的责任。

扶贫资产股权证

（二）放活经营权："让最能挣钱的人经营资产"

指导村集体立足当地资源禀赋，注重发挥农业龙头企业、专业合作社、家庭农场等农村新型经营主体的生产经营优势，确保扶贫资产保值增值、提质增效，经营主体在农村有了更广阔的发展空间。一是入股合作经营。借助现代农业园区、田园综合体等经营主体带动作用强、示范效果好的优势，通过合作经营、委托管理、保底分红等方式，实现业态互补，合作共赢。二是招标出租经营。采取公开竞标的方式，对车间、厂房店铺等扶贫资产面向社会发包出租，每年获得稳定租赁收入。从2016年到2018年，全县年均实现收益3090万元，覆盖全县80.1%的贫困户，为贫困群众稳定脱贫提供了良好的产业发展基础。

沂水县黄山铺镇农业园区全貌

把经营权放给合作社、龙头企业、专业大户等新型农业经营主体，一是提升了项目经营管理水平，提高了项目收益，减小了市场风险。二是有利于吸收民间资本参与扶贫事业。三是这些经营主体在农村有了更广阔的发展空间，有些项目建成了现代农业项目、旅游项目。比如，沂水县黄山铺镇利用专项扶贫资金570万元、山东汇博农业有限公司出资的1.6亿元，建成了集旅游、采摘、休闲、观光、电商于一体的高效有机农业项目，项目由公司承包经营，年实现收益 53.4 万元，覆盖的贫困户实行差异化分配，人均年增收 500 元以上。

（三）保障收益权："让最需要的人能受益"

一是明确贫困户收益权。扶贫资产实现的收益归建档立卡贫困户所有，同时，贫困户收益分配留有余地，不分光吃净、吊高胃口，人为造成贫困户与非贫困户之间的攀比。

沂水县沙沟镇对崮峪村贫困户领取扶贫项目收益分红

企业活期账户交易明细

下载时间 2018-09-29 14:34:16

交易日期	帐号	支出金额	交易渠道	91607210020100023218 对方户名	2018-09-29 对方账户	2018-09-29 备注
322	2018-09-29	750	网上银行	潘绍芬	6223201602763676	行内转帐
330	2018-09-29	750	网上银行	刘玉礼	6223191633816223	行内转帐
333	2018-09-29	750	网上银行	王洪军	6223191610223500	行内转帐
336	2018-09-29	750	网上银行	武传美	6223191660302782	行内转帐
337	2018-09-29	750	网上银行	王付芝	6223191633816157	行内转帐
338	2018-09-29	750	网上银行	褚庆香	6223191633816108	行内转帐
339	2018-09-29	750	网上银行	牛爱然	916072100016200447557	行内转帐
340	2018-09-29	750	网上银行	刘平吉	916072100016200455129	行内转帐
343	2018-09-29	750	网上银行	李希兰	916072100016201343525	行内转帐
344	2018-09-29	750	网上银行	刘富英	6223201609609708	行内转帐
346	2018-09-29	750	网上银行	马庆连	6223191633816264	行内转帐
348	2018-09-29	750	网上银行	马庆余	6223191638730858	行内转帐
351	2018-09-29	750	网上银行	王培义	6223191633816116	行内转帐
352	2018-09-29	750	网上银行	庄须成	916072100016201565244	行内转帐

沂水县龙家圈街道寨里村发放项目分红明细表

二是建立资产收益差异化分配机制。首先，对投入资金和贫困户收入情况不一的各个村实施收益差异化分配。如沂水县沙沟镇对 15 个重点贫困村，根据其投入资金所占的比例，每年给予每村 1.8 万元作为扶贫的资产收益；对有整村推进项目的于家庄村每年给予 6 万元作为扶贫收益，其中 1.8 万元用于村集体增收，4.2 万元用于帮扶该村贫困户；对 47 个非重点贫困村中贫困人口多、脱贫任务重的 5 个村重点帮扶，每年给予 5 个村 6 万元作为扶贫的资产收益。其次，对村内的贫困户实施收益差异化分配。村"两委"对贫困户收入、支出、保障等情况进行民主评议，分出不同等级，通盘考虑扶贫产业项目、小额信贷及其他政策性收益，提出收益差异化分配方案，经全体党员、村民代表、扶贫理事会讨论通过，并在全村公示无异议后，乡镇经管站将收益直接打入贫困户的"惠农一卡通"账号。

三是建立资产收益退出机制。对死亡的贫困人口、经过自身发展或通过帮扶稳定脱贫的人口、享受政策后群众意见大经民主评议清退的人口、贫困户子女毕业后考入财政供养单位的贫困人口及时履行清退程序，由村集体将收益让渡给未脱贫户、返贫户和新纳入的贫困户，滚动受益，或者用于村集体增收，防止一顶贫困帽子戴到底。对让出收益可能返贫的贫困户，脱贫不脱政策、脱贫不脱帮扶，继续享有资产收益权。

（四）落实监管权："让每一分钱都在阳光下运行"

扶贫资产建成后，县农业农村局将其纳入农村"三资"平台管理，实行统一资金核算、统一资产登记、统一资产运营、统一收益分配和统一资产处置，随时掌控扶贫资金使用、扶贫资产运营管理和收益分配情况，有效防止了扶贫资产的闲置、损毁、被侵吞。同时，把扶贫资金资产纳入各级巡视巡查、纪检监察、审计监督、行业监管，形成了全市统一的有力监督体系，有效杜绝了扶贫资产闲置、灭失，甚至被侵吞的隐患。如沂水县沙沟镇高效蔬菜大棚项目在实施过程中，由镇经管站实行统一资金拨付，具体办法为：镇经管站出纳从扶贫资金专户中，以网上转账的方式，直接拨付到施工单位。在进行资金拨付时，由施工单位依据工程合同提出用款申请，项目村负责人、扶贫办、经管站负责人现场核实，填制《财政专项扶贫项目资金报账支付审批表》，报镇长签字后拨付。拨付时，由相关人员出具阶段验收报告。完工结算前，聘请第三方出具决算报告。进行收益分配时，经管站根据各村审核提报并经镇级批准后的收益分配方案，将收益款直接打卡发放到贫困户手中。沂水县19个乡镇、3.58亿元的扶贫资产已全部纳入农村集体"三资"管理平台。

❖ 经验启示

山东省沂水县"四权"分置扶贫资产管理机制，通过扶贫资产所有权归村集体，经营权归合作社、龙头企业、专业大户等新型农业经营主体，受益权归贫困户，监管权归农业农村局的创新，真正解决了以前扶贫资产"一锤子买卖"的问题，走出了扶贫资产重建设轻管理的怪圈，解决了搞突击短期行为的弊病，保障了稳定脱贫的成效，达到了扶贫资产长效惠贫的目的。在脱贫攻坚探索实践和"四权"分置扶贫资产管理机制创新中，沂水县形成了许多可供借鉴的经验启示。

（一）产业发展是基础

产业是脱贫之基，是解决贫困群众脱贫致富的必由之路，也是"四权"分置机制的逻辑起点。只有把培育发展增收致富产业作为脱贫攻坚的根本任务，引导贫困群众发展具有优势的种养业、加工业和服务业，把贫困户拉进产业化链条增加生产性收入，切实增强贫困地区"造血"功能，才能夯实"四权"分置机制的运行基础。

（二）群众参与是关键

脱贫攻坚，群众是主体。建立"四权"分置机制也必须充分调动群众的积极性、主动性、创造性。只有坚持群众主体地位，赋权于民、让利于民，尊重群众的知情权、决策权、实施权、监督权、管理权，充分让群众参与和监督，才能真正发挥"四权"分置机制的运行绩效，也只有通过建立"四权"分置机制，引导群众全过程参与脱贫攻坚，发扬群众自强自立精神，激发内在动力，才能从根本上改变贫困、落后面貌。

（三）统筹兼顾是方向

"四权"分置机制涉及四个方面的权利主体，必须兼顾到各方的利益。顾此失彼、厚此薄彼，不可能如期实现脱贫攻坚目标。只有牢固树立统筹兼顾的工作导向和互利共赢的理念，总揽全局、科学筹划、协同发力、同步推进，推动政府、企业、社会、贫困户深度协作，实现"四权"分置机制四个方面权利主体的目标同向、利益同享，实现多方受益、互利共赢和脱贫攻坚效益最大化，才能充分发挥"四权"分置机制的制度红利和效率红利。

（四）改革创新是动力

习近平总书记强调，脱贫攻坚任务艰巨而繁重，基本都是难啃的"硬骨头"，越往后成本越高、难度越大、见效越慢。必须认清形势，采取超常规举措，拿出过硬办法，才能实现新突破；必须以供给侧结构性改革为引领，在思路上、方法上、措施上进行改革创新，才能把脱贫攻坚工作做出亮点、搞出特色、抓出成效。正是有了这种思路，沂水县在资金筹措、项目管理、资源整合、利益联结、监督考评等方面进行了有益探索，提出了"四权"分置机制等创新性做法。

（五）建章立制是保障

"四权"分置机制是一项新的管理机制，需要配套制定规划编制、项目安排、资金使用、监督管理等方面的规章制度，推动"四权"分置规范化、制度化、法治化，才能确保目标定得准、措施用得好、资金管得住、工作抓得实。

山东省扶贫办主任推荐语

扶贫资金资产及其产生的收益是贫困群众稳定脱贫的重要保障。让扶贫资金资产长期发挥效益，必须用改革的办法创新管理和运营模式，既严格监督管理又充分释放活力，发挥好政府和市场两只手的作用。扶贫资金资产"四权"分置管理机制通过"所有权归村集体、经营权归承包户、受益权归贫困户、监管权归农业经管部门"，在严管和放活之间找到了结合点，走出了一条产权明晰、循环使用、收益稳定的新路子，有效保障了扶贫资产长效增收增值、贫困群众长期稳定受益脱贫。

崔建海：山东省农业农村厅党组书记、副厅长，省扶贫开发办主任

专家点评

合理的产权结构不仅是经济增长的关键前提，而且是基层社会治理的重要保障。山东沂水"四权"分置改革举措，一方面实现了扶贫资金的保值升

值，促进地方产业的稳定增长。另一方面通过建立利益联结机制，强化了扶贫资金的益贫属性，避免了扶贫资源"精英俘获"的风险。与此同时，该举措还产生了治理层面的溢出效应，即通过强化集体经济，夯实了乡村治理的组织基础，有效化解了贫困村基层组织建设涣散的难题。这一创新生动体现了习近平总书记"脱贫攻坚统揽经济社会发展全局"的要求，通过制度创新提升扶贫成效，通过脱贫实践促进经济社会的全面发展。

郑风田：中国人民大学农业与农村发展学院副院长、教授、博士生导师

思 考 题

1. 在收益分配差异化过程中，如何做好贫困等级划分？

2. 在进行项目收益分配时，如何更好地实现贫困户脱贫、村集体增收和经营者赢利的"三赢"局面？

延伸阅读

1.《山东：沂水县扶贫资金变资产 长效机制促脱贫》

2.《山东：资金变资产 长效机制促脱贫》

干字当头　精准发力
学习践行习近平总书记
关于扶贫工作的重要论述

——河南省兰考县脱贫攻坚历程

摘要： 兰考摆脱贫困的最主要原因在于学习贯彻习近平总书记关于扶贫工作的重要论述，并恪守"知行合一"之道，干字当头，精准发力。其主要做法有：建立党政齐抓共管的体制机制，把"以脱贫攻坚统揽经济社会发展全局"落到实处；分类施策均衡推进，把"六个精准"落到实处；以改革创新破解关键制约，把"激发内生动力"落到实处；建强队伍树好导向，把"抓好党建促脱贫攻坚"落到实处。其经验与启示有：坚持以上率下，形成攻坚合力；落实"六个精准"，聚力脱贫攻坚；强化党建引领，助力脱贫攻坚。

关键词： 习近平总书记关于扶贫工作的重要论述　精准扶贫　脱贫摘帽

引言： 2015 年 11 月，习近平总书记在中央扶贫开发工作会议上指出："脱贫攻坚战的冲锋号已经吹响。我们要立下愚公移山志，咬定目标、苦干实干，坚决打赢脱贫攻坚战，确保到 2020 年所有贫困地区和贫困人口一道迈入全面小康社会。"

❖ 背景情况

作为焦裕禄精神的发源地，习近平总书记第二批党的群众路线教育实践活动的联系点，2014年兰考县委向习近平总书记作出"三年脱贫，七年小康"的庄严承诺。在脱贫攻坚实践中，兰考县认真学习贯彻落实习近平总书记关于扶贫工作的重要论述，按照习近平总书记调研兰考时提出的"把强县和富民统一起来，把改革和发展结合起来，把城镇和乡村贯通起来"的指示精神，以脱贫攻坚统揽经济社会发展全局，大力传承弘扬焦裕禄精神，扎实有效推进脱贫攻坚，在全国率先实现了脱贫"摘帽"。

河南省人民政府发布的兰考县退出贫困县文件

兰考的脱贫之路可谓困难重重。客观原因：历史上，黄河多次泛滥改道，给兰考留下了风沙、盐碱、内涝"三害"。据调查结果显示，1962年，全县耕地面积90万亩，其中沙荒24万亩，盐碱地26万亩，内涝地36万亩。2014年建档立卡时，全县115个贫困村，贫困人口23275户77350人，贫困发生率10%。兰考基础差，底子薄，迎头赶上非朝夕之功。传统产业结构和人多地少、缺乏矿产资源的现实，束缚了经济效益的提高。社会化服务水平较低，缺乏大块头主导产业的支撑。主观原因：由于历史上兰考灾害频繁、生存环境不好，人民群众在形成自强不息精神的同时，也有了小富即安、小进即满、安于现状的懈怠心理，许多人有了积蓄也不愿大胆创业，有了机会也把握不住，不善发展。部分群众陈规陋习严重，贫困人口观念落后。有些干部"等、靠、要"思想严重，有些干部思想保守、畏首畏尾，还有些干部眼高手低，善当评论员、不会当运动员等。

精神能否变物质，解放思想是关键。兰考县委发动各级干部展开了大讨论，达成了共识：贫穷不是焦裕禄精神，发展缓慢不是焦裕禄精神，"等、靠、要"更不是焦裕禄精神。焦裕禄精神的实质就是当好人民的公仆，激发内在发展动力，带领群众改变贫困，让群众活得更幸福，更有尊严。如何更好地续写精神变物质的传奇？如何率先脱贫致富奔小康？这是兰考肩负的时代重托和使命。

❖ 主要做法

（一）建立党政齐抓共管的体制机制，把"以脱贫攻坚统揽经济社会发展全局"落到实处

把脱贫攻坚作为"十三五"期间头等大事和第一民生工程来抓，一是在思想认识上统揽。坚持"周例会、月推进会"制度。每周一各分管县领导分别召集分管部门召开分项工作例会，分析研判分管领域存在的问题，引正纠偏，查漏补缺。每月召开一次脱贫攻坚工作推进会。县领导和行业部门负责人带头学精神、悟政策，到一线去解决问题。强化扶贫办职能，由以往的业务部门转变为综合协调、统筹指导的牵头部门。乡镇班子成员每周日晚上提前到岗，会商研究下一周脱贫攻坚等重点工作。脱贫攻坚真正成为各部门共同参与的中心工作，成为提高本领的主战场。

二是在组织力量上统揽。严格落实"市县抓落实"的工作要求，强化

"书记县长负总责，四大班子齐上阵"的工作机制，配齐配强部门和乡镇扶贫力量，加强村级党组织建设，用好"支部连支部"组织架构，把优秀年轻干部充实到农业农村一线，培养造就一支素质优、作风硬的"一懂两爱"干部队伍。进一步明晰行业部门、乡镇（街道）和村级职责，确保组织有力，人人都是参与者、没有旁观者的合力攻坚氛围越发浓厚。

三是在发展实践上统揽。围绕"把强县和富民统一起来"，持续培育壮大品牌家居、绿色畜牧和循环经济 3 个主导产业和智能制造、文旅培训 2 个优势产业，进一步完善城乡统筹和一二三产业融合发展的产业体系，带动贫困群众增收致富；围绕"把城镇和乡村贯通起来"，推进规划、建设、管理向农村延伸，在脱贫攻坚中同步推进城乡统筹发展，以城乡面貌的改观提振发展信心，增强发展后劲、展示脱贫成效；围绕"把改革和发展结合起来"，以改革创新释放发展活力，着力构建县域改革体系和公共服务体系，进一步提升群众的认可度、满意度、幸福感。

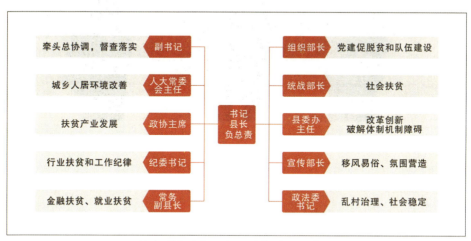

兰考脱贫攻坚县领导责任分工示意图

（二）分类施策均衡推进，把"六个精准"落到实处

重点解决好"扶持谁、谁来扶、怎么扶、如何退"的问题。围绕解决

"扶持谁"的问题，在先期对贫困户识别的基础上，组织驻村工作队员、包村干部、村干部，严格按照识别标准和程序，多次对全县所有行政村挨家挨户拉网式排查，确保"应进则进、应出尽出、应纠则纠"。抽调优秀扶贫干部，严格审核，统一标准，集中将识别结果及时录入建档立卡信息系统，提高了档卡信息准确度。在河南省率先开展标准化档案建设，规范乡、村、户三级档案体系，为精准施策提供了最基础的资料。

驻村工作队员入户采集贫困户信息

围绕解决"谁来扶"的问题，在全县科级和后备干部中抽调345名优秀干部，进驻115个贫困村开展帮扶，对335个非贫困村明确一名乡镇优秀干部专职从事基层党建和扶贫工作，确保贫困村和非贫困村驻村全覆盖。对驻村队员开展多轮次业务培训，通过选树标兵、逐一"过筛子"考试，确保扶贫政策落实到位。强化对工作队政策、资金、生活保障，解除后顾之忧，确保驻村工作队员"住得下、干得好、可带富"。

围绕解决"怎么扶"的问题，建立专项扶贫、行业扶贫、社会扶贫"三位一体"的大扶贫格局。专项扶贫方面，针对以往扶贫政策"大水漫灌"等问题，将扶贫对象细化分类，在整合各类项目资金和措施的基础上，对不同类别的群众制定了12项有针对性的具体帮扶措施，交由工作队因户因人对应施策。行业扶贫方面，针对行业部门之间协同配合不够、扶贫政策推进慢、落地难等问题，由扶贫办牵头谋划协调，实行台账式管理，纪检监察部门督促落实，推动贫困村基础设施和公共服务整体提升。每年6—8月列出下一年的攻坚任务清单，部门乡镇围绕清单报项目，县里整合资金，研究确定资金投向，既杜绝了"吃偏食"的现象，又避免了重复浪费，使资金更加聚焦于脱贫攻坚。社会扶贫方面，针对社会爱心捐赠与贫困群众个性需求对接渠道不畅通等问题，由统战部门牵头，建立了以"爱心美德公益超市"为平台，以"巧媳妇"工程、人居环境扶贫、助学扶贫为支撑的"1+3"社会扶贫模式，贫困群众以劳动换积分、以积分换取所需物品，实现了爱心帮扶精准。

围绕解决"如何退"的问题，严格执行贫困户、贫困村、贫困县退出的标准和程序，按照统筹指导、分级验收的要求，对脱贫户、脱贫村以张贴大红榜的形式进行公示公告，增强群众知晓率。在省定贫困村退出"1+7+2"标准的基础上，主动增加脱贫发展规划、帮扶规划、标准化档案建设、兜底户精神面貌改观、政策落实5项内容，健全退出标准体系，确保退出精准。

（三）以改革创新破解关键制约，把"激发内生动力"落到实处

充分发挥基层党组织战斗堡垒作用和党员干部先锋模范作用，用党员干部的主动唤起群众的互动，进而带动群众的自觉行动。

一是激发干群内生动力。把脱贫攻坚作为锤炼干部作风、提升能力本领的主战场，连续3年开展"百日住村"活动，县级干部以上率下、率先垂范，每年集中3个月每周住村一夜，走访贫困群众，解决实际问题，激励干群斗志。开展多种形式务实精准的业务培训，逐步解决了参与扶贫的干部"不会干""干不好"的本领恐慌问题。仅 2016 年攻坚期间，解决实际问题的县、乡、村三级干部培训会议就召开了七次，干部帮扶能力强了，干活也有了信心和底气。对贫困群众的帮扶既送温暖，更送志气、送信心。以"五不五有"为标准开展"春风行动"，帮助贫困户改善生产生活环境，树立发展信心。开展"五净一规范"活动，让群众养成良好生活习惯。举办"幸福讲堂""夜间会""干劲评比"等活动，让群众看到希望、增强干劲，变"要我脱贫"为"我要脱贫"。通过一系列改革创新的举措，全县逐步形成领导领着干、干部抢着干、群众比着干的生动局面。

二是深化督查机制改革。为促进各项扶贫措施有效落实，组建县委县政府督查局，坚持普查与重点抽查相结合，对精准识别、精准帮扶等脱贫攻坚各个环节进行全方位、多轮次督查，重点查一把手的责任落实情况、扶贫资金到位情况、工作队工作纪律执行情况等，做到村村必进、户户必查。

三是深化扶贫资金运行机制改革。建立了"先拨付、后报账，村决策、乡统筹、县监督"的资金分配运行机制，运用"四议两公开"的方法，村"两委"自主决定实施项目，实现了从"等安排"到"拿主意"、从"受益对象"到"业主"的转变。

四是深化便民服务体制改革。构建三级便民服务体系，成立县、乡社情民意服务中心，实现畅通诉求渠道、收集社情民意、党委、政府科学决策有机统一，把"有事找政府"落到实处。整合乡镇（街道）的综治、公安、司法、信访职能机构人员，成立社会治理中心，建立引导、预防和化解社会矛盾的有效机制，全域推进移风易俗改革，降低群众"人情负担"，引领社会新风尚，形成了集中统一、服务高效的社会治理体系。

五是深化人事管理制度改革。充分盘活现有编制内资源，招聘选派自收自支和差供人员充实到一线岗位，落实"能上能下、能进能出"的选人用人机制，解决基层人手不足问题。

六是创新金融扶贫。探索建立金融服务、信用评价、风险防控、产业支撑"四位一体"的金融扶贫体系，有效助推产业发展。在全省率先以基金形式搭建投融资企业 PPP 股权合作新模式，为重点项目的顺利推进提供有力的资金支持。

七是创新教育扶贫。在落实好国家和省级层面教育资助政策的基础上，创新帮扶模式，县财政量力而行，列支专项资金，实施分阶段教育救助，有效阻断贫困代际传递。

八是创新健康扶贫。提高慢性病、肾病透析、白血病等疾病的报销比例，落实先诊疗、后付费，进一步降低群众看病负担。探索"一站式"结算服务，让贫困群众少跑腿、减负担。

金融部门分批次为创业者讲解金融扶贫创新模式

（四）建强队伍树好导向，把"抓好党建促脱贫攻坚"落到实处

充分发挥基层党组织战斗堡垒作用和党员干部先锋模范作用，凝聚强大组织力。

一是建强脱贫攻坚队伍。围绕脱贫攻坚排兵布阵，以乡镇党委换届为契机，把扶贫一线 39 名实绩突出、群众认可的优秀年轻干部选进党委班子，干部队伍结构进一步优化，执行力进一步增强。开展"三联三全"活动，53 名县级干部、567 名科级干部和 3000 多名在职党员与重点项目、贫困村和贫困户结对联系帮扶，实现了驻村扶贫和结对帮扶全覆盖。

二是提升村级组织能力。对全县村"两委"班子采取 5—7 人"小班额"培训，经常组织外出参观学习，提升带富能力。按照"七项标准"，对全县所有行政村党群服务中心进行改造提升，增强服务职能，让村室成为村里最热闹、群众最愿去的地方，村级党组织的凝聚力、战斗力、号召力不断增强。

兰考县举办农村（社区）党支部书记培训班

三是探索创先争优激励机制。开展"学习弘扬焦裕禄精神，争做党和人民满意的好干部"评选活动，用身边的典型激励大家拼搏创新。借鉴当年焦

裕禄书记树立"四面红旗"的做法,开展脱贫攻坚、基层党建、产业发展、美丽村庄"四面红旗村"评选活动,每评上一面红旗,对村干部精神上有鼓励、绩效上有奖励,实现了干与不干不一样,干多干少有区别,有效激发了农村党支部比学赶超的争先意识。评选出两批 70 名"驻村扶贫工作标兵",并全部予以提拔重用,有效激发了党员干部投身脱贫攻坚的热情干劲。

四是严格督导检查问责。将督查工作与纪检监察工作有机结合,构筑了督促检查推动工作落实、纪检监察强化责任追究的双重督查问责机制,不断加大监督执纪问责力度,强化了扶贫干部的纪律意识和责任意识,在全县营造了风清气正、合力攻坚的浓厚氛围。

❖ 经验启示

兰考在全国率先实现脱贫摘帽,贫困发生率由 2014 年的 10% 降至 2016 年年底的 1.27%,2018 年年底又降至 0.74%,为全国树立了脱贫标杆,提供了经验和启示。

(一)坚持以上率下,形成攻坚合力

焦裕禄书记说过,"干部不领,水牛掉井"。坚持"书记县长负总责、四大班子齐上阵"的工作机制。同时,行业部门采用"1+1+1+2"的工作模式(即一把手 +1 名专职副职 +1 个专业科室 +2 名以上工作人员),确保了行业扶贫工作有领导牵头,有专人负责,沟通渠道通畅,政策有效落实。各乡镇(街道)按照"1+1+1+5"的标准(即 1 名乡镇党委书记 +1 名党委副书记 +1 名扶贫专干 +5 名以上工作人员),配强专职扶贫队伍。

(二)落实"六个精准",聚力脱贫攻坚

"六个精准"是打赢打好脱贫攻坚战的根本遵循和行动指南。坚持把精准贯穿脱贫攻坚全过程,通过扶贫政策落实、扶贫项目落地、"两不愁三保障"有效解决,农村基础设施明显改善,有效提升了社会各界对脱贫攻坚成效的

认可度、满意度。

（三）强化党建引领，助力脱贫攻坚

打赢脱贫攻坚战，离不开党建工作的有力保障，离不开各级党组织的坚强领导。农村富不富，关键看支部。建强村党支部班子，为脱贫攻坚提供政治、组织保障；创新党内生活，开展"5+N"主题党日活动，加强机关企事业单位党支部与所联系的农村党支部的结对帮扶能力；重树四面红旗，激发党员干部投身脱贫攻坚的热情。通过把助推脱贫攻坚作为检验党建工作的"试金石"，有效激励了各级党组织和广大党员干部在脱贫攻坚主战场担当作为、建功立业，为打赢脱贫攻坚战提供坚强的组织保证。

河南省扶贫办主任推荐语

河南是中国的缩影，贫困县的情况复杂多样，兰考极具代表性。1962年，焦裕禄同志到兰考后，带领干部群众战天斗地，以实际行动铸就了"亲民爱民、艰苦奋斗、科学求实、迎难而上、无私奉献"的焦裕禄精神。2014年，习近平总书记把兰考作为第二批党的群众路线教育实践活动的联系点，两次到兰考视察指导工作，将脱贫希望的种子播撒在了这片土地上，对兰考的未来寄予厚望。兰考县作出了"三年脱贫，七年小康"的郑重承诺。2014年以来，兰考县以习近平总书记关于扶贫工作的重要论述为指导，持续弘扬传承焦裕禄精神，唤醒了广大人民群众潜藏的巨大内生动力，拼搏进取、克难攻坚，真干、实干、苦干、善干，在全国率先摘掉了"贫困县"帽子，如期兑现了向习近平总书记作出的"三年脱贫"庄严承诺，实现了焦裕禄同志当年"改变兰考贫困面貌，让百姓过上好日子"的夙愿。兰考的脱贫之路是中国脱贫方案的生动实践。脱贫攻坚，让兰考由大干到大变，在古老的中原大地上绽放出绚丽光彩。

史秉锐：河南省扶贫办党组书记、主任

专家点评

　　兰考是全国率先脱贫摘帽的贫困县，经过3年多的不懈努力，兰考高质量完成了脱贫摘帽既定目标，基础设施和公共服务短板快速补齐，贫困村、贫困户可持续发展内生动力基本形成，县域经济社会发展各领域取得了长足进展，特别是县域治理体系和治理能力现代化水平显著提升，老百姓对党的政策、党的领导真心认同、真心拥护。兰考之所以能够取得这样突出的成绩，得益于坚持习近平总书记关于扶贫工作重要论述以及视察兰考重要讲话和指示精神的指引，得益于有效实现了"脱贫攻坚统揽经济社会发展全局"。兰考的经验表明，打赢脱贫攻坚战需要从县域工作全局出发，构建完善的县域贫困治理体系。脱贫攻坚的过程也是促进县域治理体系和治理能力，以及夯实党的执政根基的过程。

　　黄承伟：国务院扶贫办中国扶贫发展中心主任、研究员、博士生导师

思 考 题

　　1. 以脱贫攻坚统揽经济社会发展全局主要表现在哪些方面？

　　2. 基层党建在脱贫攻坚中应发挥什么作用？

延伸阅读

1.《兰考"摘帽"是精准扶贫样本》(《光明日报》2017 年 3 月 31 日)

2.《解密兰考之变》(人民网，2017 年 3 月 28 日)

紧扣"精准"实现贫困 山区高质量脱贫

——湖北省丹江口市决战脱贫攻坚实践

摘要： 湖北省丹江口市地处南水北调中线工程核心水源区，集山区、库区、老区于一体，产业发展受限，农村基础薄弱，脱贫增收难度大。近年来，丹江口市以脱贫攻坚为统领，紧盯"两不愁三保障"目标，紧扣"精细、精确、精准"要求，通过突出产业主导、党建引领、精准施策、短板提升等做法，推动丹江口市实现高质量脱贫，打造了贫困山区脱贫样板。

关键词： 精准施策　产业主导　脱贫质量

引言： 2014年3月7日，习近平总书记在参加十二届全国人大二次会议代表团审议时指出："精准扶贫，就是要对扶贫对象实行精细化管理，对扶贫资源实行精确化配置，对扶贫对象实行精准化扶持，确保扶贫资源真正用在扶贫对象身上、真正用在贫困地区。"

❖ 背景情况

　　丹江口市位于鄂西北、汉江中上游，地处江汉平原与秦巴山区接合部，鄂豫两省交界处，是一座因水而建、得水扬名、缘水而兴的生态滨江城市，是南水北调中线工程核心水源区、国家秦巴山片区扶贫开发重点县（市）、湖北省9个深度贫困县（市）之一。全市总面积3121平方公里，辖20个镇

（办、处、区）、194 个村，总人口 46 万，建档立卡贫困人口 30200 户 98779 人，重点贫困村 56 个。

丹江口市的脱贫之路困难重重。首先，丹江口市是贫困山区、库区、革命老区"三区"重合之地。贫困人口主要分布在汉江以南的高寒山区、汉江以北的石漠化山区和丹江口库区 3 个贫困带，贫困区域广、贫困程度深、脱贫难度大。其次，丹江口市是移民大市。因实施南水北调中线工程两次移民，重复搬迁，先后两期移民 26 万人，淹没土地 455 平方公里，占整个库区 1050 平方公里的 43%。库区群众为了生存居住在山顶和山腰，生存空间缩小，生产资料大幅减少，大部分库区群众在贫困线下艰难生存。最后，生态保护和产业转型任务艰巨。2003 年以来，由于南水北调库区停建令的限制，农村基础设施和公共设施建设滞后，城乡二元结构明显。2014 年 12 月 12 日，南水北调中线一期工程正式通水，库区生态建设和水质保护任务艰巨，为了保护生态环境，确保一库净水永续北送，丹江口市面临着生态保护和产业转型发展的巨大压力。

推进脱贫攻坚工作以来，丹江口市坚定不移贯彻落实习近平总书记关于扶贫工作的重要论述和中央、湖北省、十堰市决策部署，牢固树立抓脱贫就是抓发展的理念，坚持以脱贫攻坚统揽经济社会发展全局，自觉担当脱贫攻坚政治重任，按照"两不愁三保障""五个一批""六个精准"的要求，确定了"三年全面脱贫，两年巩固提高"的工作目标，集中精力、攻坚克难、将脱贫工作扎实推进。2014 年至 2018 年，脱贫 30056 户 98454 人，56 个重点贫困村全部出列，全市贫困发生率降至 0.11%。2019 年 4 月 29 日，经湖北省政府批准，丹江口市退出贫困县管理。

❖ 主要做法

（一）突出产业主导

丹江口市坚持把产业扶贫作为精准脱贫的长久之计，摆在优先的位置，采取各种有力措施，狠抓贫困户脱贫产业的培植，形成了"五方联动抓产业、五金联结促增收"的良好发展格局。

一是五方联动抓产业。坚持政府主导。市委、市政府制定了切实可行的规划，突出"两为主、两加强"（即以现有产业为主、以种植业为主，加强品牌农业建设、加强生态观光农业建设），出台系列扶持产业发展的政策，统筹整合扶贫产业发展资金 5.2 亿元，支持乡镇和有自主发展能力的贫困户大力发展柑橘、茶叶、核桃等特色支柱产业。坚持群众主体。因村因户精准施策，坚持能种则种、能养则养、宜务工则务工，逐户落实增收项目。截至 2018 年 12 月 31 日，全市有产业增收项目的贫困户 27692 户，占贫困户总数的 91.7%。组织贫困劳动力免费学习机动车驾驶、服装生产、烹饪等专业技术，累计培训贫困劳动力 15161 人。坚持龙头企业带动。丹江口市把培育新型市场主体作为带动贫困户增收的重要平台，扶持农业龙头企业 40 家、家庭农场 127 个、种养大户 528 个，探索出"企业 + 基地 + 贫困户""家庭农场 + 贫困户""能人大户 + 贫困户""旅游 + 扶贫"、资产收益等扶贫产业经营机制，最大限度地把贫困户联结在市场主体的产业链上，实现增收。坚持专业合作社联动。每个村至少建立 1 个村级专业合作社，推行"合作社 + 贫困户"的产业发展模式，与贫困户形成利益联结机制。截至 2018 年 12 月 31 日，全市建成有带动能力的专业合作社 255 家，带动建档立卡贫困户 21453 户。坚持金融撬动。丹江口市整合财政资金 5120 万元，建立扶贫小额信用贷款风险担保基金，支持贫困户发展产业，确保贫困户"免担保、无抵押"信用贷款。2015 年至 2018 年 12 月 31 日，累计发放扶贫小额信贷资金 4.62 亿元。

丹江口市扶贫特色产业之———茶叶

丹江口市扶贫特色产业之———柑橘

二是五金联结促增收。发展产业得奖金。丹江口市坚持"先干后补、以奖代补"原则,鼓励贫困户依靠发展产业脱贫致富。截至2018年12月31日,全市贫困户发展柑橘7.8万亩,核桃2.8万亩,茶叶6463亩,中药材、石榴等特色产业基地 13.6 万亩。企业务工挣薪金。大力发展扶贫车间（作坊），引导群众就近务工增收。全市新建或改建"扶贫车间"292 个，9477 名贫困人口在家门口就业，实现了挣钱顾家两不误。习家店农博园周边 500 多名贫困劳动力在基地从事整地、栽树、嫁接等工作，年人均增收 10000 元以上。土地流转得租金。丹江口市坚持发展生态观光农业，由企业、合作社或大户流转农户土地促增收。丹江口市北斗星种植专业合作社与贫困户签订土地租赁合同，流转土地 3400 亩，每亩每年付给农户 500 元租金。入股分红得股金。丹江口市通过资金、土地等资源入股企业或合作社，参与市场主体统一经营增加收入。湖北润秋生态农业发展有限公司探索"村企共建"模式，通过实施"四四二"（公司、贫困户、合作社）土地入股分红、公司务工、送别墅、发展乡村旅游四种方式，帮扶贫困户 95 户。扶持发展建基金。中国人寿保险公司出资 2 亿元，设立了全国首家国寿丹江口绿色扶贫产业基金，聚焦丹江口市"水"和"鱼"两大优势资源，首批推出"国寿丹泉"瓶装水和"博奥鱼头"加工两个特色项目。另外，丹江口市还成立了长江证券丹江口产业培育基金和生高投丹江口产业升级与发展基金，助推产业扶贫。

丹江口市最偏远的山区乡镇盐池河镇服装扶贫车间

（二）突出党建引领

2018 年 6 月，丹江口市制定出台抓党建促脱贫攻坚十条实施意见，全面加强基层组织建设，打造脱贫攻坚战斗堡垒。

一是实施"头雁"工程。按照"双好双强"标准，选优配强村党组织书记，建好党员、村级后备干部、村书记后备人选"三支队伍"，储备村级后备干部 432 人、能人大户 669 人、"一村多名大学生" 215 人。丹江口市举办村书记抓党建促脱贫攻坚专题培训班，对村干部进行全覆盖培训。实行村干部专职化管理，开展村书记精准扶贫工作月述月评活动。整合资金 3100 余万元，提档升级村级党群服务中心 82 个。

二是深化"四双"帮扶。深入开展"双建双培双带双促"活动，丹江口市成立了 2 个精准扶贫片区党委，选派驻村干部 598 人、包户干部 7400 余人，实现 194 个村的驻村第一书记和工作队包保帮扶全覆盖。在扶贫一线建立了政策宣传、产业发展、生态环保、民主监督、和谐共建"五型"党小组 970 个，为无职党员在扶贫一线创先争优搭建平台。

三是开展"户户走到"行动。按照"村不漏组、组不漏户、户见干部"的要求，大力推进"足印农家·户户走到"行动，切实为群众解心病、治穷病、防未病。各级党员干部扑下身子、沉到一线，挨家挨户宣讲党的政策，不断密切党群、干群关系，用心用情用力落实帮扶举措，做到身到、心到、感情到、措施到、效果到。2018 年以来，市、镇、村三级干部累计走访 8 万余户，收集并解决问题 5 万余件，扶贫工作精准度和贫困群众满意度不断提高，为全市顺利实现脱贫摘帽目标打下了坚实基础。

丹江口市驻村干部开展"户户走到"行动

（三）突出精准施策

丹江口市深入贯彻精准扶贫、精准脱贫基本方略，严格执行现行扶贫标准，稳定实现"两不愁三保障"目标，不断巩固脱贫攻坚质效。

一是严把三关建新房。严把政策执行关。坚持"两公开"（公开评定搬迁对象、公开搬迁政策），"两不准"（不准超面积建设、不准贫困户因建房增贫）、"两配套"（配套基础设施和公共服务、配套脱贫项目）、"一统配"（政府统一建设，实行"交钥匙工程"），严格政策标准。严把工程质量关。把建房工程质量安全作为易地扶贫搬迁的生命线，细化市、镇、村三级监管责任，构筑"考核监管、过程监管、源头监管"三大体系，切实让搬迁工程"建得快、建得好"。截至 2018 年 5 月底，全市 13133 户 42469 人易地扶贫搬迁建房全部完成。严把设施配套关。注重完善栏圈、菜园、农具房、红白理事房、路灯、公厕、环卫"七个一"配套设施建设，确保实现"搬得出、稳得住、能致富"。

丹江口市习家店镇习家庄易地扶贫搬迁安置点

二是四位一体保健康。丹江口市开展"三个一批"行动（大病集中救治一批、慢病签约服务管理一批、重病兜底保障一批），落实"四位一体"模式（基本医保＋大病保险＋医疗救助＋补充保险），实行"一站式"集中结算，确保健康扶贫费用报销达到省定标准。截至 2018 年 12 月 31 日，全市精准扶贫对象城乡居民医疗保险参保率达到 100%，市财政为全市贫困对象每人购买 300 元的医疗补充保险。96 个村卫生室设立了门诊慢性病取药点。贫困人口住院实际报销比例达到 90% 以上。

三是精准资助兴教育。坚持扶贫先扶智，持续开展控辍保学、教育资助、薄弱学校改造等行动。严格落实学前教育资助、义务教育阶段学生生活补助、普通高中助学金、家庭经济困难大学生入学资助、"雨露计划"等系列教育资助政策，实现了从幼儿园到大学阶段的贫困生资助全覆盖，贫困家庭"两后生"培训率达到 100%。

四是应保尽保稳兜底。丹江口市将 21832 名贫困人口纳入农村低保，2955 名贫困人口纳入农村"五保"特困对象予以供养。稳定提高农村低保标准、农村"五保"供养标准，实现了与脱贫标准的有效衔接，筑牢了贫困户最低生活防线。同时，抓好特困群体保障，对收入发生变化的家庭及时动态调整，按不低于农村低保标准 20% 的标准增发补助金，确保特困群体"兜得住、兜得牢"。

（四）突出短板提升

丹江口市围绕补齐农村发展短板，按照缺什么补什么、群众需要什么就建什么的原则，积极推进农村基础设施和公共设施建设。

一是推进"九有"项目建设。2017 年，丹江口市在 56 个重点贫困村推进"九有"项目建设。投资 5.3 亿元，建成党员群众服务中心 19 个、村卫生室 16 个、文化广场和文体设施 56 个，新修通村公路 302 公里，实施贫困户安全饮水工程 22754 户、光纤宽带入户 14299 户，兴建集中安置点小型沼气集中供气工程 5 个。

二是实施"六到农家"工程。2018 年，丹江口市在全市非重点贫困村全面推进安全饮水、电网改造、村组公路、宽带网络、安全住房、环境改善"六到农家工程"。共投资 4 亿多元，实施安全饮水工程建设项目 22 个，集中供水覆盖率达到 97%，新建、维修改造村级党员群众服务中心 38 个，新建农村公路 214 条 356.5 公里，实施农村危房改造 763 户，实现所有村宽带网络全覆盖。

❖ 经验启示

作为深度贫困县市，丹江口市注重立足实际，综合施策，通过近几年的脱贫攻坚实践，全市不仅顺利实现了脱贫摘帽的目标，也获得了一些经验启示。

（一）压实责任是稳定脱贫的攻坚之要

一是压实主体责任。强化市、镇、村三级书记抓扶贫、党政主要负责人负总责的责任落实机制。市委、市政府成立了由市委书记、市长分别任政委、指挥长，14位市级领导任副指挥长、57名市直单位主要负责人为成员的市扶贫攻坚指挥部，每月召开一次全市脱贫攻坚调度会，专题安排脱贫攻坚工作。二是压实行业部门责任。按照"主责、主管、主抓"的要求，结合各部门工作职能，从项目安排、资金投入、力量集中等方面向贫困村和贫困人口聚焦，形成工作合力。三是压实驻村帮扶责任。实行"市级领导包镇（办、处、区）、镇（办、处、区）班子成员和市直部门包村、工作团包工作队、各级干部包户"的包保责任制，推动工作重心下移、干部精力聚焦。35名市领导分别负责包保18个镇（办、处、区），市委、市政府主要领导分别包保全市减贫任务最重的两个乡镇。四是压实督办检查责任。坚持"每月一调度一督查一暗访"，强力推进扶贫领域腐败和作风问题专项治理、明察暗访、监督执纪问责，推动各项工作和政策措施落实落地。

（二）发展产业是稳定脱贫的根本之策

产业是脱贫之基，富民之本。丹江口市坚持"产业兴市"，按照村有主导产业、户有增收项目、人有一技之长的目标，坚持规划引领，集中资金、集中力量，因地制宜、长短结合，推进镇、村、户产业发展，打造一镇一业、一村一品的产业发展格局。尤其是在扶贫过程中，要注重扩大产业扶贫的覆盖面，健全市场主体与贫困劳动力的利益联结机制，提升产业带动贫困户脱贫的整体效果，这样才能加快贫困人口脱贫步伐，实现脱真贫、真脱贫。

（三）精准施策是稳定脱贫的关键之举

精准扶贫贵在精准，重在精准，成败之举也在精准。只有找准"两不愁三保障"目标实现中的问题短板，确保教育、医疗、金融等扶贫政策精准实施，把政策落实到户、落实到人、落实到具体项目上，才能发挥出最大的扶贫效益，才能保证贫困人口如期脱贫。丹江口市注重因户施策、因人施策，确保扶贫政策精准落地，使广大贫困人口都能受益。

（四）群众主动是稳定脱贫的动力之源

必须坚持"输血"与"造血"相结合，坚持扶志扶智扶能，注重典型引路，激发群众内生动力，从思想上引导贫困群众克服"等、靠、要"思想，树立"勤劳能致富，脱贫才光荣"的理念，从行动上组织动员贫困群众主动实施脱贫项目，大力发展脱贫产业，变"要我脱贫"为"我要脱贫"，变被动脱贫为主动脱贫，才能提高扶贫效果。

湖北省扶贫办主任推荐语

丹江口市作为南水北调移民大市和深度贫困县市，在完成近 10 万人的南水北调中线工程移民搬迁安置，实现"一江清水北送"这一历史性重大政治任务后，紧接着又投入脱贫攻坚的重大战役中，在贫困人口多、贫困程度深、脱贫难度大的情况下，该市坚定不移贯彻落实习近平总书记关于扶贫工作的重要论述和中央、省、十堰市脱贫攻坚决策部署，自觉担当脱贫攻坚政治责任，紧扣"两不愁三保障"脱贫标准，突出产业主导、党建引领、精准施策、短板提升，举全市之力，合力攻坚，探索出了一条"精细、精确、精准"化脱贫的路子，2018 年在全省脱贫摘帽验收中取得了较好成绩，如期实现了高质量脱贫，探索了贫困山区脱贫的路径。

胡超文：湖北省扶贫办党组书记、主任

专家点评

丹江口市集山区、库区、老区于一体，发展条件复杂，脱贫难度极大。针对发展所面临的困难，丹江口市深入学习领会习近平总书记关于精准扶贫、精准脱贫基本方略，探索"精细、精确、精准"的脱贫路子，取得了良好的脱贫成效。与此同时，针对贫困山区的发展实际和脱贫需求，探索

出诸多创新举措，堪称贫困山区脱贫的典型样本。丹江口的经验表明，打赢脱贫攻坚战要以习近平总书记关于扶贫工作的重要论述为根本遵循，要深入领会、准确把握其核心要义，并将其切实贯彻到实践中，指导实际工作的开展。

李　实：浙江大学文科资深教授，博士生导师，教育部长江学者特聘教授，国务院扶贫开发领导小组专家咨询委员会委员

思考题

1.在脱贫"摘帽"过程中，如何处理好贫困户与非贫困户之间的利益关系？

2.对于贫困落后地区，调动贫困群众主动参与脱贫攻坚工作的积极性有哪些好的方法与路径？

延伸阅读

1.《绿色打底拔穷根——丹江口市探索产业扶贫新模式》

2.《村里的扶贫车间》（《经济半小时》，2018年8月2日）

"内源式发展"激活
贫困村发展动力

——湖南省新化县油溪桥村蝶变记

摘要：油溪桥村位于湖南省娄底市新化县东北部，是典型边远的、靠天吃饭的"旱山区"，曾为省级特困村。自 2007 年以来，油溪桥村不等不靠，大力发扬自力更生、艰苦奋斗、创新创业精神，坚持自主改革、自主管理、自主发展、自主致富，短短 12 年里全村发生了翻天覆地的变化，村民人均年收入从不足 800 元增长至 19544 元，实现了由"省级特困"向"全国示范"的蜕变，走出了一条依托本地发展资源、培育本地发展力量、激发本地发展动力、组织本地发展共治的"内源式发展"路子，为脱贫攻坚提供了可复制、可推广的实践范例。

关键词：自力更生　内源式发展　共建共享

引言：2015 年 11 月 27 日，习近平总书记在中央扶贫开发工作会议上指出："激发内生动力，调动贫困地区和贫困人口积极性。'只要有信心，黄土变成金。'贫穷不是不可改变的宿命。人穷志不能短，扶贫必先扶志。没有比人更高的山，没有比脚更长的路。"

❖ 背景情况

　　油溪桥村位于湖南省娄底市新化县吉庆镇东北部，曾为省级特困村。据统计，这个 800 多人的村庄，在 2015 年贫困发生率仍然高达 20%，脱贫难度大、任务重。首先，资源禀赋不足。新化县是国家扶贫开发工作重点县、武陵山片区县。油溪桥村属石灰岩干旱地区，植被少，土地蓄水能力差，人均耕地面积不足 0.5 亩。其次，基础设施落后。2007 年以前，全村没有一米硬化公路。最后，经济增收渠道窄。村民人均收入不足 800 元，没有集体收入，村集体负债 4.5 万元，全村娶不到媳妇的光棍 10 多个，村里要办点事也是"手长袖子短"。村子里的年轻人都纷纷外出打工谋生，劳动力外流，好吃懒做、攀比、赌博之风盛行，是典型的穷村、烂村，当地曾流传一句话"有女莫嫁油溪桥，一年四季为呷愁"。

❖ 主要做法

（一）激发自立精神，变"靠天靠地"为"不等不靠"

注重激发村民脱贫致富内生动力，聚合"我要脱贫""我要振兴"的精气神，走出困境、走出贫穷、走向振兴。

一是穷则思变，拔除穷根先立志。农民自身思想的转变，是脱贫攻坚的前提。油溪桥村从转变观念和精神脱贫入手，提出"做一个有尊严的村民""不要向别人要，靠自己求发展"，通过思想宣讲、移风易俗、新风倡导、感恩教育以及典型树立等方式，引导村民树立"人穷志不穷，脱贫靠自身"的精神和自我振兴意识，摒弃好吃懒做和"等、靠、要"的落后观念，形成"自尊、自信、自主、自力"的共同意志，全方位激发村民参与乡村建设的主动性和创造性，共同谋求适合本村发展的出路。

二是勇于破局，迈出致富关键步。在"不等不靠"思想理念的引领下，油溪桥村开始思索在外无资金来源、内有先天不足的被动局面下寻找脱贫致富的突破口。2007 年，油溪桥村利用油溪河边一块闲置沙洲的商业价值，以资金垫付、设备租用、劳动力自筹等方式，把闲置的沙洲开发成有"造血"功能的停车场项目，实现租金收益 20 万元，挖到了村集体经济的"第一桶金"，奠定了初期经济发展的基础；2008年，又创造性提出"凭、听、察、看、摸、查、调、确"八字法，大胆推进集体林权制度改革，开发荒山2000余亩，荒山开发率100%，推出一年四季有果有花的多品种多功能经果林建设，为村庄生态资源可持续发展夯实了坚实的基础，坚定了村民依靠自身脱贫致富的信心和决心。

三是自力更生，"双手就是万宝山"。12年里，油溪桥人的精神字典里出现最多的就是"靠天靠地不如靠自己""自己的家乡自己建"。全体村民凭着自己的双手，以"红旗渠""挑山工"精神一锄头一锄头地挖、一扁担一扁担地挑，开山劈石、垒坝修田，逢山开路、遇水架桥，创造了一个又一个乡村奇迹，油溪桥村旧貌换新颜。为实现耕种水旱无忧和出行户户通，全体村民握紧锤子自己干，仅花费了3000元钻机费，就完成了16万元的管道沟通挖掘施工项目。12年来，全体村民为集体建设义务筹工7.6万个，修建硬化公路16公里，游步道22公里，风貌改造27栋，整修山塘6口。

带领全体村民进行山塘清淤

（二）增强自身力量，变"软弱涣散"为"人齐心齐"

油溪桥村以基层党建凝聚全村人、鼓舞全村人、带动全村人，形成了一支内生内发的自主力量。

一是"强"带头人。"群雁高飞首雁领，羊群走路靠头羊。"2007年，在外经商、身家千万的致富能人彭育晚被成功引回油溪桥村担任村支部书记。彭育晚充分发挥脱贫致富"领头雁"作用，凭借其坚定信仰、先进理念、奉献精神以及人格魅力，带领村"两委"一班人，推进村务治理改革、构筑产业发展四梁八柱，推动油溪桥村乡风文明、生态环境、产业项目等各项事业实现全面振兴，把一个穷山沟打造成了湖南乡村大地上的一颗璀璨明珠。彭育晚先后被授予"中国好人""共和国最美村官年度风云人物""全国新农村致富带头人""湖南省最美扶贫人物"等40余项荣誉称号。

二是"强"支部。推行村"两委"委员公开竞选制，确立比信念、比作风、比奉献和看谁服从意识强、看谁服务态度好、看谁业务素质高"三比三看"的竞选标准，参选者公开亮业绩、公开谈思路、公开做承诺，打造"主心骨"。大力吸收有学识、有能力、有担当的乡村精英和年轻党员进入村组班子，村"两委"委员平均年龄不到36岁，其中大专以上学历的6人。强化支部班子治理能力建设，村组干部撰写心得体会和工作笔记共计500余万字。油溪桥村先后被授予"全省基层党组织建设示范基地""全市先进基层党组织"。

三是"强"党员队伍。制定推行拆除乱搭乱建先从党员开始、义务筹工先由党员带头、落实处罚先从党员实施的"三先规定"，倡导党员干部"戴袖上岗亮身份、发展致富当能手、学习生活贴群众"，实行党员服务联户制度，全村党员主动为村民群众"解心结""解忧愁""解难题"，真正做到"使每名党员都成为一面鲜红的旗帜"。创造性地推行党员干部"定岗、定点、定责、定项""四定"制度，对党员履职担当进行"月度、季度、年中、年终"考评，让全村党员干部干有激励、干有监督。建立党员廉政勤政档案，设置党员公益事业和捐款筹工公示栏，全体党员干部带头义务筹工 8200 多个。

（三）盘活自然资源，变"绿水青山"为"金山银山"

充分挖掘山水、人文等内源性资源，因地制宜发展地方特色产业，以"共建、共享、共扶"推动产业兴村、产业富村，将"穷山窝"变成了"聚宝盆"。

一是着眼"乡村旅游业、特色农业、生态"融合发展，做好"共建"文章。综合山水、生态、农业、民俗等发展元素，推动乡村休闲农业与乡村旅游深度融合。树立"不砍一棵树"的生态富民理念，实行十年绿化工程、四年联村建绿和封山育林，栽种苗木 30 余万株，森林覆盖率 92.8%，实现不露黄、无污染、山常青、水常绿。依托境内油溪河奇、秀、美的资源优势，大力开发油溪河峡谷漂流景区，修建村文化长廊、清代石拱桥、杨洪岩古风雨桥等历史文化景观，于 2017 年在全省首个整村创建国家级 3A 级景区，年接待游客 6.5 万人次，综合收入 1225 万元。

着力打造休闲观光乡村旅游

2009 年以来，依托本地特有的气候土壤特性，探索发展田鱼养殖、甲鱼养殖、小籽花生、错季经果林、牛羊养殖等特色农业，建成农业产业基地 13

处 3300 余亩，其中甲鱼养殖和稻田养鱼基地 560 亩、经果林 2800 余亩，已形成 10 多种注册"油溪桥"商标的农产品，年销售收入 265 万元。

二是依托"村委 + 公司 + 合作社 + 农户"产业模式，做好"共享"文章。推动人力、物力和资源整合共享，实现资源变资产、资金变股金、村民变股东。村集体于 2002 年 4 月、2016 年 8 月先后成立 2 家旅游开发有限公司，村民资金入股 30%、劳动力入股 15%、土地入股 5%，全体村民共同参与经营、共享发展成果。创立稻田养鱼、甲鱼养殖、经果林、养牛 4 个专业合作社，采取村委统一组织开发、公司统一收购销售、合作社统一规划管护、技术人员统一培训指导、农民统一参与行动"五统一"模式。31 家农家乐实行统一管理和运营的公司化运作，确保家家户户有产业、家家户户有分红，实现村民产业发展低成本、低风险、高收益。三是建立"一传二帮三带"帮扶机制，做好"共扶"文章。倡导富帮穷、先帮后，建立"一传二帮三带"工作机制，实行党员干部带、致富能人带、先进模范带，传产业技术、帮产业发展、帮管护销售，产业开发经营实现全村人口、土地、项目"三个全覆盖"。开发钓鱼山庄为贫困村民创造年福利收入 4 万余元，确保振兴路上"一个不少、一个不落"。

（四）创新自治管理，变"不愿不为"为"共治善治"

注重发挥农民的自治主体作用，探索创新"参与式"治理模式，推动村民共议共治共管。

一是以"小协商"推动"大治理"，村务决策民主化。自觉秉承"村里的事情商量办、村里的事情一起干"议事协商理念，创新推动村民理事会、项目理事会、农民用水者协会等"微"自治组织建设，共商共议产业规划、项目建设、净化美化及用水管水等村级重大事项和公共事务，农民用水者协会获评"全国用水者模范协会"。建立动员会、交流会、交心会、表彰会"四大会议"制度，推行通报会、听证会、评理会等新型议事模式，12 年来组织召开大小会议 1600 余次，推动民事民议、民事民办、民事民管。

　　二是以"小规矩"管出"大文明"，村民管理自觉化。为扭转过去红白喜事攀比成风、烟花爆竹浪费巨大的旧习气，油溪桥村自立规矩制定并 7 次修订村规民约，成功实行禁赌、禁炮、禁烟、禁渔、禁塑、禁伐、禁猎、禁铺张浪费等"10 禁"，确保乡风治理有章可循。推行一户一文明档案袋制，实行村民包庭前卫生清扫、包绿化管护、包美化建设、包设施维护、包污水净化"五包"制，每年评选一批"最美党员""最美村官""最美家庭"等"十美"村民，全面推动乡风整治和移风易俗。自 2007 年以来，未发生一起治安案件、未发生一起安全事故、未发生一起黄赌毒事件，每年节约烟花爆竹、酒席宴请等开支 530 余万元。2017 年，油溪桥村获评"全国文明村"。

定期开展先进模范评比

　　三是以"小积分"激发"大活力"，自治手段科学化。创造性推出"积分制"新型管理模式，推动村庄自治迈向精细化、科学化、现代化。2017

年 4 月，制定出台《积分制管理细则》，全面量化出工出力、责任义务、产业经营、诚实守信、家庭美德等村民生产生活各类表现，设立奖励量化指标 35 项、处罚量化指标 41 项，挨家挨户实行积分动态管理。实行"一事一记录、一月一公开、半年一评比、一年一考核"，坚持考核到岗、量分到户、打分到人，积分高低与产业收益挂钩、与干部绩效挂钩、与评优推选挂钩、与物质奖励挂钩，汇聚起全村上下争相比筹劳、比产业、比贡献、比担当的蓬勃活力，真正实现村庄治理从"粗放"到"精细"、从"被动"到"自愿"的转变，积分制的推行实现了全村公益用地零征收、零矛盾，建设项目劳动力自筹，全村累计义务筹工 76000 余个，2007 年到 2017 年，累计财政投入仅 403 万元，创造了全村近一个亿的资源资产，成功创建成了"全国文明村"。2018 年，"积分制管理"经验入选"全国首批乡村治理典型案例"并向全国推广。

召开制定全村积分制考评办法会议

❖ **经验启示**

　　油溪桥村充分发挥基层党组织的作用，从创新乡村治理入手，不断引导村民观念转变和素质提高，培养村民参与乡村治理的能力，因地制宜地发展产业，不断激发村民的自身发展内力。2017年，人均纯收入超过万元大关，25户建档立卡贫困户全部脱贫。油溪桥村独特的发展经验和治理模式为全国脱贫攻坚提供了可推广的脱贫样本。

（一）抓基层党建，筑牢战斗堡垒

　　农村富不富，关键看干部。党员干部发挥着示范带头作用，引领着村庄的发展和走向，因而基层党组织必须紧跟新时代中国特色社会主义的发展潮流，以先进的思想理念推进村务治理改革。并且在支部和党员队伍建设中形成良好的竞争机制、监督机制和奖罚机制，从而更好地在村庄中起好"领头雁"的作用。

党建引领　脱贫攻坚

（二）抓村民自治，凝聚强大合力

村民是乡村治理的主体，是实施脱贫攻坚和乡村振兴的主要力量，而发挥村民的主体性和积极性是关键的一步。探索创新参与式治理模式，推动村民共议共治共管，发挥村民在村庄内部的主人翁作用，实现"替民做主"到"由民做主"的转变，最大限度赢得村民的认可与支持，形成村庄巨大的发展合力。

（三）抓产业发展，强化有力支撑

产业发展是实现稳定脱贫，提高脱贫质量的根本。首先，发展产业要以市场为导向，面向市场，把先进的产业发展理念"引进来"，结合实际让村庄产业顺利"走出去"。其次，产业发展要因地制宜，充分利用村庄内部各种资源优势，实现村民产业发展低风险、高收益。最后，发展产业要以群众获利为出发点和落脚点，真正做到为群众谋幸福，致力将"穷山窝"变成"聚宝盆"。

（四）发扬"艰苦奋斗"精神，激发内生动力

习近平总书记强调，"幸福不会从天降。好日子是干出来的。脱贫致富终究要靠贫困群众用自己的辛勤劳动来实现"。而其中最关键的是要实现村民思想观念从"要我脱贫"到"我要脱贫"的转变，农民自身思想的转变是脱贫攻坚的前提。勤劳是摆脱贫困的保障，用自力更生、艰苦奋斗的内生力来激发脱贫斗志，从而实现思想和行动的统一，寻找脱贫的突破口。

湖南省扶贫办主任推荐语

油溪桥村的内源式发展模式，从根本上说，就是对习近平总书记"幸福不会从天降""好日子是干出来的""脱贫致富终究要靠贫困群众用自己的辛勤劳动来实现"等重要论述的具体实践。它最大的特点在于注重精神重塑，创新管理，推出"积分制"新型管理模式，村民出义务工为集体

做事，用最低的成本办最大的事情，汇聚起全村"争相比筹劳、比产业、比贡献、比担当"的蓬勃生机。它立足自身实践，发掘当地优势资源与人文条件，因地因时制宜，探索出"村委＋公司＋合作社＋农户"产业开发的链式生态圈，形成了休闲农业与旅游产业融合发展的新模式。它坚持党建引领，实行党员服务联户制度，主动为村民群众"解心结""解忧愁""解难题"，"使每名党员都成为一面鲜红的旗帜"，从而形成了强大的合力。

王志群：湖南省扶贫办党组书记、主任

专家点评

"内源式发展"是一种可持续的贫困社区发展方式。湖南省新化县油溪桥村依托当地资源，通过组织和制度创新，激发农民和社区内生动力，探索出一条具有可复制性的"内源式发展"的实现路径。其亮点和创新点主要体现在以下几个方面：一是以基层党建凝聚、鼓舞、带动全体村民，形成脱贫攻坚的强大合力；二是把扶贫与扶志行动有机结合起来，通过扶贫增收增强贫困群众的发展信心，激发其脱贫致富的内生动力，再把群众对美好生活的向往变成推动村庄发展的不竭动力；三是依托当地资源，通过优化产业结构和产业组织，实现村庄不断发展和农民持续增收；四是通过建立村民议事制度、确立村民行为规矩以及建立保证制度和规矩落实的"积分制"管理模式，探索出了新时期乡村自治、德治相结合的治理模式。

吴国宝：中国社会科学院农村发展研究所研究员、博士生导师，贫困问题研究中心主任

思 考 题

脱贫攻坚和乡村振兴战略都是我国为实现"两个一百年"奋斗目标确定的国家战略，贫困村脱贫退出后，如何实现与乡村战略的有机衔接？

延伸阅读

1.《砥砺奋进的五年·扶贫蹲点日记：油溪桥村脱贫纪事》（CCTV 新闻频道《新闻直播间》，2017 年 6 月 11 日）

2.《政府帮一把，自己还要努努力》（《光明日报》2018 年 5 月 7 日）

"党建 + 产业" 实现脱贫
攻坚与乡村振兴有效衔接

——广东省英德市连樟村村企共建实践

摘要： "抓好党建促扶贫"是扶贫工作的重要举措，产业扶贫是脱贫攻坚最直接、最有效的办法。自开展脱贫攻坚战以来，广东省英德市连江口镇连樟村充分依托村党支部，激发党员积极性，坚持党建扶贫为引领，合理利用废弃校舍和耕作地，建设厂房，发展农业，坚持产业扶贫为抓手，积极探索乡村振兴有效路径，通过整村规划、分区建设，挖掘村庄历史文化、乡风民俗，努力打造乡村振兴示范区样板。

关键词： 党建扶贫　对口帮扶　乡村振兴

引言： 2018 年 10 月 23 日，习近平总书记在考察广东省英德市连江口镇连樟村时强调："全面建成小康社会一个都不能少，在脱贫攻坚战中，基层党组织要发挥战斗堡垒作用，一任接着一任抓，一仗接着一仗打，一代接着一代干，积小胜为大胜，最后取得全面胜利。"

❖ 背景情况

连樟村位于广东省英德市连江口镇东南面，是广东省省定相对贫困村。连樟村共有 17 个村民小组，482 户 2225 人，其中建档立卡贫困户 55 户 135 人。在这些建档立卡贫困户中，一般贫困户有 19 户 49 人，低保贫困户有 22

户 71 人，五保贫困户有 14 户 15 人，有劳动能力的有 35 户 111 人，无劳动能力的有 20 户 24 人。

连樟村贫困的根源主要有：

一是因残致贫、因病致贫和因缺乏劳动力致贫的比例较高，帮扶难度大。全村 55 户贫困户中，因病、因残致贫的有 10 户，缺乏劳动力致贫的有 19 户。

二是农业基础设施落后，村容村貌较差。全村以梯田为主，平地面积不多，没有"三面光"水渠，除属于整村搬迁重建的根竹坪和丘冲村等自然村外，其余自然村基本缺少建设规划，巷道没有硬底化，群众出行不便，脏、乱、差现象突出。

三是村民小农经济意识严重。当地以农业生产为主，主要种植水稻、花生，经济作物以柴木为主，少量种植蔬菜，但规模较小，尚未形成覆盖农民稳定收入的主导产业，农民经济收入主要靠零星种养和外出务工。

四是资源开发利用率低。当地有较为丰富的林地资源，但由于分散各家各户自主经营，没有连片开发种植价值较高的经济林木，没有形成林业产业规模，效益偏低。

五是集体经济薄弱。村委会没有经济实体，村集体年收入仅有 1900 元。集体经济收入低下，直接影响到村"两委"作用的发挥，以及扶贫开发等工作的正常开展，该村党总支部已被列入英德市软弱涣散的后进党组织进行重点整改，该村成为全省的相对贫困村。

2017 年 10 月，碧桂园集团积极响应广东省委、省政府关于 2277 个省定贫困村创建社会主义新农村示范村的号召，成立专职帮扶小组，派团队进驻连樟中心村。在各级领导的亲临指导和高度重视下，在有关职能部门和市德晟集团公司等挂钩联系帮扶单位的大力支持配合下，碧桂园团队与连江口镇委镇政府、清远市驻连樟村精准扶贫工作队以及连樟村委会、5 个村民小组村民理事会等，协同开展连樟中心村新农村示范村建设工作，共同推进脱贫攻坚大行动。

❖ 主要做法

（一）党建扶贫扶志

一是与连樟村党组织结对共建。成立碧桂园帮扶英德市新农村建设指挥部办公室党支部。作为一线扶贫项目党支部，发挥党员在脱贫攻坚中的模范带头作用，签署脱贫军令状，发展"火线入党"党员，组织形式多样的党群关爱活动。2019 年 1 月 17 日，碧桂园帮扶英德市新农村建设指挥部办公室举办"新春进贫户送祝福"活动，为邓益本家拍摄春节全家福，提升村民家庭凝聚力和幸福感。

二是挖掘红色资源。推进"思源计划"旅游路线设计。国强公益基金会下设的社会企业——凤怡假期，为连樟村设计"重走习总书记访贫问苦路"，多次动员碧桂园集团各党支部带领员工到连樟村学习、调研、观摩，带动了连樟村农家乐、土特产、红色旅游纪念品等相关产业发展。

碧桂园"不忘初心，牢记使命"主题教育活动

　　三是开展党建共建暨短期体验式调研学习活动。一方面，组织连樟村党支部书记到碧桂园集团参观考察，提高党建工作水平，拓展扶贫思路；另一方面，碧桂园集团在广东省内各区域、城市公司和项目的党组织也深入连樟村调研走访，寻找致贫原因，研究脱贫方法。

精准脱贫第二期扶贫干部培训班结业仪式

　　四是开展"寻找老村长"活动。在连樟村寻找德高望重的"老村长"，统一招录为碧桂园精准扶贫乡村振兴工作队编外"公益岗位人员"，党员"老村长"兼任碧桂园一线扶贫项目部党支部副书记。碧桂园精准扶贫乡村振兴工作队在连樟村聘请了两位"老村主任"，协助开展宣讲活动5次、入户调研8次，助力破解部分贫困群众目标不清、志气不足问题，激发贫困户脱贫斗志。

　　五是开展寻找深度贫困户活动。在英德市建档立卡贫困户中寻找除政府兜底外的最贫困的100个深度贫困户。连樟村有深度贫困户9户，通过精准施策，给每户针对性地制定帮扶方案，提供可落地的、可持续的帮扶策略。

比如，对于深度贫困户陆奕和，在政府帮其进行危房改造后，房屋仍不足以满足家庭成员住房，在此情况下，碧桂园扶贫工作队帮其加建了一层房屋并加装楼梯、不锈钢楼梯扶手等，进行了外立面改造，切实解决了深度贫困户的实际问题。

六是开办"碧乡·乡村振兴学习实践中心"。碧桂园在连樟村开办了首个新时代乡村振兴学习中心——"碧乡·乡村振兴学习实践中心"，聘请华南农业大学文晓巍教授担任学习中心首位讲师，并导入贫困村研学旅游产业。聘请政府领导、高校教授、碧桂园集团相关领域专家作为名誉讲师，陆续到学习实践中心为村委干部、驻村第一书记以及"老村主任"、返乡扎根创业青年等授课，传授理论知识和扶贫工作经验，推动习近平新时代中国特色社会主义思想深入人心、落地生根。

（二）产业扶贫扶能

一是筑牢特色产业根基。通过深入调研挖掘当地农特产品，充分发挥帮扶县资源禀赋，推动"一村一品""一镇一业"。首先是扶项目，2017 年 10 月，碧桂园扶贫队伍入驻连樟村开展扶贫工作，在连樟村设立了 50 万元产业发展基金。同时，采用因地制宜、规划引领、整合资源的方法，完成连樟村马下组和甜塘组的 70 亩高标准农田建设。为帮扶建档立卡户脱贫增收，碧桂园出资支持连樟村玉米种植，采取"公司＋合作社＋基地＋贫困户"的模式，通过土地租金、务工收入以及玉米销售利润等方式，惠及 9 户贫困户。其次是采订购，通过碧桂园集团下属酒店公司采购麻竹笋、玉米、连樟红薯等当地特色食品。2018 年连樟村玉米丰收后，碧桂园开展了玉米认购活动，帮助连樟村销售玉米超 4000 斤。

连樟村特色食品之———麻竹笋

连樟村特色食品之———玉米

　　二是落地集团自身产业项目。发挥碧桂园集团自身产业优势、结合集团发展战略，联动集团下属现代农业公司，在连樟村落地现代农业科技示范园项目。项目位于连樟村禾坪坳，占地 49333 平方米，规划建设温室及农业配套设施总面积 27377 平方米，形成"一带、二心、三区域"的格局，以连樟村为中心辐射整个英德市及周边地区，逐步调整当地农业产业结构，加速当地农业产业升级。在运营过程中，优先聘用有劳动能力的建档立卡贫困户参与项目运营的各个环节。村民因土地流转可获取一部分收益，并通过进入项目务工获取务工收益，完成了从普通农民向产业工人的转变，再从务工人员当中选择有能力的个体，通过扶持，促使其由产业工人向小业主转变。同时，在连樟村开设了凤凰优选门店，选聘建档立卡户培训上岗，销售碧桂园自有品牌"碧乡"转化的贫困县优质农特产品，在解决村民在家门口就业的同时，增加村民收入。

连樟村现代农业产业园奠基仪式

连樟村现代农业产业园效果图

三是培养一批返乡扎根创业带头人和新型农民。碧桂园集团开展返乡扎根创业青年培训班，培养一批"懂农业、爱农村、爱农民"的返乡扎根创业带头人和一支有文化、懂技术、会经营、具有较强市场意识的新型职业农民队伍。2019年，有20名连樟村村民前往碧桂园旗下子公司海南陵水润达现代农业科技发展有限责任公司接受专业化培训，在种植栽培技术、生产承包管理、设施使用维护、仓库管理、品牌建立、市场营销等诸多方面进行系统学习和培训后的新农人，将在现代农业产业示范园上岗就业，实现增收。

连樟村现代农业科技示范园新型职业农民

连樟村村民在海南陵水润达进行专业化培训

（三）乡村振兴扶心

1. 清拆破败屋舍，整治脏乱差现象

2017 年 10 月以来，连樟村清拆工作持续取得突破，碧桂园集团扶贫工作队与村委干部、镇政府、清远市精准扶贫工作队携手动员拆除了村内 146 间破旧泥瓦房和杂物间、鸡舍猪栏等，面积达 3000 平方米。已整治脏乱生活垃圾点 7 个，建成 78 间人畜分离的杂物间，改变了农村"脏、乱、差"的现象，给村民一个干净整洁的生活环境。

连樟村破旧泥瓦房清拆前后对比

2. 落实"厕所革命"，补齐民生短板

碧桂园集团积极响应习近平总书记关于"厕所革命"的重要指示，努力补齐这块影响群众生活品质的短板。进驻连樟村后，碧桂园集团在中心村村口建成了连樟村第一个公共星级厕所，改变了连樟村从古至今没有公共厕所的局面，解决了村中恶臭满天的问题。

连樟村公共厕所修建前后对比

3. 污水处理工程，改善人居环境

农村污水排放一直是影响农村环境的重要因素，碧桂园扶贫团队入驻后，便着手建设连樟中心村污水处理工程。截至 2019 年 1 月 21 日，连樟村污水处理项目已经全部建设完成，项目惠及村中 123 户 582 人，全中心村已实现雨污分流，极大改善了村中的人居环境。

连樟村污水处理池修建前后对比

4. 完善公共基础设施建设，提升生活便利性

农村公共设施及基础建设是提高村民生活便利的关键。碧桂园扶贫团队进驻连樟村后，对村内的公共基础设施进行了修缮。首先，建设生产生活设

施。一方面，完成了中心村至西坑村 1.8 公里的河道清挖，并进行部分地段、沿河滨水步道砂石铺设及斜坡绿化的种植，基本形成沿河绿道，提高了中心村防洪抗灾的能力。另一方面，完成上下楼组至西坑组、大棚蔬菜基地遗留路段、旧丘冲路段及田园观光步道等道路硬底化，长度共计约 1.5 公里，基本实现中心村硬化路"村村通"的目标。另外，还改造祠堂前荷花池和新建甜塘组池塘，极大改善了村容村貌。

河道清理前后对比

道路硬化前后对比

其次，建设文化服务设施。建成2间村组综合文化服务室，促进村民参与村内事务治理，并且对中心村外墙未装修的砖房进行了统一外立面改造整饰，全村共完成24栋砖房的外立面改造，直接受益225人。

最后，建设乡村旅游设施。碧桂园集团帮助连樟村发展乡村旅游业，建设了马下公园及4个停车场；在坳背村河道上建设兼具观景和行人跨河等功能的过水汀步，形成河道流瀑的壮丽景观。引入旅游相关业态，在连樟村建设旅游接待室、农家乐及配套设施。结合英德茶乡文化底蕴，打造集制茶、泡茶、品茶于一体的现代化茶舍。

连樟村农家乐建设前后对比

5.修建人文景观，传承传统文化

农村传统文化是农村的根，碧桂园集团扶贫工作队注重传统文化的传承。碧桂园在建设过程中，对10多户农户泥瓦房外立面进行美化，并在墙上描绘党建、社会主义价值观、传统文化、乡村振兴等方面彩画，让村民谨记传统，为村中增添了文化气息。

泥瓦房外立面美化前后对比

❖ 经验启示

（一）坚持党建扶贫为引领

"抓好党建促扶贫"是习近平总书记提出的重要扶贫举措。碧桂园集团高度重视党建在扶贫工作中的引领作用，坚持将支部建在扶贫项目上，创新企业与贫困村党组织结对共建的党建扶贫模式。扶贫推进到哪里，支部就建到哪里，以党建助力贫困人口脱真贫、真脱贫。党建扶贫模式要求企业与贫困村结对共建，通过共同挖掘本土红色资源、开展党建共建暨短期体验式调研学习活动、建立"乡村振兴学习实践中心"等措施，激活贫困村党支部活力，助力贫困村党支部在脱贫攻坚工作中更好地发挥领头羊的作用。

（二）坚持产业扶贫为抓手

习近平总书记在广东连樟村考察时指出，产业扶贫是最直接、最有效的办法，也是增强贫困地区"造血"功能、帮助群众就地就业的长远之计。要加强产业扶贫项目规划，引导和推动更多产业项目落户贫困地区。碧桂园成立帮扶英德市新农村建设指挥部，立足英德市资源禀赋，依托集团优势产业力量，为英德市发展特色产业提供资金、技术、市场、渠道等资源，把英德市特有的生态资源、文化资源、农产品资源等稀缺宝贵资源转化为商品，推向市场，从而把资源优势有效转化为发展优势，带动贫困户脱贫致富。

（三）坚持以乡村振兴为导向

各贫困村要结合自身的条件，根据脱贫攻坚的任务，将乡村振兴战略思想和原则融入具体脱贫攻坚计划和行动之中，统筹脱贫攻坚与乡村振兴之间的有机衔接，奠定乡村振兴的制度和物质基础。已脱贫的贫困村，应继续实施乡村振兴战略，以促进巩固脱贫成果。通过实施乡村振兴战略，补牢产业发展基础，改善基本公共服务，提高治理能力，巩固和扩大脱贫成果。

广东省扶贫办主任推荐语

碧桂园集团坚守"做党和政府扶贫工作的有益补充"的定位，发挥自身优势，立足连樟村实际，实施村企共建、精准帮扶，理念新、举措实、力度大，通过党建引领、产业带动，美丽乡村建设取得了明显成效，探索出了一条脱贫攻坚与乡村振兴有效衔接的新路径。

顾幸伟： 广东省委农办主任、农业农村厅厅长、省扶贫办主任

专家点评

碧桂园集团帮扶连樟村的村企共建实践的最大优点是：第一，坚持将支部建在扶贫项目上，真正体现了要把党建落实在脱贫实践中，不是停留在宣传上。更重要的是，创新了企业与贫困村党组织结对共建帮扶的党建扶贫模式，充分发掘和整合贫困村生态、文化、旅游、农产品等本土资源，通过企业运作方式转化为商品，推向市场，将贫困村资源优势有效转化为发展优势，不仅有效改善了贫困村基层党组织建设，也促进了贫困群众脱贫致富。第二，村企共建过程中注重提升贫困村基础设施、人居环境和公

共服务水平，重视培养创业带头人和新型农民，为实现贫困村乡村振兴发展奠定了基础。可以说，碧桂园的这种村企共建模式为实现脱贫攻坚与乡村振兴有效衔接提供了有益的经验借鉴。

张 琦：北京师范大学中国扶贫研究院院长、教授、博士生导师，国务院扶贫开发领导小组专家咨询委员会委员

思考题

1. 在产业基础薄弱的贫困地区，如何导入产业资源并促进产业可持续发展？

2. 对于已"摘帽"的贫困地区，将精准扶贫与乡村振兴相结合有哪些方式和途径？

延伸阅读

1.《解读碧桂园产业扶贫的连樟村样本》（网易网，http://gz.house.163.com/18/1128/17/E1NDGBM80087988D.html，2018 年 11 月 28 日）

2.《清远英德连樟村：脱贫攻坚"连"字诀》（南方网，http://epaper.southcn. com/nfzz/293/content/2018-12/02/content_184316819.htm，2018 年 12 月 2 日）

小农户联合打造养殖产业链

——广西壮族自治区都安县探索深度贫困地区高质量脱贫模式

摘要： 广西壮族自治区都安县因地制宜，引导贫困户和非贫困户多户联合养殖，采取轮流养殖、轮流外出务工等方式，将有限劳动力释放出来，以节省劳力、节省建设成本。通过贷"小牛"还"大牛"的方式，打造养牛养羊扶贫全产业链，实现"产业到户"向"效益到户"的转变，形成贫困地区群众增收稳定、良性循环、防止返贫的良好局面。

关键词： 贷牛还牛　深度贫困地区　产业扶贫

引言： 2017 年 6 月 23 日，习近平总书记在山西太原深度贫困地区脱贫攻坚座谈会上指出：脱贫攻坚本来就是一场硬仗，而深度贫困地区脱贫攻坚是这场硬仗中的硬仗。我们务必深刻认识深度贫困地区如期完成脱贫攻坚任务的艰巨性、重要性、紧迫性，采取更加集中的支持、更加有效的举措、更加有力的工作，扎实推进深度贫困地区脱贫攻坚。

❖ 背景情况

广西壮族自治区都安瑶族自治县是全国扶贫开发重点县、滇黔桂石漠化重点治理片区县，是广西贫困人口和易地扶贫搬迁人口最多、贫困面最广、贫困程度最深、脱贫任务最重、脱贫成本最大的贫困县，也是广西 4 个极度贫困县之一。全县辖区面积 4095 平方公里，其中石山面积占 89%，人均耕地面积不足 0.7 亩，素有"九分石头一分土"的"石山王国"之称。全县辖 19 个乡镇 248 个行政村，总人口 72.6 万人，其中建档立卡贫困人口总量 47781 户 202622 人。"十三五"时期，全县 13.84 万人需要脱贫，147 个贫困村需要摘帽，其中深度贫困村 106 个，贫困发生率在 30% 以上的深度贫困村 48 个，需要易地扶贫搬迁 4.67 万人。都安县因环境恶劣、贫困问题突出而闻名，贫困人口多，贫困程度深，财政底子薄，扶贫产业少，如何破解深度贫困地区发展瓶颈？这是这片"石山王国"打赢这场艰苦卓绝的脱贫攻坚战亟须破解的难题。

都安瑶山牛产业扶贫核心示范区入口标示

都安瑶山牛产业扶贫核心示范区
（大都华牛生态养殖科技养殖示范区里的养殖场地）

都安县大都华牛万头种牛繁育基地养殖的西门塔尔种母牛

企业给贫困户发放牛犊

都安县将过去"贷资金还资金"转为"贷物还物"的方式，按照"政府、企业、保险、农户"四位一体协同推进的发展模式，构建政府主导、企业牵头，自养为主、联养为补，改粮种饲、以养定种，保险止损、保底收购，电商促销、冷链保障，滚动发展、持续脱贫的全产业链，促进一二三产业深度融合发展，探索出"贷牛还牛"的扶贫产业发展新模式。

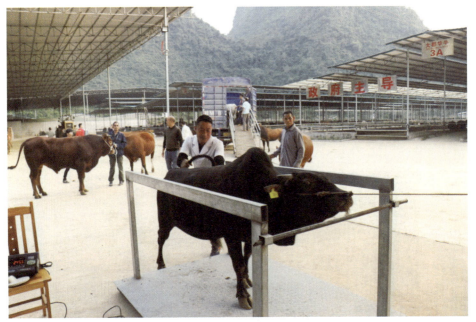

企业回收贫困户饲养达到出栏的肉牛成品

❖ 主要做法

（一）以一产为基，养牛、种饲两结合，夯实全产业链发展基础

坚持种养两结合、产业可循环的理念，都安县将养殖环节与饲料环节"合二为一、共同提升"，同步推行"贷牛还牛"与"粮改饲"，构筑"以养带种、以种促养、种养结合、又种又养"的种养业良性循环，创新推行效果看得见、模式能复制、确保可持续的"贷牛还牛"扶贫产业。一是在模式

上推陈出新，夯实基础。主动转变思维，将过去的"贷钱还钱"巧妙转换为"贷物还物"，通过"政府、企业、保险、农户"四位一体协同推进，形成"政府主导、企业牵头、保险跟进、农户自主、贷牛还牛、还牛再贷、滚动发展"的运营模式。政府在"贷牛还牛"产业发展中发挥主导力量，做到有领导机构、有工作方案、有龙头带动、有资金扶持、有产业配套、有精准服务，发挥职能部门的服务作用，搭建平台，积极开展栏舍新建、技术培训、分片跟踪、"一对一"帮扶等精准服务。企业主动作为，建设种牛繁育养殖基地，贷牛犊给贫困户，在肉牛达到出栏标准后，企业按市场价格从贫困户手中回购肉牛（如果市场价格低于 10 元／市斤，企业按保底 10 元／市斤给予收购）。引入人保财险为牛犊上保险，通过保险融资和保险保障，鼓励和支持符合条件的扶贫产业龙头企业积极申请人保财险融资支持，企业所贷款项由市、县级财政分担贴息，有效化解养牛企业资金周转压力。组织开展农业政策性保险工作，如果贫困户饲养的牛犊出现意外死亡，保险公司将提供保险理赔，贫困户可免费再领取牛犊进行饲养，实现贫困户参加"贷牛还牛"项目"零风险"，让贫困户吃上"定心丸"。帮扶干部穿针引线，当好联络员。贫困户零门槛参与、科学化养殖、零风险增收。二是在方式上百花齐放，拓展格局。政府利用贫困户 5 万元小额信贷每年所享有的 4000 元收益金，帮助贫困户购买 1 头牛犊给贫困户饲养，养殖周期为 12 个月，牛犊本金归贫困户所有。贫困户根据自身条件可自主选择个人自养（贫困户领养牛或羊犊后在家中建好的标准化栏舍进行养殖）、联建联养（多个贫困户通过参与合作社方式进行养殖）等方式。都安县通过推广东庙乡"安宁模式"、澄江镇"自成模式"等新模式，不断丰富养牛方式，企业和合作社规模化代养，以点带面，促进牛羊养殖从零星粗放散养逐步转变到规模化、现代化养殖。

截至 2019 年 6 月底，都安县建成万头种牛基地 3 个、肉羊规模养殖基地5个，成立了牛羊合作社247家，全县饲养牛总量发展到近15万头，形成"县有基地、乡有牛场、村有牛社、户有牛羊"的养殖格局。

都安桂合泉公司机械化收割"粮改饲"玉米

　　实施"粮改饲"工程，既让牛吃饱鼓起"牛肚子"，又让群众受益鼓起"钱袋子"。一是"以奖代补"，提高群众积极性。都安县制定"粮改饲"工作实施方案，明确每亩补贴100元，通过树立示范、算账对比，将种植"粮改饲"增加的收入、得到的补贴一项项亮出来，逐步解放群众思想，提高种植积极性。2018年以来，全县已投入财政资金1080万元，种植"粮改饲"10万亩以上。二是灵活种植，提高土地利用率。坚持因地制宜，合理改种，在平地打造"县有万亩、乡有千亩、村有百亩"的示范片格局，在水泡低洼地错峰种植青饲玉米，在坡地灵活种植牧草，在山地科学种植构树，形成立体种植模式，通过"换花样"不断提高种地"含金量"，最大限度发挥土地使用效益。据统计，贫困群众种植"粮改饲"每亩比传统种植玉米增收2600元—

3000 元。三是"以养定种"，提高种植规模化。坚持以养定种、供需平衡、相对集中、适度规模，有牛社的地方必须有"粮改饲"，要种"粮改饲"必须先有牛社。贫困户既可以自行改种，收成后自我内消或由合作社收购，也可以流转土地租给合作社种植，通过小块并大块，变"游击队"为"集团军"，连片推进"粮改饲"，不断提高种植规模。截至 2018 年，全县"粮改饲"种植总面积达 10.8 万亩。拉棠村是广西都安县深度贫困村之一，全村耕地面积 1174 亩，人均面积 0.65 亩。过去，村民韦克家里的旱地只能种玉米，每亩地每年收入不到 300 元。政府实施"贷牛还牛"项目后，韦克自家养起了 18 头瑶山生态牛，家里的 2 亩旱地虽然种的还是玉米，但是推进"粮改饲"以后，玉米都成了牛的口粮，一亩地能养 3 头牛。韦克家的 18 头牛按平均一头卖 1.3 万元算，扣除贷牛的 10.8 万元及草料成本，一年能净赚 10 万元左右。

贫困群众分享"贷牛还牛"红利

（二）以二产为柱，屠宰、加工、冷链三衔接，扎稳全产业链顶梁柱

"贷牛还牛"冷链仓储物流中心和牛羊屠宰加工厂的鸟瞰图

瞄准产业可持续、效益最大化的目标，引导和扶持龙头企业广西都安嘉豪实业有限公司投资 3 亿元建设西南冷链仓储物流中心和牛羊屠宰加工厂，将屠宰、加工、冷链三环节无缝衔接，实现一体化服务、一条龙运营，架起全产业链最核心的顶梁柱。一是集中屠宰，让肉"更多"。投资建设屠宰加工厂，将全县"贷牛还牛""贷羊还羊"等产业的牛羊统一集中到加工厂宰杀，实现规范规模化屠宰、生态环保化处理。规划 200 亩土地建设牛羊交易中心，打造西南地区牛羊交易大平台，实现肉的供应源源不断。二是精深加工，让肉"更贵"。引进国内先进流水线，选培高超技能刀工手，对整牛二十多个部位进行精细分解、精深加工、精心包装、精确销售，充分发挥每一块牛肉的价值，提高综合利用率，实现"一头牛变两头牛"的价值升级。三是冷链仓储，让肉"更能跑"。建设西南冷链仓储物流交易中心，年输出量 266 万吨，牛肉一经屠宰完毕直接进入冻库，经过冷冻保鲜、冷链物流，运送到全国各

地，打破牛肉运输"最后一公里"，实现"牛在都安养，肉在全国卖"，年产值超过 30 亿元。

"贷牛还牛"冷链仓储物流中心和牛羊屠宰加工厂正在运行作业中

（三）以三产为力，品牌、电商、市场、科研四连环，推动全产业提级升值

借力三产，以提高产业经济效益、提升产业经济价值为目标，在品牌、电商、市场、科研四个环节上下功夫，推动全产业链不断优化升级。一是打造品牌，叫响"瑶山牛"。成立专门工作组，推进"瑶山牛""三品一标"认证工作。在都安县挂牌成立的河池市农产品展示中心，成为连接农副产品产购销的桥梁和纽带，是打响"瑶山牛"品牌、服务都安农业发展的大平台。谋划举办全区首届农产品交易会，让"瑶山牛"品牌打向全区。开展创建自治区五星级现代特色农业（核心）示范区工作，高起点规划、高要求推进，强力推进建成国家级标准现代产业园，把"瑶山牛"品牌打向全国。

二是培育电商，走上"快车道"。以广西电子商务示范县建设为契机，加快电商一条街和乡镇、村级电商物流配送站建设，整合全县电商资源，在冷链中心建立河池市电子商务公共服务中心，形成以都安为中心、辐射全市的电商网络，进一步拓宽销售渠道，走上发展"快车道"。2018 年年底，已有 9 家电商企业入驻，建成电商物流配送站 108 个，培训农村电商人才 12 期 1654 人，带动挖掘农特产品 20 多类。

三是延伸市场，拓展"生意链"。都安县利用东西部扶贫协作和深圳市宝安区对口帮扶都安的契机，主动开发深圳市宝安区肉牛销售市场，通过都安西南冷链仓储物流中心将深圳市场和都安的肉牛养殖基地无缝对接，确保肉牛销路，实现产销的良性循环。深圳市宝安区专项安排 1400 万元用于"贷牛还牛"产业肉牛销往深圳市场的物流补助，助力产业发展"生意链"拓展，2019 年预计可销售肉牛 1.56 万头。

四是科研保障，养上"优质牛"。引进鲁西黄牛、西门塔尔牛、法国安格斯等优良品种，采取"微生物 +"先进技术，科学生态养殖繁育，待适应本地环境后植入可追溯芯片及时发放给贷牛贫困户饲养。主动与中国农科院北京畜牧兽医研究所等科研院校商求战略合作，对接自治区农业厅，在都安县设立国家级畜牧养殖首席专家或院士工作站、自治区畜禽研究所等，通过科研团体引进、科研机构落地，在优质种牛繁育、优质肉牛育肥、生物饲料加工、疫病防控医治、屠宰加工冷链等方面不断提高科技支撑能力，全面提升全产业链科学化水平。

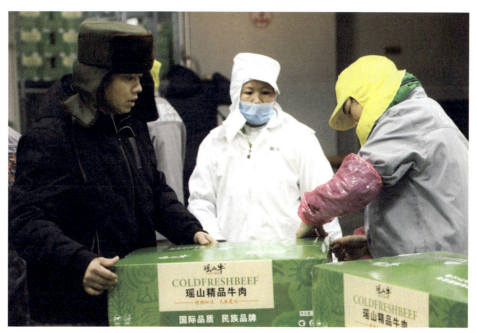

瑶山精品牛肉打包后通过电商走向市场，销往全国各地

都安县正在全力推进"贷牛还牛"扶贫产业链长效机制建设，推动这个产业从数量增长转变到数量、质量、效益并重提升，持续发力办"牛事"、发"牛财"，让全县脱贫攻坚有更大、更强、更持久的产业支撑。

❖ 经验启示

都安县通过分析历史因素、征求农民意愿、深入市场调查，紧紧围绕中央关于打好打赢脱贫攻坚战的重大决策部署，找到了"贷牛还牛"的扶贫产业模式，为破解制约深度贫困大石山区产业发展瓶颈问题提供了"都安智慧"，形成了可供借鉴的都安经验。截至 2019 年 6 月底，全县 2.17 万户贫困户共贷牛 2.56 万头，"贷牛还牛"产业已带动 1.76 万户贫困户脱贫摘帽。

（一）扶贫产业要因地制宜，探索切合实际的路子

产业扶贫是拔穷根、增收入的核心。发展产业是解决山区剩余劳动力就

近就业问题的根本之策，没有扶贫产业支撑，脱贫就是无源之水，不会长久、不可持续。都安县通过分析历史因素、征求农民意愿、深入市场调查，找到了破解这个问题的"金钥匙"——"贷牛还牛"全产业链，并于 2016 年 5 月启动。都安县善于推陈出新，谋划长远，瞄准市场发展需要，做实做强生态循环经济，做好百姓心中向往、群众熟悉的扶贫产业。这样的产业，贫困群众更愿意接受，从而自主奋斗脱贫致富。

（二）推进深度贫困地区精准脱贫要采取"长短结合"的举措

在脱贫攻坚战中，深度贫困地区一方面要努力做实"两不愁三保障"工作，另一方面要增强发展功能，采取"以短养长，长短结合"的措施，推进区域性产业融合发展，促进产业就业扶贫，走稳电商扶贫、订单农业路子。抓好扶贫与扶智的有机结合，激发群众脱贫内生动力。只有在脱贫攻坚过程中同时兼顾短期策略和长远战略，才能使深度贫困地区在打赢脱贫攻坚战的同时，实现区域长远发展。

（三）建立体制机制提升脱贫质量，让贫困群众稳定脱贫

都安县正是通过构建四位一体协同推进发展模式，创新建立从源头到末端的"瑶山牛"全产业链，促进一二三产业深度融合发展，并将"贷牛还牛"扶贫机制嵌入其中，大大强化了产业发展的益贫效应，形成了脱贫致富的持续推力。因而，在脱贫攻坚过程中，要充分重视体制机制的构建，稳固产业脱贫基础，确保深度贫困县在脱贫攻坚中获得稳定持续的脱贫成效，从而保持贫困农民持续增收致富。

广西壮族自治区扶贫办主任推荐语

广西都安县按照"企业牵头、政府扶持、农户代养、贷牛还牛、还牛再贷、滚动发展"的模式，创新推进"贷牛还牛"项目，不仅促进了脱贫攻坚工作，还加快了产业结构调整，实现了一二三产业深度融合。都安县

"贷牛还牛"模式，延长了农业产业链，提升了价值链，完善了利益链，拓宽了贫困群众脱贫致富之路，从而把扶贫产业做成了一篇农业供给侧结构性改革的大文章，真正意义上实现了产业富民，为加快脱贫攻坚步伐、促进乡村振兴战略以及早日实现全面小康社会打下坚实的基础。

蒋家柏：广西壮族自治区政府副秘书长、自治区扶贫办主任

专家点评

产业扶贫是扶贫开发的战略重点和强力保障。广西都安县的养殖产业扶贫模式有着鲜明的特点：一是发展全产业链，从养殖、屠宰、冷贮、深加工、销售等各个环节入手，在品牌、电商、市场、科研四个领域着力，打造一体化服务和一条龙运营的运行模式，推动全产业链不断优化升级，最大限度地开发养殖产业的市场价值；二是通过构建"四位一体"协同推进模式，创新建立从源头到末端的瑶山牛全产业链，促进一、二、三产业深度融合发展，构建产业扶贫的长效发展机制，助推产业转型；三是注重贫困户的深度参与，完善利益联结机制，激发贫困户的内生动力和参与热情。总之，广西都安县的养殖产业扶贫模式实现了外部"输血"与内生动力、短期脱贫与长期发展、精准扶贫与区域发展等的有机结合，有着较大的推广价值。

张丽君：中央民族大学经济学院院长、教授、博士生导师，中国少数民族经济研究所所长

思 考 题

如何在"一方水土养不起一方人"的贫瘠条件下布局产业、增加收入、斩断穷根？如何让贫困户在发展产业过程中降低风险，吃上"定心丸"？

延伸阅读

1.《都安"粮改饲"聚力乡村振兴改出脱贫新路子》（广西新闻报网，http://www.gxmzb.net/content/2018−08/30/content_25834.htm，2018 年 8 月 30 日）

2.《都安贷牛再还牛致富有奔头》（《河池日报》2018 年 5 月 14 日）

引入第三方专业服务机构
应对产业扶贫困境

——海南省陵水县本号镇开拓产业扶贫新路径

摘要： 产业扶贫是打赢脱贫攻坚战的重要途径，也是激发贫困人口自身动力、实现长远致富的有效手段。在推进产业扶贫的过程中，因各种复杂原因不可避免地存在帮扶质量不高、带贫益贫不明显、贫困户参与度低以及利益联结机制不紧密等问题。海南省陵水县本号镇通过引入第三方专业服务机构成立创业辅导中心这一做法来破解这些难题。创业辅导中心对带贫益贫主体及扶贫项目提供专业指导，对经营主体开展技能培训，对贫困人群实施感恩励志培训，不仅让产业扶贫走向规范化道路，也进一步激发了贫困户的内生动力。

关键词： 服务机构　产业扶贫　技能培训

引言： 2018 年 2 月 12 日，习近平总书记在打好精准脱贫攻坚战座谈会上指出："产业扶贫是稳定脱贫的根本之策，但现在大部分地区产业扶贫措施比较重视短平快，考虑长期效益、稳定增收不够，很难做到长期有效。如何巩固脱贫成效，实现脱贫效果的可持续性，是打好攻坚战必须正视和解决好的重要问题。"

❖ 背景情况

产业扶贫是确保贫困群众稳定脱贫的根本之策。对于海南省来讲，产业扶贫大有可为。近年来，海南省充分利用得天独厚的热带气候优势和资源禀赋，通过长中短相结合、种养加相匹配、一二三产业相融合，提高产业扶贫投入占比，农业产业欣欣向荣，路子越走越宽，特色产业遍地开花。全省共建设特色产业扶贫基地 1171 个，覆盖全省 2610 个行政村，有劳动能力和意愿的贫困户产业帮扶覆盖 90% 以上。由于农业企业和合作社经营管理不规范以及农业产业的复杂多变性，产业扶贫不可避免地存在帮扶质量不高、带贫益贫不明显、贫困户参与度低以及利益联结机制不紧密等问题。为了解决这些问题，海南各地都进行了一些有益探索，特别是陵水县本号镇引入第三方服务机构对经营主体进行规范和指导的做法得到了地方政府的认可、经营主体的点赞和群众的认同。

　　本号镇位于陵水黎族自治县西北部，面积 309 平方公里，下辖 22 个村委会 131 个自然村，总人口 3 万余人，是陵水县面积最大的农业型乡镇。作为全县贫困面比较广、贫困程度比较深的乡镇之一，本号镇也是陵水脱贫攻坚的"主阵地"。本号镇把发展产业作为稳定脱贫的重要支撑，通过政府支持引导、龙头企业参与和能人带动，以"政府 + 村党支部 + 村办企业 + 产业基地 + 农户"等模式，采取种苗扶持、基础设施建设扶持和技能培训帮扶等方式，支持 22 家村集体企业围绕当地特色资源，培育发展火龙果、小黄牛、椰香牛、田心鸡、茶树菇、黑猪、豪猪、百香果、苗圃等特色产业实现收益。在发展产业的过程中也经历了村集体企业管理不善，不了解有关政策，不懂得对产业进行规划和规范管理的阶段。为了打破这一困境，经过不断探索，本号镇通过政府购买服务的方式，引入海南正和职业培训学校作为第三方服务机构，在乡镇就地成立创业辅导中心，找到了解决这些问题的方法。2017年 8 月，创业辅导中心与镇村干部联动，用 2 个月的时间，完成了对 22 个行政村村级公司的创建工作，为规范产业扶贫迈出了第一步。

❖ 主要做法

（一）指导村办集体企业完善组织架构，解决经营主体经营管理不规范问题

创业辅导中心将现代企业管理理念植入村办企业中，将基层党组织和村"两委"成员作为核心"董事会"，将政治素质好、法治观念强的致富能手和职业经理人作为职业化"经营团队"，将驻村第一书记、驻村干部、贫困户代表、村民监督委员会成员作为"监事会"，帮助村集体建立起以党的基层组织为核心、村民自治和村务监督组织为基础、职业经营团队为骨干的村民共建共治农村经营体系。在此基础上，村办集体企业对资本、技术、人才、土地等要素优化配置，为推动村企共建和多方共赢奠定了基础。本号镇中央村有豪猪养殖的基础条件，长期以来村"两委"干部对如何发展豪猪养殖产业"两眼一抹黑"。2017 年，陵水县本号镇帮助村委会成立陵水向红农业发展有限公司，村委会全部成员 9 人组成公司董事会，村务监督委员会成员、陵水县驻村第一书记、驻村干部、贫困户代表等 13 人组成公司监事会，并协助聘请豪猪养殖专业能人杨武强担任中央村的集体企业经理。同时，理顺董事会与总经理的工作关系，指导该村集体企业制订公司发展规划、建章立制、规范财务制度及拟订年度分配方案等。2018 年，该村集体企业养殖豪猪已达600 只，盈利 40 万元，年底给 113 户贫困户每户分红 3500 元。

创业辅导中心对镇干部和乡村振兴工作队员进行乡村振兴产业发展培训

（二）指导村办集体企业完善资产收益量化分配制度，解决了利益联结机制不紧密问题

创业辅导中心成立后，积极帮助村集体企业制定了各项规章制度和企业章程，在收益量化分红上，帮助村集体建立资产所有权量化分配台账，把贫困户、低保户、特困户和残疾户等统一纳入年度产业扶贫保障体系，确保了所有贫困户、低保户和特困户的资产收益权。2017 年 6 月，军普村在没有成立陵水黎梦休闲生态农业科技有限公司之前，以贫困户入股合作社方式接收扶贫资金 167 万元，与一家外来公司合作发展火龙果种植项目，村里打算把扶贫资金所占股权，均分给村里的贫困户，但是村委会有人提出疑问："现在是贫困户，以后一直会是贫困户吗？现在的贫困户脱贫以后给他的股权还能收得回吗？如果以后出现新增贫困户，他的股权从哪里来？"军普村"两委"将难题上报给本号镇政府，镇政府聘请第三方专业机构经研究构建全新的产业扶贫资金收益量化分配制度，即价值 167 万元的股权归村集体企业所有，所产生的收益按实际情况合理倾斜分配给贫困户，防止扶贫资金被套取和流失，为扶贫资金产生的资产处置找准了方向。与此同时，村里将收益量化分配给贫困户，合作方还免费为村集体企业提供学习、培训项目，解决贫困户就业难的问题，从而使扶贫产业完成了"输血"向"造血"功能的转变。截至 2018 年年底，该火龙果基地已吸纳 184 户贫困户实现就业，累计分红 41.14 万元。

（三）帮助村办集体企业开展经营管理人才培训，解决了带贫主体经营管理能力不足问题

创业辅导中心有针对性地组织各公司经营管理团队开展多轮次培训，内容包括国家扶贫产业政策解读、企业章程、董事会监事会职能职责、经营管理、财务管理、合同以及相关法律法规等。通过多角度、立体式、全覆盖的持续培训，累计举办 20 余场次培训班，参训 900 余人次，为村集体培育了一批政治素质好、法律观念强、懂管理、善经营的村级干部人才，增强了村集体自我发展的能力。两年多来，创业辅导中心还先后组织 22 个村集体企业负责人和养殖、种植技术人员到海口市滨江路兰花共享农庄、海南大学农林学院动物科学专业实验室和园艺苗圃基地、海口灵山锦塘农庄、琼山红旗万头猪场、旧州瓜菜设施农业基地实训参观学习，为本号镇村集体企业培养养殖和种植专业技术人才。

（四）指导村办集体企业规范财务管理，解决了扶贫资金使用管理安全性问题

各级财政扶贫资金大量投入村办公司，由于缺乏专业的财务管理人员，村办企业内部管理制度不完善、扶贫资金使用不规范等问题普遍存在。在创业辅导中心的指导下，本号镇成立了"村集体企业管理中心"，加强对扶贫产业发展立项指导，凡是对外合作项目或村办企业发展产业，必须经过专业市场前景项目评估、项目可行性测算、合作框架协议审议等，这些举措在一定程度上大大降低了财政专项资金的投资风险。本号镇还依托创业辅导中心，

每月安排各村办企业财务人员到辅导中心接受指导和集中记账，边做边训、以训促做，使各村集体公司账务凭证装订完整、账簿记录清楚，做到账账相符、账实相符，有效降低了财政资金投入风险。如白石村村集体公司2017年发展养鸽产业经济效益不明显，经本号镇聘请的第三方专业机构进行财务分析后决定转产，并于2018年下半年投入110万元另行开发百香果产业，2019年已实现收益50万元，贫困户计划分红36万元，每户平均1500元。同时，大多数临时用工雇用了贫困户，贫困户就业收入合计也将达到10多万元。

村集体企业工作人员利用周末时间记账

（五）帮助村办集体企业开展农资、农技和市场销售服务，解决了经营主体和贫困户缺技术、缺进入市场能力的问题

辅导中心帮助村办集体企业开展农业社会化服务工作，特别是针对本地大力发展的火龙果、香粉蕉和苗圃育种等产业，为农户提供农作物产前、产

中、产后各环节指导服务，提升集体企业的经营和服务能力，社会化服务的逐步深入，使村办集体企业的带动效应更加明显，凝聚力得到加强，既加快了小农户和农业大生产的有机衔接，又促进了集体经济与贫困家庭的同步增收。在本号镇范围内，除军普村外，大坡村、祖关村、田心村、乐利村等所属 10 家村集体企业通过发展火龙果、椰香牛、田心鸡、茶树菇、黑猪、豪猪等扶贫产业实现收益，贫困户年底获得分红，惠及贫困户 1138 户，受益人数 4712 人，为推动贫困户长效稳定脱贫做出了重要贡献。2017 年下半年新兴村陵水兴源生态农业发展公司刚成立时，在财政扶贫资金还没到位的情况下，村"两委"干部就自愿掏钱，出工出力，加上村集体原有的一些资金，建起了草莓园。2018 年 100 万元扶贫资金到位后，该村扩大了草莓生产基地，收益 10 万元以上，并盘活了一块因挖土卖土而丢荒成水塘的地块，种上了太空莲子，调整优化了产业结构，惠及全体村民。

（六）帮助地方政府开展感恩励志教育，有效解决了部分贫困群体内生动力不足问题

创业辅导中心利用自身优势，针对当地贫困户内生动力不足问题，专门开设了"启志树新风"培训班。通过封闭式培训，对贫困户开展思想教育和引导，让贫困户切实感受到党和政府的温暖。同时，通过课堂互动，让贫困户感受到脱贫攻坚工作给其生产生活带来的变化，帮助贫困户从思想意识上焕发出主动脱贫的意愿。截至 2018 年，创业辅导中心在本号镇开展了 20 多场感恩励志主题培训，贫困户通过双手创造财富、摆脱贫困的意愿更加强烈。通过参加"感恩奋进，树文明乡风"培训班，本号镇各村贫困户对各类惠民帮扶政策有所了解，同时树立起爱国爱党的信念，增强民族自豪感、幸福感和获得感。乐利村的贫困户王亚周，自从参加"启志树新风"培训后，立志彻底转变思想观念，先后四次主动采用中心专业技术团队为其提供的水肥营养套餐方案，由于生产管理得当，水肥跟进、病虫害防控及时，其种植的圣女果果实外形、大小、色泽及口感都较周边其他村民好许多。在 2018 年圣女果收购价格低迷的特殊时期，亩产量比别人高出 600 斤—700 斤，能卖到 2.5 元—3.0 元 / 斤，较其他种植户的略高 0.1 元—0.2 元 / 斤，极大地提升了他脱贫致富的内生动力。

贫困户参加"扶贫先扶志，启志树新风"培训班

❖ 经验启示

　　海南省陵水县本号镇通过引入第三方服务机构成立村集体经济创业辅导中心所探索的产业扶贫机制，以严格、规范的制度对贫困村集体经济进行了升级改造，从而较好地解决了经营主体经营管理不规范、利益联结机制不紧密、扶贫资金使用管理安全性低等产业扶贫中的热点、难点问题。

（一）引入专业化机构并提升专业化程度是产业扶贫的动能

专业化发展是产业扶贫的最好路径，产业扶贫只有实现专业化，才能做细做强。陵水县本号镇创业辅导中心深入脱贫攻坚一线开展服务保障工作，为产业扶贫专业化做出了贡献。乡镇政府、创业辅导中心、村集体企业和贫困户全部参与产业扶贫全过程，符合参与式脱贫的理念。在这种模式下，乡镇政府除了直接帮扶外，还通过引入第三方服务机构指导村集体企业发展，对贫困户进行间接帮扶，且乡镇政府、村集体企业、创业辅导中心、贫困户都不是独立发展，而是通过共同参与产业扶贫的全过程，实现共赢。

（二）建立紧密的利益联结机制是产业扶贫的根基

贫困户与合作社之间、社会企业与合作社之间、贫困户与社会企业之间均存在利益博弈的关系，而最佳的产业扶贫模式需要"风险共担、利益共享"

举办"感恩奋进，树文明乡风"培训班

的利益联结机制。如果不能有效建立起利益联结机制，容易造成各个主体单方面的发展，贫困户却被排挤在外，不能共享产业扶贫的成果，这明显违背产业扶贫的目标。陵水县本号镇为确保贫困户与村集体企业有紧密的利益联结关系，扮演好引领者、组织者的角色，成立创业辅导中心，利用资金、政策等资源扶持做实事、见实效的村集体企业，由贫困户选出代表组成监事会，对村集体企业的各项重大决策进行全程监督，村集体企业和贫困户之间订立合同契约来规范各主体的责、权、利，取得明显成效。

海南省扶贫办主任推荐语

海南省陵水县本号镇引入第三方服务机构对经营主体进行规范和指导，成立创业辅导中心，为贫困户和村办集体经济提供专业的社会化服务，取得明显成效，村办集体经济发展更有活力，区域产业更加兴旺，为推动贫困户稳定脱贫发挥了重要作用。国务院扶贫办刘永富主任 2019 年 4 月底到海南考察时对本号镇做法给予充分肯定。2019 年 6 月 19 日，国务院扶贫办专门印发海南省陵水县产业扶贫经验做法，要求各省、市、区学习借鉴。

孟　励：海南省扶贫办党组书记、主任

专家点评

如何优化专业化和社会化服务，促进村级集体经济发展，是当前贫困乡村脱贫攻坚的重点和难点之一。目前大多数地区往往采用入股分红、光伏收益等方式增加村级集体经济收益，但这些方式面临可持续性弱、贫困户参与度低等困境。为应对上述困境，海南省陵水县本号镇积极探索新型村级集体经济发展形式。其创新要点有：改造村级集体经济发展的利益结构，引入并利用外部专业服务力量，从完善和规范组织架构、收益分配、

人才培训、财务管理、市场销售、技术培训及内生动力等体制机制入手，构建贫困村集体经济的运营、管理与服务体系。这一新路径为其他贫困地区发展集体经济提供了一套可复制、操作性强的经验模式。

向德平：华中科技大学社会学院教授、博士生导师，"新世纪百千万人才工程"国家级人选

思考题

1. 在产业扶贫的过程中，如何让各利益相关者联结更加紧密？
2. 产业扶贫如何实现规范化？

延伸阅读

1.《农业农村部关于进一步做好贫困地区集体经济薄弱村发展提升工作的通知》（农政改发〔2019〕3号）

2.《海南脱贫致富电视夜校：从"富脑袋"到"富口袋"》（中国江苏网，https://baijiahao.baidu.com/s?id=1597617888476729449&wfr=spider&for=pc，2018年4月3日）

聚焦"四个深度发力"
攻克深度贫困堡垒

——重庆市中益乡打赢深度贫困乡镇脱贫攻坚战的探索

摘要：自深化脱贫攻坚工作开展以来，中益乡深学笃用习近平总书记关于扶贫工作重要论述，深入转变工作作风，持续聚焦"四个深度发力"，集中精力火力全力攻坚，深度改善生产生活条件，深度调整产业结构，深度推进农村集体产权制度改革，深度落实各项扶贫惠民政策。全乡贫困对象由 540 户 1842 人减少为 46 户 121 人，贫困发生率下降至 1.72%，2018 年全乡贫困群众人均可支配收入达 9147 元，较 2017 年增加 1722 元、增长 23.2%。

关键词：深度发力　深度改善　督导机制

引言：2017 年 6 月 23 日，习近平总书记在山西太原深度贫困地区脱贫攻坚座谈会上指出："脱贫攻坚本来就是一场硬仗，而深度贫困地区脱贫攻坚是这场硬仗中的硬仗。我们务必深刻认识深度贫困地区如期完成脱贫攻坚任务的艰巨性、重要性、紧迫性，采取更加集中的支持、更加有效的举措、更加有力的工作，扎实推进深度贫困地区脱贫攻坚。"

❖ 背景情况

重庆市中益乡位于石柱土家族自治县中部，是重庆市 18 个深度贫困乡镇之一，全乡辖区面积 160.5 平方公里，林木覆盖率达 88%，平均海拔高度 1000 米左右，可开发耕地 1.3 万亩。全乡辖 7 个行政村 34 个组，户籍人口 3042 户 8168 人。2014 年建档立卡 433 户 1395 人，贫困发生率为 19.6%。2016 年，农村居民人均可支配收入 10345 元，比全县平均水平（10674 元）低 329 元，收入主要来源于外出务工、农业生产。

中益乡深度贫困体现在"两高五差"。"两高"即贫困人口占比达 21.4%，因病、因残致贫占比高达 42.4%。"五差"，一是生产条件差，山高坡陡、土壤贫瘠；二是交通条件差，外联公路等级低，村民小组通畅率为 32%；三是住房条件差，46.9% 的农户住房为土木结构，安稳程度低；四是产业结构差，产业发展"小、散、弱"；五是发展意识差，有的贫困群众封闭保守、小农意识较重，扶贫脱贫任务艰巨。

自 2017 年 8 月以来，中益乡深学笃用习近平总书记关于扶贫工作重要论述，坚持精准扶贫精准脱贫基本方略，持续聚焦"四个深度发力"，深度改善生产生活生态条件，深度调整产业结构，深度推进农村集体产权制度改革，深度落实各项扶贫惠民政策。推动全乡脱贫攻坚工作取得阶段性成效，特别是 2019 年 4 月 15 日，习近平总书记亲临中益乡华溪村，深入小学、农户家中和田间地头，实地了解中益乡脱贫攻坚工作情况和解决"两不愁三保障"突出问题情况，并表示"两不愁"托底了，对中益乡的工作给予了充分肯定。截至 2018 年 12 月，全乡贫困人口减少为 46 户 121 人，贫困发生率下降至 1.72%，全年全乡贫困群众人均可支配收入达 9147 元，较 2017 年增加 1722 元、增长 23.2%。

❖ 主要做法

（一）坚持高位推动、上下联动，建立健全运转高效、调配有力的领导机制

一是建立健全攻坚指挥体系。成立由市委书记任指挥长，市委常委、秘书长任常务副指挥长，市委有关副秘书长和县委主要领导任副指挥长的中益乡脱贫攻坚工作指挥部，指挥部下设办公室、基础设施改善组、产业结构调整组、住房安稳保障组"一室三组"。二是建立健全运行管理机制。明确"一室三组"和办公室内设部门岗位职能职责，出台脱贫攻坚指挥部办公室人员和驻村工作队管理考核办法、指挥部督促检查工作制度，健全财务管理、项目监管、信息报送等制度，实行每周四定期研判汇总机制，为脱贫攻坚提供制度保障和政策指导。三是建立健全攻坚责任体系。组建1个指挥部、1个驻

中益乡干群牢记嘱托、感恩奋进

乡工作队、7个村前线指挥部、7个驻村工作队的"1+1+7+7"责任体系,实行县乡村分级负责、部门联动、乡抓落实,乡上建立"主要领导＋分管领导(驻村领导)＋(第一)支部书记＋包组(户)干部"四级责任体系,形成一级抓一级、层层抓落实的责任传导机制。

(二)坚持精准规划、区域统筹,建立健全精准到户到人、统筹到村到乡到区域的扶持机制

一是突出规划引领,明确靶向目标。紧密对接上级政策、脱贫目标,广泛征求群众意愿,充分开展科学论证,精准绘制攻坚蓝图,编制形成1个中益乡规划、18个行业专项规划和7个村方案的"1+18+7"规划体系。二是精准到户到人,因户因人施策。精准识别扶贫对象,对全乡所有农户先后进行4轮地毯式、拉网式排查核实,做到农户摸排、贫困户核查、疑难对象户研判三个100%,严格执行贫困户识别"八步、两评议、两公示、一比对、一公告"程序,确保不错一户、不漏一人。对照"两不愁三保障一达标"标准,先后开展3轮问题大排查大整改行动,针对排查出来的问题,逐户制定办法,做到一户一策一办法,确保贫困原因清楚、脱贫目标合理、帮扶措施可靠。三是统筹到村到乡,区域联动发展。对内聚焦7个村面上整体提升,按照缺什么补什么原则,科学发展主导产业,分类补齐基础设施和公共服务短板,同步开展人居环境整治。对外主动融入大黄水区域统筹发展,连接中益乡与"大黄水"区域4个乡镇主干道,与黄水镇、冷水镇连片发展民宿旅游,与沙子镇连片发展中药材,与桥头镇连片发展脆红李。

(三)坚持群众主体、志智双扶,建立健全广泛参与、合力攻坚的动员机制

一是开展思想转变行动。采取微访谈、围炉共话等方式,广泛深入宣传宣讲习近平扶贫论述、扶贫政策等内容,引导广大群众知政策、转态度、增信心、鼓干劲。二是开展能力提升行动。邀请专家分类开展种养技术培训,整合市场经营主体技术人员现场指导培训，选送中青年农民参加"雨露计划""新型农民专业培训"，发动"土专家""田秀才"和农村致富能手"一对一"帮带指导，让贫困群众"一技在手，脱贫有望"。三是开展新风弘扬行动。修订完善村规民约，帮助提炼主题家训，大力推进农村环境综合整治和移风易俗专项治理，探索建立乡风文明积分管理制度，积极开展清洁卫生、文明新风榜样评选，引导群众破除陈规陋习、树立文明新风。四是开展党建引领行动。创新开展"三三"联动抓党建促脱贫攻坚，持续整顿软弱涣散村党组织，发挥党员先锋模范作用，强化脱贫典型示范带动，让支部组织力、党员带动力、群众内驱力"三力"并举；构建"集体经济组织＋龙头企业＋农户"互利链、"党员干部＋贫困户"亲情链、"村支部＋党员＋贫困群众"责任链，实现"三链"共生；开展"建甜蜜家庭·开创新生活""建甜净院落·展现新面貌""建甜美乡村·培育新风尚"行动，实现"三甜"互促。

（四）坚持聚焦重点、深度发力，建立健全行动迅速、集中攻坚的作战机制

一是建立"一包、双联、三监管"推进机制，深度改善生产生活生态条件。实行"项目包"制，将规划重点项目整合成交通、改造、产业、水利、易地扶贫搬迁、民生及社会治理 6 个项目包，每个项目包落实 1 名分管县领导牵头负责，相关县级主管部门担任业主单位并负责项目推动实施，乡政府负责用地保障、施工秩序维护等工作，提高项目建设效率。实行"双联"制，乡党委班子成员每人联系一个项目包和一个村，及时处理项目推进中的矛盾问

"土家山寨"土蜂蜜

题。实行"三级监管"制，成立县级项目督导组、乡级质量巡查组、村级义务监督组，对项目实行三级监管，重点督查安全责任、施工管理等内容，对发现问题实行限期整改、挂账销号。

二是打造"种养+""乡村旅游+""电商+"产业链条，深度调整产业结构。打造"花卉种植+中蜂养殖+精深加工"产业链，因地制宜发展吴茱萸、盐肤木、脆红李等蜜源植物，新改建中蜂良种繁殖区（场），养殖中蜂8000群，依托中国农科院、重庆市畜牧科学院和西南大学开展"院校—企业—农户"合作，推进蜂蜜精深加工，建设中蜂休闲体验园，培育"三峡蜜罐"品牌，创建"中华蜜蜂小镇"。打造"观赏作物+乡村旅游+民宿"产业链，按照"一村一园"的思路，建设坪坝村瓜蒌观光体验园、龙河村花果观光体验园、光明村智慧农场采摘园等乡村旅游项目，促进农旅融合发展。打造"农

中益乡深度调整农业产业结构俯瞰图

副产品＋电商＋物流配送"产业链，实施"远山结亲"营销，引进重庆寻源记电商公司发展"订制农场""智慧农场"等电商扶贫项目，通过电商平台，城市消费者与农户"在线结亲"，实现农产品"去中间环节"订制生产。实施"田间天猫"营销，依托农村电商服务站点，主动对接客户线上订单和消费习惯，发展农产品线下"天猫"基地，组织农户开展订单式生产，并与农户签订"一对一"购销协议，实现特色电商产品"为卖而产"。

三是探索"入股、合作、联营"分红模式，深度推进农村集体产权制度改革。推动土地和劳动力入股合作，农户以土地承包经营权、劳动力等作价入股，农业企业、专业合作社以种子、肥料、农药等生产物资以及技术指导、产品初加工、产品销售等入股，村集体经济组织以生产过程协调服务、争取政策支持等入股，经营周期结束后农户、经营主体、村集体经济组织分别按50%、44%、6%的比例分红。推动资金入股合作，村集体以财政补助、社会

农户中药材种植喜获丰收

捐赠资金、集体资产等作为公司启动资本金，成立具有独立法人资格的集体股份公司，由村干部和村民共同管理，公司化经营农业产业项目。推动"代种代管"合作，通过"互惠契约"锁定公司、农户、村集体经济组织各方权责，公司利用产业补助资金购买种苗，为农户"代种代管"，丰产后按农户70%、业主25%、村集体经济组织5%分红。推动以房联营合作，引进县农旅公司以货币出资入股，农户利用宅基地和共享产权房屋入股，民宿公司统一经营，经营收入由农户与公司五五分红。

四是明确"把牢四道关口、确保四个100%"政策要求，深度落实各项扶贫惠民政策。把牢政策宣传关，县乡干部深入农户家中，"一对一"宣传脱贫攻坚、乡村振兴的好机遇和好政策，确保在家群众政策知晓率100%。把牢政策培训关，邀请西南大学、重庆农科院、重庆畜科院、长江大学等院校专家培训中药材种植、中蜂养殖等种养技术，每月在各村开展一次技能

技术人员指导养蜂技术

培训，选送一批青壮年劳动力参加各类职业教育培训，确保有劳动能力的贫困群众政策掌握率100%。把牢政策公示关，对贫困户享受扶贫惠民政策进行公开公示，推行有奖举报公示制度，做到一个反映、一个调查、一个回应"三个一"标准，确保群众政策认可率100%。把牢政策落实关，对贫困户每月开展一次走访、一场宣讲、一件实事、一次大扫除的"四个一"真情帮扶活动，对不符合贫困户条件但家庭困难的农户进行分类救助，确保群众满意率100%。

（五）坚持从严从实、问效问责，建立健全问责机制，推动有力的督导机制

一是强化指挥部督导。指挥长、常务副指挥长定期实地调研督导、听取汇报，多次作出指示批示，为全乡厘清攻坚思路、指明攻坚方向。县委主要领导多次到乡召开现场会，研究解决脱贫攻坚中的重点难点问题，确保各项工作有力有效推进。二是强化部门业务督导。市扶贫办、市交通局、市农业农村委、市发改委、市规划和自然资源局等相关市级部门多次到乡提供技术支持和业务指导，县级行业部门定期到乡协调解决工作推进中的问题。三是强化前线指挥部实地督导。7个前线指挥部指挥长每周实地督战，常务副指挥长不定时蹲点督战，协调推动项目包和各村脱贫攻坚工作。四是强化县委专项督导。选派县纪委监委、县委办公室、县委组织部、县扶贫办干部组建脱贫攻坚专项督导组，坚持不定时督查和季度督查相结合，对全体市管领导、县级重点部门、联系帮扶部门、驻村工作队、村"两委"干部实行量化打分、"连坐考评"，并对季度考评排名靠后的相关责任人开展约谈。五是强化纪检监察机关执纪问责。深入推进扶贫领域腐败和作风问题专项治理，强化扶贫资金使用监管，严格扶贫项目管理，坚决纠正形式主义、官僚主义等突出问题，为脱贫攻坚提供纪律和作风保障。

❖ **经验启示**

中益乡上下深学笃行习近平总书记关于扶贫工作的重要论述,边部署、边规划、边落实和边推动,着力探索解决深度贫困问题,积累了不少有益经验。

(一)打赢打好深度贫困地区脱贫攻坚战必须坚持党的领导

坚持和加强党的领导,是做好脱贫工作的根本保证。在脱贫攻坚全过程,无论是从规划组织到政策措施保障,还是从县市主要领导推动到基层干部狠抓落实,都体现了党的坚强领导力。

(二)打赢打好深度贫困地区脱贫攻坚战必须强化产业支撑

扶产业就是扶根本、扶长远。产业薄弱是群众增收致富难的最大症结,积极果断调整农业产业结构,在"绿水青山就是金山银山"理念的引领下,因地制宜、主导发展新产业新业态,夯实产业扶贫基础,有力保障村集体经济组织和贫困群众稳定增收致富。

(三)打赢打好深度贫困地区脱贫攻坚战必须深化改革创新

完成脱贫攻坚工作任务,需要不断改革创新扶贫机制和扶贫方式。为此,应坚持向改革要活力、向创新要动力,积极推动社会治理、产业发展等各领域改革创新,有效激活各类资源和群众内生动力。

重庆市扶贫办主任推荐语

习近平总书记指出:"脱贫攻坚本来就是一场硬仗,而深度贫困地区脱贫攻坚是这场硬仗中的硬仗。我们务必深刻认识深度贫困地区如期完成脱贫攻坚任务的艰巨性、重要性、紧迫性,采取更加集中的支持、更加有效的举措、更加有力的工作,扎实推进深度贫困地区脱贫攻坚。"中益乡位于重庆市石柱县中部,属于武陵山集中连片贫困地区,是重庆市18个深度贫困乡镇之一。深化脱贫攻坚工作开展以来，中益乡深学笃用习近平总书记关于扶贫工作重要论述，着眼"两高五差"深贫实际，深入转变工作作风，持续聚焦"四个深度发力"，建立健全五项工作机制，集中精力、火力全力攻坚，全乡贫困发生率由 19.6% 下降至 1.72%。中益乡的脱贫攻坚实践，为探索深度贫困乡镇脱贫路径，破解深贫难题，攻克深贫堡垒提供了有益的经验做法，特予推荐。

刘贵忠：重庆市扶贫办党组书记、主任

专家点评

深度贫困地区是脱贫攻坚这场硬仗中的硬仗，确保完成好深度贫困地区脱贫攻坚任务需要给予更加集中的支持、采取更加有效的举措、开展更加有力的工作。石柱土家族自治县中益乡属于武陵山集中连片贫困地区，是重庆市 18 个深度贫困乡镇之一，贫困程度深、脱贫任务重。在推进脱贫攻坚的过程中，重庆市"尽锐出战"，按照习近平总书记关于扶贫工作重要论述的指引，持续聚焦"四个深度发力"，通过创新建立健全领导体系等五项工作机制，脱贫攻坚成效显著。中益乡的脱贫攻坚实践经验可作为决胜深度贫困的有效样本，其经验可学习、可借鉴，对于其他深度贫困地区决战决胜脱贫攻坚具有重要的启示意义，对于脱贫摘帽县巩固脱贫成果也有较大的参照价值。

李小云：中国农业大学人文与发展学院教授、博士生导师，国务院扶贫开发领导小组专家咨询委员会委员，教育部社科委委员

思 考 题

1.要打赢打好深度贫困地区脱贫攻坚战,如何向改革要活力、向创新要动力,推动社会治理、产业发展等各领域改革创新,有效激活贫困群众内生动力,不断提升脱贫攻坚整体质效?

2.深度贫困地区如何发挥资源优势,探索脱贫攻坚与生态保护双赢的方法和路径,真正将绿水青山变为金山银山?

延伸阅读

1.《"决不辜负总书记对我们的嘱托!"——石柱县中益乡华溪村见闻》(新华网,http://www.cq.xinhuanet.com/2019-04/22/c_1124396827.htm,2019年4月22日)

2.《总书记来了我家乡,我们更要努力奔小康——石柱县中益乡见闻录》(人民网,http://cq.people.com.cn/n2/2019/0717/c367698-33150445.html,2019年7月17日)

大力实施"学前学会普通话"行动 决不让大凉山孩子输在起跑线

——四川省凉山州"学前学会普通话"行动试点纪实

摘要： 四川省凉山彝族自治州是全国最大的彝族聚居区，也是我国"三区三州"深度贫困地区之一，凉山州学前儿童普通话普及程度低的问题已严重影响凉山脱贫攻坚的效果。2018年5月，凉山州启动了"学前学会普通话"行动试点，经过一年试点，探索形成了符合凉山实际的"123456"工作法，提高了学前儿童的普通话水平，改善了深度贫困地区学前教育质量，增加了公益就业岗位，促进了移风易俗。

关键词： 学前学会普通话　教育扶贫　深度贫困脱贫

引言： 2018年春节前夕，习近平总书记亲临大凉山彝区视察，作出一系列重要指示，特别指出，教育必须跟上，决不能再让孩子输在起跑线上。

❖ 背景情况

凉山州是全国最大的彝族聚居区、"三区三州"深度贫困地区之一，是全国典型的区域性整体深度贫困样本，特别是教育发展滞后，彝区群众受教育年限低，严重影响彝区群众与外界的交流，成为制约彝区脱贫的一个重要因素。教育是阻断贫困代际传递最有效的手段，但是由于大量学龄儿童在进入义务教育阶段后尚不具备讲普通话的能力，在学习中面临更大挑战，甚至降低学生的学习热情，导致许多青少年厌学乃至辍学。学龄儿童进入义务教育后上课听不懂、学习跟不上等突出问题直接影响脱贫攻坚的成效。2018年，全州49.82万名学前儿童中，听不懂、不会说普通话的现象仍相当普遍。为了提高脱贫质量，阻断贫困代际传递，提升学龄儿童掌握普通话的能力成为必须解决的紧迫任务。

❖ 主要做法

2018年春节前夕，习近平总书记亲临大凉山彝区视察，作出一系列重要指示，强调教育必须跟上，决不能再让孩子输在起跑线上。为贯彻落实习近平总书记重要指示精神，国务院扶贫办、教育部聚焦深度贫困地区，印发《国务院扶贫办综合司　教育部办公厅关于开展"学前学会普通话"行动的通知》，并于2018年5月，在凉山州正式启动实施"学前学会普通话"行动试点工作。凉山州委、州政府坚持把"学前学会普通话"行动作为教育扶贫的先导工程、脱贫攻坚的希望工程、民族未来的奠基工程，探索出"123456"工作法。2018年至2020年，通过分阶段实施"学前学会普通话"行动，实现具有正常学习能力的3—7岁学龄前儿童在接受义务教育前能使用普通话沟通交流，形成普通话思维习惯，达到"听懂、会说、敢说、会用"的目标，在全州初步形成使用普通话的氛围，村级幼教点幼教辅导员和幼儿园教师培训体系逐步完善。

（一）高度重视，做好组织保障

自2018年5月正式启动"学前学会普通话"行动以来，中央、省、州各级领导和相关部门多次调研凉山"学前学会普通话"行动开展情况。2019年1月，胡春华副总理在凉山主持召开"三区三州"脱贫攻坚座谈会，专门强调，要做好学前推广普通话工作。2019年3月，孙春兰副总理在凉山州昭觉县尼地乡洼里洛村幼教点看望辅导员和孩子们，特别强调，要加强国家通用语言文字教育，扩大"学前学会普通话"行动覆盖面，抓好课堂教育教学，确保国家通用语言文字作为各学段教育教学的基本用语用字。国务院扶贫办主任刘永富多次前往凉山调研"学前学会普通话"行动的开展情况。四川省委省政府、州委州政府高度重视，多次召开各级专题会议，部署推动工作。为加强工作的组织领导和协调保障，成立了四川省政府副秘书长、省扶贫移民局局长降初为组长的凉山州"学前学会普通话"行动协调小组，降初多次到凉山现场督导、协调解决困难问题，对经费渠道、实施范围、协调机制等方面进行指导。

凉山州制定了《凉山州学前学会普通话行动实施方案（2018—2020 年）》，成立了行动实施工作领导小组，在州、县（市）教育局设立了领导小组办公室，落实专门的办公场地，配齐办公设备，抽调专人具体负责全州"学前学会普通话"工作的组织协调、监督指导。凉山州各县（市）制定"学前学会普通话"行动具体实施方案，成立了由县（市）长为总负责人，县（市）委政府分管领导为具体责任人，县级相关职能部门为成员的"学前学会普通话"行动实施工作领导小组，各成员单位分工负责、各司其职、密切配合，并确定熟悉业务的工作人员作为固定联络人员。

（二）实事求是，分步分类开展

在"学前学会普通话"行动开展后，凉山州决定迅速配齐设施设备，加快完成幼儿园和幼教点的通电、通水、通网络工作。有条件的高寒地区完成通暖工作，暂时无条件的做好后期规划，逐步推进。各教学点按照《凉山州学前教育村级幼教点基本设施设备参考目录》、幼儿园基本设施设备配备标准和技术保障单位要求的设施设备清单，配齐行动实施必需的教学设施设备。

按照"先行试点、总结优化、全面推广"实施步骤，2018 年暑假期间，在北京华言公司、三好公司两家技术保障单位支持下，凉山州在 11 个深度贫困县遴选 34 个试点幼教点率先开展教学试点工作。2018 年秋季学期开始，第一阶段重点是在 11 个深度贫困县以及安宁河谷 6 县（市）民族乡镇的所有幼教点实施。到 2019 年 5 月，"学前学会普通话"行动已经覆盖幼儿 11.28 万人，配备辅导员 6854 人，到 2019 年 9 月，行动第二阶段覆盖学前儿童增加到 12 万人。

凉山州"学前学会普通话"行动充分结合凉山学前教育实际，将全州幼儿园和幼教点分成两类：支持型幼儿园和管理型幼儿园（幼教点）。前者的目标是具有正常学习能力的儿童在接受义务教育前全部听懂、会说、敢说、会用普通话。后者在此基础上还将形成一套管理型幼儿园（幼教点）的管理流程和辅导员、幼儿教师的考核评价体系，逐步提高保教质量。在教学方式方面，通过指导幼儿教师、辅导员采取快乐体验、游戏互动等教学方式，创设丰富的教育环境，建立激励机制，激发幼儿学习兴趣和主动性，帮助其快速学会普通话，探索推广"浸润式"情景教学方法，在校园里营造普通话语言环境。

（三）积极探索，构建"123456"工作法

"123456"工作法是推进凉山州"学前学会普通话"行动的创新做法。

"1"是聚焦一个目标。凉山州紧紧围绕脱贫攻坚义务教育有保障的底线任务，确立了"听懂、会说、敢说、会用"的目标，分步分类推进行动，力争通过 3 年时间的努力，实现具有正常学习能力的 3—6 岁学前儿童（含 7 岁未接受义务教育儿童）能够使用国家通用语言进行沟通交流。

"2"是建立两级机构。州委、州政府成立工作领导小组，专门负责"学前学会普通话"行动的组织领导和业务指导。各县（市）党委政府建立相应机构，负责抓好相关工作的落实。

"3"是抓好三支队伍。抓好辅导员队伍建设，通过加强多种类型的培训工作和形式多样的技能竞赛提升辅导员的综合能力，同时加强对辅导员的督导管理工作。抓好管理队伍建设，充实州、县两级机构人员配置，确保有专

职人员负责试点行动的组织协调、监督指导。抓好技术保障队伍建设，北京华言公司、三好公司组建长期驻扎西昌的项目和各县市驻点巡查团队，选派学前教育专家团队指导项目实施，确保行动有效推进。

"4"是建立四项机制。建立沟通机制，逐级沟通汇报工作机制，实行每月一次联席会议和信息沟通制度。建立督查机制，采取州学前学普办开展常态化业务指导督查、成员单位参与定期综合督查、州脱贫攻坚抓落实督导组开展专项督查相结合的督查方式，严格开展过程督导检查工作。建立评估机制，在国务院扶贫办、教育部对学前儿童学习普通话开展效果评估基础上，建立由省、州语委共同制定标准、共同考核的自查评估机制。建立考核机制，州目标绩效管理办对各县（市）党委、政府"学前学会普通话"工作进行严格考核，州学普办牵头对各县（市）学普办工作进行定期考核，技术保障单位与各县（市）学普办共同对幼教点辅导员和幼儿教师开展教学评价考核。

"5"是坚持五项原则。坚持政府主导，社会参与，健全"学前学会普通话"行动工作机制，广泛动员社会各方力量积极参与。坚持全面覆盖，分步推进，先在11个深度贫困县以及安宁河谷的民族乡镇"一村一幼"先行试点，再在全州范围全面实施。坚持实事求是，分类实施，根据办学规模、办学定位、办学基础、师资力量、语言基础等，将幼教点分为三个类型，实行分类定标、分类指导。坚持统筹资源，加强监管，统筹现有办学资源，不铺大摊子，不搞大而全。加强资金监管，坚持公开公示，做到阳光透明。坚持遵循规律，注重实效，创设普通话语言环境，坚持寓教于乐、循序渐进，以实用且具有可操作性为前提，防止揠苗助长、脱离实际。

"6"是突出六个重点。完善设施配备，州县加大财政投入力度，做好幼儿园和幼教点通电、通水、通网络工作，逐步配齐必需的教学设施。强化师资培训，按照分类培训、分级实施原则，全面加强辅导员培训。加强督查管理，建立相关制度，加强幼教点和辅导员管理、督查、考核，切实保障儿童在校时间和保教质量。开展效果比对，制订比对方案，开展效果比对。搭建管理平台，凉山州学前学普信息管理平台和学普 App 已经建成并上线试运行，用于辅导员幼教点管理和在线学习培训。强化宣传行动，开通"学前学普"宣传网站、微信公众号，制作张贴彝汉、藏汉双语宣传标语，发放学前学普年历、画册，印发《锦绣凉山——"学前学普"行动纪实集》，自主编印《索玛花儿开，朵朵放光彩》辅导员教育征文案例集等。

（四）凉山"学前学会普通话"行动的主要成效

通过一年来的试点，凉山州"学前学会普通话"行动取得阶段性成效。第一，提高了学前儿童的普通话水平。2019 年 5 月的测试结果显示，第一阶段开展"学前学会普通话"行动的幼儿，普通话达标自查测评合格率达 73.5%，其中 2019 年 9 月进入义务教育的达 81.53%，实现了从"听不懂、不会说"向"听懂、会说、敢说、会用"的根本性转变，学前儿童入小学后上课听不懂、成绩不好导致厌学辍学的问题得到有效解决。第二，改善了学前教育质量。一方面，通过统一制定幼教点管理制度和普通话教育教学规范标准，从教学时间、辅导员行为规范、教育教学管理、儿童入园考勤、教学计划等方面加强监督管理，幼教点教育教学更加规范有序；另一方面，通过集中培训、教学实践应用，以及技术保障单位业务指导的加强和大量教学资源的投放，辅导员的教学水平不断提升，保教质量全面提高。第三，增加了就近就业岗位。凉山州"学前学会普通话"试点启动以来，提供了近 8000 个辅导员岗位，加上营养餐等从业人员，解决了就业岗位近万个。第四，促进了移风易俗。学前儿童进入幼教点就读后，父母有更多时间从事生产，广大群众主动送孩子入园的积极性高涨。以幼儿为突破口，带动贫困群众培养打扫卫生、重视卫生健康取得显著成效。有力促进了"移风易俗倡树文明新风"主题教育实践活动，为推动贫困群众加快形成现代文明生活方式发挥了积极作用。

❖ 经验启示

（一）加强领导、压实责任是推动行动有力实施的重要保障

行动启动以来，凉山州建立完善"国家支持、省级统筹、州负总责、县统一管理、乡村实施、社会参与、专业机构技术保障"责任体系，强力推进"学前学会普通话"行动。国家、省领导多次到凉山州调研推进、实地指导"学前学会普通话"工作。国务院扶贫办、教育部量身定制符合凉山实际的方案措施，广泛动员社会各界力量积极参与行动，多方筹集项目运行资金。四川省委、省政府将行动纳入省支持凉山脱贫攻坚和教育事业发展重要内容，落实教育扶贫资金保障项目顺利实施。凉山州委、州政府认真履行主体责任，各县（市）党委政府具体组织实施。

（二）统筹各方、整合资源是推动行动有效实施的重要手段

凉山州通过统筹整合村委会活动室、富余校舍以及租用民房、新建校舍等方式设立村级教学点，确保教育资源得到最大化利用。就近就地招聘具有一定学历层次的大中专毕业生担任幼教点辅导员。协调技术保障单位选派专业人员开展驻点、巡查，指导、督查普通话教学。聘请学前教育、语言文字专家和州内外一线幼儿教育专家为行动顾问团成员，为行动提供有效智力支持和服务。充分整合扶贫资金、统筹社会资源，佛山对口凉山扶贫协作，中国扶贫志愿服务促进会倾力推动行动技术保障项目实施，中国扶贫基金会广泛动员爱心企业支持，从资金上、项目上为行动开展提供了强大动力。

（三）因地制宜、分类推进是推动行动精准实施的重要方式

充分考虑不同类型幼教点的办学条件、师资力量和学前儿童语言基础，按照"先行试点、总结优化、全面推广"的原则分类定标、分类指导、分步实施，确保行动开展符合凉山实际，契合少数民族习惯，顺应学前儿童能力成长，有效提高普通话普及程度。

（四）技术保障、创新运用是推动行动深入实施的重要支撑

北京华言公司、三好公司是国内具有丰富学前教育研究、语言教学经验的优势技术保障单位，通过充分利用其技术优势并结合凉山实际量身定制了科学有效、实用管用的实施方案，确保了行动取得明显成效。

四川省扶贫开发局局长推荐语

2018年5月，国务院扶贫办、教育部在凉山州启动"学前学会普通话"行动试点工作，旨在帮助学前儿童学会普通话，打牢今后学习和与外界沟通的语言基础，从根本上阻断贫困代际传递。在国务院扶贫办、教育部关心关怀、四川省委省政府坚强领导和广东佛山等社会各界大力支持下，凉山州"学前学会普通话"行动试点工作扎实有效推进，取得了阶段性成效。实施范围的学前儿童学习受益，辅导员教学水平提升，夯实了义务教育的基础，将切实解决民族地区学前儿童因不懂国家通用语言进入义务教育后上课听不懂、学习跟不上的问题。凉山州"学前学会普通话"行动还通过学前儿童带动众多家庭发生了潜移默化的变化，广大群众积极参与"三建四改五洗"和"四好"村、"四好"文明家庭创建，推动彝区现代文明生活方式逐渐形成。凉山州"学前学会普通话"行动初步探索出的工作方法，对总结提炼经验模式奠定基础，为民族地区非普通话母语环境下学前儿童学习普通话提供借鉴。

降 初：四川省扶贫开发局党组书记、局长

专家点评

"三区三州"是典型的深度贫困地区，其贫困深度表现在教育机会、社会资本、社会排斥等多个维度，其脱贫难点在于阻断代际贫困和形成自身

"造血"能力。作为深度贫困地区的典型代表，四川省凉山州将教育扶贫的内涵扩展到学前阶段，针对学前儿童普通话普及程度低这一突出问题，在国家相关部委、扶贫公益组织和帮扶单位的支持与组织下，启动实施"学前学会普通话"行动试点，探索了有效的工作方法，取得了阶段性成效。该案例对于有效推进民族地区尤其是深度贫困地区持续、稳定脱贫具有很大的示范效应。同时也表明扶贫先扶智和开展教育扶贫是深度贫困地区阻断贫困代际传递、攻克深度贫困堡垒的关键举措。因地制宜将普惠性扶贫措施与本地民族、文化等特点相结合，瞄准脱贫"造血"能力及个性化脱贫需求，提供具有较强适应性、针对性的教育等公共服务资源，从贫困代际传递的循环根源出发，将扶贫与防贫结合起来，有利于"标本兼治"治理贫困，防止贫困的生产和再生产。

庄天慧：四川农业大学党委书记、教授、博士生导师，西南减贫与发展研究中心主任

思考题

1. "学前学会普通话"行动对深度贫困地区推进脱贫攻坚有何借鉴意义？

2. 深度贫困地区如何更有效阻断贫困代际传递？

延伸阅读

1.《"学前学会普通话"工作下一步如何做？国务院扶贫办有话说》(搜狐网，http://www.sohu.com/a/319143165_428290，2019 年 6 月 7 日)

2.《四川凉山州"学前学会普通话"行动正式启动》(中国新闻网，http://baijiahao.baidu.com/s?id=16016722490570808158&wfr=spider&for=pc，2018 年 5 月 28 日)

创新 "76554" 工作法
决战决胜脱贫攻坚

——贵州省铜仁市打造脱贫攻坚 "铜仁模式"

摘要： 久困于穷，冀以小康。近年来，贵州省铜仁市坚持以脱贫攻坚统揽经济社会发展全局，创新探索 "76554" 工作方法，坚持以 "七个补" 作为提升脱贫成效的主要抓手，以 "六个不" 作为增强群众内生动力的重要路径，以 "五个看" 作为判断贫困群众是否实现 "两不愁三保障" 的客观标准，以 "五个一致" 作为检验群众脱贫过程的真实标尺，以 "四个好" 作为检验脱贫成效的最后成果，务求打法精准，全面提升脱贫成效，为集中连片特困地区决战脱贫攻坚、决胜同步小康做出了 "铜仁探索"。

关键词： "76554" 工作方法　精准施策　"铜仁探索"

引言： 2017 年 2 月 21 日，习近平总书记在十八届中央政治局第三十九次集体学习时强调："把握精准是要义，脱贫攻坚贵在精准，精准识别、精准施策，根据致贫原因有针对性地制定方案，对不同原因不同类型的贫困采取不同措施，因人因户因村施策，对症下药、精准滴灌、靶向治疗。"

❖ 背景情况

铜仁市地处贵州省东部、全国 14 个集中连片特困地区之一的武陵山片区，是贵州省脱贫攻坚的主战场之一。全市所辖 10 个区县均为贫困县，共

1565 个贫困村，其中 1 个深度贫困县、2 个极贫乡镇、319 个深度贫困村。2014 年建档立卡贫困人口 92.7 万，贫困发生率 24.74%，占贵州省贫困人口的 12.44%，占全国贫困人口的 1.32%，且大多数贫困群众居住在深山区、石山区和高寒山区，文化水平较低，耕地资源匮乏，基础设施滞后，产业发展不足，脱贫攻坚任务重、难度大。

近年来，铜仁市立足自身市情实际，坚持深入落实"精准扶贫、精准脱贫"基本方略，创新探索出"76554"工作方法，举全市之力向脱贫攻坚发起总攻，取得了阶段性成效，特别是在易地扶贫搬迁上，全市搬迁规模 29.33 万人，其中跨区县搬迁 12.56 万人，占贵州省跨区域搬迁的 53.83%。自 2014 年以来已累计减少贫困人口 76.71 万人，贫困发生率从 24.74% 下降到 4.4%，6 个区县顺利实现脱贫摘帽。铜仁脱贫攻坚工作连续八年考核排在贵州省前列，2017、2018 连续两年排名全省第一。

❖ 主要做法

（一）以"七个补"为主要抓手，提升脱贫攻坚成效

一是查缺补漏。坚持问题导向，严格按照"五个一批""六个精准""四个不摘"要求，对标对表"一达标两不愁三保障""三率一度"等核心指标和"四场硬仗""五个专项治理"等重点任务，全面开展自查自纠，举一反三，强化工作举措，全力整改落实，全面提升脱贫成效。二是亡羊补牢。建立督导推进机制，通过组建市级督导组到区县及乡镇蹲点督导，采取交叉检查、暗访督查等方式全方位、立体式扫描问题，针对查找出来的问题，坚定信心决心，坚持集中研判、列出清单、整改问题，立行立改、即知即改，同时举一反三，以点带面、以显知隐、由表及里、由此及彼、推己及人，聚焦痛点难点，全力"补牢"短板。三是取长补短。扎实开展"大比武"活动，通过区县之间、乡镇之间、村与村之间、部门之间互学互看、互学互鉴、互学互比，

同时学习借鉴其他地方的好经验、好做法，以彼之长，补己之短。四是合力补位。强化"一盘棋"意识和大局观念，整合市、县脱贫攻坚力量，建立科学高效的作战指挥机制，加强上下级、系统内、部门间、干部间的相互配合、相互补台、相互补位，积极发动社会力量参与，形成脱贫攻坚的强大合力。同时，实行"四个划转"，将市县两级下派的第一书记和驻村干部的组织、工资、管理和考核关系全部划转到乡镇，压实驻村帮扶责任，切实配强基层脱贫攻坚力量。五是勤能补拙。鼓励各级干部拿出"敢教日月换新天"的气概，鼓足"不破楼兰终不还"的劲头，保持激昂斗志，坚持靠作风吃饭，甘于在脱贫攻坚中当技术员、泥水工、装修工等多面角色，团结带领群众脱贫致富。六是将功补过。辩证看待工作过失和组织处理，建立完善干部容错纠错机制，客观公正处理非主观因素导致的失误偏差，引导党员干部珍惜机会，将功补过，做到知耻而后勇、知不足而后进。七是激励补偿。树立奖惩分明、奖优

铜仁"九丰农业＋"模式带动贫困群众脱贫

罚劣、奖勤罚懒的鲜明导向，建立脱贫攻坚一线干部关怀激励机制，强化"培养使用、表彰奖励、待遇保障、人文关怀、抚恤救助、能力提升、创新创业、容错纠错"八个方面的正向激励，促进广大干部群众在脱贫攻坚一线建功立业、成长成才，得到了国务院扶贫办和贵州省委、省政府的肯定。

（二）以"六个不"为重要路径，增强群众内生动力

一是自强不自卑，期待不等待，提振锐气志气。瞄准"等靠要"思想严重的贫困群众，坚持扶贫与扶志相结合，扎实开展"牢记嘱托·感恩奋进"教育，弘扬新时代贵州精神，变"要我脱贫"为"我要脱贫"。大力推进"文军扶贫"，实施文化惠民、文化励民、文化育民、文化富民"四项工程"和文化产业千村扶贫计划，让贫困群众消除自卑心理，实现"口袋""脑袋"双富。2017年以来，全市建档立卡贫困户主动申请脱贫达1万余户。二是依靠不依赖，包干不包办，增强技术技能。深入实施"技能扶贫"行动，组建三农专家服务团，大力开展贫困劳动力全员技能培训，推广农业技术，激励贫困群众干事创业。大力实施"职教扶贫"计划，实现贫困户职教1人、就业1个，带动1家，增强贫困群众脱贫致富能力，做到依靠不依赖、包干不包办。

中华山村集体经济食用菌基地

如万山区建立"扶贫微工厂"，2017年以来共培训搬迁群众1200余人，基本实现培训一批就业一批，使农民变"工人"。三是苦干不苦熬，借力不省力，落实苦干实干。以"民心党建＋'三社'融合促'三变'＋春晖社"农村综合改革推动农村产业革命，充分激发组织、市场、社会"三种力量"，带动群众苦干、实干、加油干，大力发展生态茶、生态畜牧、中药材、蔬果、食用菌、油茶等主导产业，增加了贫困群众收入。探索形成了万山中华山"622"、石阡"四个100%"等利益联结模式。同时，积极抢抓苏州市、大连民族大学、新华社、上海浦东干部学院、五矿集团以及省直有关部门对口帮扶铜仁机遇，扎实开展"同心战贫困·聚力大帮扶""同心战贫困·千企帮千村""同心战贫困·赤子报春晖"等行动，借助金融部门、对口帮扶城市和社会各界力量，助推脱贫攻坚。

（三）以"五个看"为客观标准，切实提高脱贫质量

重点围绕"两不愁三保障"，聚焦贫困发生率高、贫困人口多、人均收入低的边远村组等重点区域和农村低保户、五保户、危房户、重病户、残疾人户、无劳动能力户、独居老人户、义务教育辍学户、边缘户等重点群众，通过"五个看"精准识别脱贫质量，防止漏评、错评、错退现象。一是看屋里摆的。重点查看群众居住房屋是否安全；厨房、卧室是否区分开；家里有无安全饮用的自来水或小水窖（集中取水点）；家庭用电是否稳定可持续；家具、农具、厨具摆放是否整齐，空间布局是否合理，杂物堆放是否有序，室内环境卫生是否干净、舒适。二是看身上穿的。重点查看家庭成员精神状态、身体健康、教育医疗等状况，有无重病、慢性病成员，有无适龄义务教育孩子辍学情况，衣着是否干净整洁，是否符合四季特点，是否有防寒保暖衣物，是否保持积极向上的精神面貌。三是看柜里放的。重点查看家里衣柜、橱柜、储粮柜是否齐备并归类使用；柜里摆放的衣物、棉被、洗漱用品等生活必备品是否干净、整齐，是否能满足日常生活需要。四是看床上铺的。重

贵州省人民医院赴铜仁移民安置点开展健康扶贫巡诊活动

点查看卧室床具能否满足家人居住的基本需求，是否存在睡"地铺"、睡"柜子"、睡"门板"等现象；床上被褥、被套、床单等是否齐备完好。五是看锅里煮的。重点查看群众家里"五谷杂粮"是否储备充足、保存完好；"锅碗瓢盆"是否齐备完好，厨房里油、肉、菜、调料品等食材是否完备充足。同时，通过"五个看"筛查出未实现"三保障"的疑似错退户，对标对表、精准核查退出是否符合程序、标准，对错退户因户施策开展"回头帮"，杜绝"被脱贫"。

（四）以"五个一致"为真实标尺，注重脱贫过程扎实

探索"墙上挂的、袋里装的、嘴上说的、系统录的、客观有的""五个一致"，通过实地结合"五个看"、实地查阅"四卡合一"公示牌和"一户一袋"、实地开展访谈、实地比对检验，切实做到扶真贫、真扶贫，脱真贫、真脱贫。一是"墙上挂的"契合帮扶情况。将惠民政策明白卡、贫困户基本信息卡、干部结对帮扶公示卡、贫困群众收益明示卡"四卡合一"挂到贫困户

墙上，确保"四卡合一"与贫困实际、帮扶措施及成效一致，让人直观清晰了解干部帮扶工作和贫困户家庭实际情况。二是"袋里装的"印证主体指标。做实做全"一户一袋"装的贫困户"一达标两不愁三保障"佐证资料，包括房屋安全、户籍信息、残疾证、医疗报销凭据和收入证明等内容，确保袋里装的能够佐证系统录的数据，真实再现客观实际，实现以"证据"服人。三是"嘴上说的"验证脱贫过程。引导和教育群众做到"四个说得清"，即说得清评定贫困户时间、脱贫时间、收入构成、所享受政策和干部帮扶等基本情况；说得清脱贫前后农村变化，过去旧房危房变现在"安全住房"，过去水、电、路、讯"四不通"变现在"组组通"；说得清农村脱贫攻坚受益状况；说得清"一达标两不愁三保障"等核心指标完成情况，确保嘴上说的和脱贫摘帽实际情况一致。四是"系统录的"体现贫困实际。国办系统录入贫困户的家庭成员组成、致贫原因、帮扶措施、产业发展、收入状况等基本信息，要与贫困村、贫困户的客观实际一致，采取实地查验、实地比对、多方求证等方式，确保扶贫数据真实可靠，杜绝"数字脱贫""虚假脱贫"。五是"客观有

搬迁贫困群众在移民安置点就近务工

的"符合村情民情。充分了解群众居住地的地理环境、气候等生产生活条件，根据"水、电、路、讯"通达情况、产业发展情况、群众家庭"一达标两不愁三保障"情况，真实感受农村发展现状和群众贫困程度，助力各级各部门和脱贫一线干部紧扣实际开展脱贫攻坚。

（五）以"四个好"为最后成果，提高群众认可度和满意度

一是依托基层组织扩大宣传，让群众感受党的政策好。坚持把群众"满意不满意"作为评价党的政策落实好不好的"晴雨表"，通过走访并召开以村民组为单元的群众会、院坝会、文艺演出等活动，广泛宣传党的教育资助、医疗保障、危房改造、易地扶贫搬迁等惠民政策，宣讲脱贫前后对比变化，让群众真正感受到政策带来的红利，从内心深处感党恩、听党话、跟党走。二是依托美丽乡村创建，让群众感受人居环境好。积极开展"美丽乡村·文明家园"创建活动，通过开展农村环境卫生整治行动，探索"农村垃圾兑换

大龙经开区德龙新区移民安置点

超市"等，做到农村"垃圾不乱丢、污水不乱排、杂物不乱摆、牲畜不乱放"，确保村容整洁。通过开展生态环境保护行动，探索林业生态补偿脱贫，做到生态效益和经济效益兼得，实现"处处绿水青山、户户同步小康"。三是开展乡风文明建设，让群众感受社会风气好。大力宣传脱贫攻坚模范、身边好人、道德模范、见义勇为等先进典型，纵深推进扫黑除恶专项斗争，着力构建德治、法治、自治"三位一体"的治理体系，引导群众团结奋进、尊老爱幼、勤劳致富。四是深化"民心党建"工程，让群众感受干群关系好。通过打造"民心党建"工程升级版，做到村村有领导干部联系、驻村工作队帮扶和贫困家庭户户有干部结对帮；开展"干群一家亲"系列活动，设立"结对帮扶日"，实施帮工助农、送医帮教、法律服务等惠民利民行动，进一步增强群众感恩意识、提高群众满意度。

❖ 经验启示

（一）脱贫攻坚必须坚持严格的工作要求

打好脱贫攻坚战，采取正确的战略战术是关键，铜仁市在脱贫攻坚工作中，坚持"七个极"的工作要求。一是极高的政治站位，坚持以习近平总书记关于扶贫工作的重要论述武装头脑、指导实践，坚持以脱贫攻坚统揽经济社会发展全局，团结带领全市各族干部群众牢记嘱托、感恩奋进，汇集向脱贫攻坚发起总攻、夺取全胜的磅礴力量。二是极深的民生情怀，坚持以人民为中心的发展思想，深入基层、深入群众，以群众生活改善为立足点，以群众满意度为标尺，带领群众战胜困难，摆脱贫困。三是极强的全局统筹，明确攻坚方向，把握攻坚重点，运用战略思维、创新思维、系统思维、辩证思维，做到脱贫焦点不散、靶心不变、力度不减、节奏不乱。四是极佳的脱贫成效，对贫困人口进行精细化管理、对贫困群众进行精准化扶持，既不吊高胃口，也不降低标准，确保贫困人口真实脱贫。五是极准的路径举措，针对不同的贫困人群采取不同的脱贫策略，集中人力、物力、财力等资源为贫困人口顺利脱贫提供支持。六是坚持极硬的工作作风，开展实地调查、认真研究、真抓实干，带领群众苦干实干，激发贫困群众脱贫热情。七是坚持极优的组织保障，整顿软弱涣散基层党组织，全面夯实基层基础，为夺取脱贫攻坚全面胜利提供坚强的组织保障。

（二）脱贫攻坚必须坚持"脱真贫、真脱贫"的原则

铜仁市在脱贫攻坚过程中采用"三真三因三定"的脱贫原则，切实为贫困群众真脱贫做实事。一是坚持真情实意、真金白银、真抓实干，把贫困问题作为最重要的民生问题，投入真金白银，深入基层、深入群众，切实地做到真心实意为民解忧、为民解困、助民致富。二是坚持因地制宜、因势利导、因户施策，全面掌握扶贫对象致贫原因，挨家挨户制定帮扶措施，确保"六个精准"。三是坚持定点包干、定责问效、定期脱贫，充分发挥区县党委"指挥部"、乡镇党委"主阵地"、村两委"战斗员"、第一书记和驻村干部"主力军"作用，落实脱贫攻坚考核机制和一线干部关怀激励机制，确保如期高质量打赢脱贫攻坚战。

（三）脱贫攻坚必须处理好"四个关系"

在脱贫攻坚过程中，应努力处理好脱贫攻坚与经济社会发展的关系、脱贫攻坚与乡村振兴的关系、脱贫攻坚与基层组织建设的关系、脱贫攻坚与深入实施大生态战略行动的关系。这四个关系的判断标准是：既有利于改善贫困人口的生活困境，又有利于地区经济发展；既有利于实现贫困人口长期脱贫，又有利于乡村振兴；既有利于贫困人口实现真脱贫，又有利于夯实党的基层组织；既有利于贫困人口长远脱贫，又有利于绿水青山变金山银山的生动局面。

贵州省扶贫办主任推荐语

铜仁市属于武陵山集中连片特困地区。近年来，铜仁市深入贯彻落实习近平总书记关于扶贫工作的重要论述，探索创新了"76554"工作方法，助推脱贫攻坚取得显著成效。"76554"工作方法是坚持问题导向，强化整改落实，全面提升脱贫成效的重要抓手；是激发群众内生动力，引导群众自力更生、艰苦奋斗的重要措施；是评判精准脱贫质量，全面提高脱贫精准度的重要方法；是检验脱贫工作务实、脱贫过程扎实、脱贫结果真实的重要标尺；是保证脱贫成效，提高群众认可度和满意度的重要手段。"76554"工作方法为全省集中连片特困地区脱贫攻坚提供了示范，具有较强的可复制性和推广性。

李　建：贵州省委副秘书长，省扶贫办党组书记、主任

专家点评

脱贫攻坚是一项艰巨复杂的系统工程，既需要坚忍不拔的意志和大量的资源投入，更需要配套的政策支撑和有效的工作方法。铜仁市创造性地探索出了"76554"工作方法，彰显了强烈的使命意识、深厚的民生情怀和顽强的拼搏精神，体现了实事求是、科学严谨和一丝不苟的工作作风，贯穿了因地制宜、统筹协调和整体推进的工作思维和工作方法，具有很强的系统性、针对性、操作性和示范性。这一工作方法经受了脱贫攻坚实践的检验，有力地调动和整合了地方党委政府、扶贫干部、贫困群众和社会各界等多方面力量，从而不仅为脱贫攻坚，也为其他领域的社会治理提供了样板。可以预见，"76554"工作方法及其所蕴含的方法论价值，将对铜仁市甚至其他地方的乡村振兴和社会治理起到借鉴和示范作用。

游　俊：吉首大学原党委书记、教授、博士生导师，吉首大学武陵山片区扶贫与发展协同创新中心主任，中国民族学学会副会长

思 考 题

1. 在脱贫攻坚过程中，如何将习近平总书记关于扶贫工作的重要论述结合各地实际创造性地抓好贯彻落实？

2. 如何激发脱贫攻坚一线干部的工作积极性和主动性？

延伸阅读

《铜仁市制定出台脱贫攻坚一线干部关怀激励机制》（铜仁网，http://www.tongren.gov.cn/2017/0603/135762.shtml，2017 年 6 月 13 日）

以"西畴精神"闯出
石漠化山区脱贫攻坚新路

——云南省西畴县的探索

摘要： 西畴县位于云南省东南部，是全省乃至全国石漠化程度深重的地区之一，自然环境恶劣，一度被认为罹患"生态癌症"，曾被外国地质专家断言为"基本失去人类生存条件的地方"。在全力脱贫攻坚的征程中，西畴县聚焦"两不愁三保障"目标，压实责任，精准施策，勇于探索产业扶持促增收、可持续发展的新路子，把重构生态屏障、夯实发展基础作为重中之重，创新新时代"西畴精神"宣传弘扬平台，激励基层干部、群众干事创业活力，决战脱贫攻坚，实现了基层党建与脱贫攻坚双推进，为石漠化地区脱贫攻坚贡献出"西畴方案"。

关键词： "西畴精神" 精准施策 生态脱贫

引言： 2015 年 11 月 27 日，习近平总书记在中央扶贫开发工作会议上指出，各级党委和政府必须坚定信心、勇于担当，把脱贫职责扛在肩上，把脱贫任务抓在手上，拿出"敢教日月换新天"的气概，鼓起"不破楼兰终不还"的劲头，攻坚克难，乘势前进。

❖ 背景情况

西畴县位于云南省东南部，是全国 592 个贫困县之一，全县 1506 平方公里，其中 99.9% 属于山区，石漠化面积占 75.4%，人均耕地仅有 0.78 亩，是北回归线上海拔最高的县，集革命老区、少数民族地区、石漠化严重地区、贫困山区于一体。基础薄弱、产业滞后，贫困面广、程度深是西畴贫困的基本特征，"山大石头多，出门就爬坡，只见石头不见土，玉米长在石窝窝，春种一大片，秋收一小箩"是西畴县的真实写照。

地球癌症——西畴县乱石丛生的喀斯特地貌

西畴是边陲战略重地，为保家卫国、支持内地建设和发展作出了巨大贡献。直到 1992 年才将工作重心转移到经济建设上来。受缺土、缺水、山大石头多等自然条件限制，交通建设滞后，产业发展不足，经济总量小与贫困面大、贫困程度深并重，无钱发展和无资源利用交织，西畴县脱贫攻坚极为艰难。

❖ 主要做法

（一）认真贯彻落实中央决策部署，在精准上发力

摸清家底，对症下药，差别化因村因户施策。严格按照"三评四定"精准识别贫困对象，截至 2018 年年底，全县锁定贫困行政村 62 个，建档立卡贫困户 9964 户 37519 人，贫困发生率为 16.63%。紧扣"五个一批"和"两不愁三保障"要求，结合实际制定了"1+4+N"脱贫政策体系，坚持一户一策

补齐短板，逐村逐户逐人逐项销号，做到贫困对象家底、致贫原因、帮扶措施、投入产出、帮扶责任、脱贫时序"六清"，确保所有刚性指标达标。1项主导政策：即十条脱贫路径，包括医疗健康、合作发展、产业扶持、务工增收、教育帮扶、金融支持、易地搬迁、生态补偿、消费助推、保障兜底10个方面；4项配套政策：解决"两不愁三保障"问题政策措施、贫困群众居住环境改善、主导产业发展补助政策和"5分钱"工程奖补政策；"N"项行业扶持政策：包括产业扶贫、就业帮扶、教育扶贫、健康扶贫、安全饮水、残疾人扶持、公益性岗位、护林员、电力扶持等。

分区作战，挂钩帮扶，压实责任精准。一是将全县划分为9个战区29个片区，由县四套班子主要领导及县委常委任战区指挥长，处级干部担任片区负责人。二是县主要领导遍访全县所有村委会，片区指挥长、副指挥长遍访挂钩村所有贫困户，乡（镇）党委书记、乡（镇）长遍访本乡（镇）所有贫困户，村委会书记遍访本村所有贫困户。三是每个县级单位包一个村委会，实现69个村全覆盖，由一名单位班子成员带队，分批次轮流到挂钩村开展工作。组织各级挂包帮单位开展挂包帮，实现建档立卡户全覆盖。四是从县级各部门抽调一名副职到村任第一书记或工作队队长，共派驻驻村工作队队员332名，实现驻村扶贫工作队全覆盖。五是明确每村分片包干领导责任，明确驻村工作队员、村委会干部包户销号责任。此外，定点扶贫、东西部协作、挂钩帮扶等全面推进，动真情、扶真贫、真扶贫，在人力、物力、财力等方面给予大力支持。深入开展"万企帮万村"行动，积极引导社会各界参与脱贫攻坚，2018年共有9家企业和社会组织捐赠资金445万元助力脱贫攻坚工作，初步形成了"大帮扶大协调大动员大参与"的脱贫攻坚格局。

整合资金，凝聚力量，项目投入实施精准。一是加大县级投入力度。在县级财力吃紧的情况下，优先整合1.2亿元县级扶贫资金，从提高贫困村扶贫经费、农村C级D级危房改造、农村人居环境提升、农村基础设施建设等方面着手，增加县级扶贫专项资金投入规模，充分发挥扶贫资金保障作用，加快脱贫步伐。二是整合涉农资金。围绕资金使用精准，以财政扶贫资金为黏合剂，加大上级涉农资金争取力度，预计整合到位上级资金 5.4 亿元用于专项扶贫。三是加强专项资金监督管理。建立扶贫项目实施的监督管理制度，编制相关资金使用拨付进度表册，实行项目资金周报制，制定扶贫资金监督检查计划，进一步规范扶贫资金使用管理，保障扶贫项目资金落实到位。2014 年以来，西畴县积极整合农业、水利、交通等各项资金参与扶贫开发，累计投入各类扶贫资金 20.4 亿元。县级财政每年拿出 1 亿元，并保持每年增长 10% 的比率，用于到村到户帮扶，确保扶贫资金用在刀刃上，发挥最大效益。

（二）坚持促增收、可持续，在产业发展和就业上发力

一是探索"农民四变"改革模式，拓宽增收渠道。科学制定产业发展规划和就业计划，优化产业布局，采取易地扶贫搬迁、发展后续产业、鼓励外出务工、引导经商创业、公益性岗位安置、资产收益分配、社会保障兜底等多种形式，探索形成农民变市民、变股民、变工人、变商人"四变改革"模式，既缓解了石漠化山区的生存压力，又促进了贫困群众增收致富。截至 2018 年年底：全县有 628 户贫困户 2478 人搬迁城镇居住，实现由农民变市民；有 9964 户贫困人口参与股份合作，实现由农民变股民；有 11164 人通过培训外出务工，实现由农民变工人；有 1000 余名贫困群众通过发展二、三产业促进增收，实现由农民变商人。

二是探索"五合"发展模式，解决群众持续增收难题。针对部分贫困户缺技术、缺劳动力、自身发展能力不足等问题，探索形成"信用社 + 村集体经济组织"的社信合作、"合作社 + 村集体经济组织"的社企合作、"集体经济组织 + 贫困户"的社员合作、"合作社 + 挂联单位"的消费合作、"公司 + 贫困户"的劳务合作五种合作发展模式，破解持续增收难题。截至 2018

年年底，全县有 2082 户档卡户参与"社信合作"，实现群众增收 260 万元；有 2053 户档卡户参与"社企合作"，实现户均增收 5000 元；有 842 户档卡户参加"社员合作"，年户均增收 500 元；有 226 户档卡户参与"消费合作"，年户均增收 2803 元；有 737 户档卡户参与"劳务合作"，年户均增收 2100 元。

三是探索"扶贫车间"脱贫模式，夯实群众增收致富根基。针对全县拥有农村富余劳动力 14 万人的实际，搭建劳务对接平台，组织开展劳动技能培训，落实外出务工人员交通补贴、稳岗补贴等优惠政策，在不断提高劳务输转组织化程度的同时，通过支部牵线搭桥、干部结对帮扶、党员示范带动等方式，采取招商引资、一次性奖补、优先给予创业贷款扶持、整合农村闲置资源等措施，探索"党支部 + 扶贫车间"脱贫模式。截至 2018 年年底，全县共成立就业协会 72 个，开展就业培训 17544 人，组织 6 万人外出务工（其中档卡户 12944 人）；共建成扶贫车间 13 个，115 名农村富余劳动力就近务工，人均月增收 2000 元以上。

（三）大力夯实发展基础，在解决脱贫攻坚瓶颈上发力

西畴县把夯实发展基础作为重中之重来抓，做到扶贫开发与生态保护相结合。

石漠山乡展新颜——西畴县三光片区石漠化改造取得明显成效

一是"六子登科"治理模式让石漠荒山变成绿水青山。全力推动石漠化治理与脱贫攻坚相结合，积极探索石漠化治理模式与机制，形成山顶戴帽子、山腰系带子、山脚搭台子、平地铺毯子、入户建池子、村庄移位子的"六子登科"石漠化综合治理模式，走出一条修复自然生态、释放绿色发展的成功之路，让石漠变绿洲成为现实。截至2018年年底，全县累计发展特色经济林28.9万亩。

二是"五法治水"破解石漠山区饮水难题。面对山高石头多、用水贵如油的窘境，西畴县探索形成制定规划"引"水、技术到位"建"水、五小水利"蓄"水、推行河长制"管"水、创新机制"活"水的"五法治水"模式，推动农村水利工程建设，有效解决石漠化山区群众吃水难题。截至2018年年底，全县累计建成"五小水利"工程4.1万余件，新增和改善灌溉面积10.9万亩，有效解决了13.4万人3.82万头大牲畜的饮水不安全问题。

三是"四轮驱动"模式破解交通瓶颈制约。面对悬崖峭壁、山高壑深、交通滞后问题，积极探索形成"群众主动、精神鼓动、干部带动、党政推动"的"四轮驱动"公路建设模式，推进农村"四好公路"建设。2012年以来，全县共补助资金1.6亿元，带动群众自筹资金和投工投劳8.2亿余元，修通农村等外公路3100公里，公路密度273.7公里／百平方公里，是全省平均公路密度的3倍，被列为云南省农村公路建设试点县。

四是穷县办富教育，解决教育保障问题。以小县办大教育、穷县办富教育的气魄，坚持把最好的土地用来办教育，全力挖掉贫困"穷根子"。2014年以来，累计投入13.44亿元，新建和改扩建校舍15万平方米，新增绿化面积3.2万平方米，2017年全县80所义务教育学校全部达标，并顺利通过国家督导评估验收。累计发放补助资金1180.96万元，受益学生13282名，社会各界共资助15578人次647.93万元。

（四）坚持自治法治德治融合，在乡村治理上发力

西畴县大力推行社会治理群防群治，探索形成了"治安巡防""保安防范""多警联防""科技防控"的"四防式"治安防控模式。2012 年以来，全县刑事发案率仅为 1.5%，1772 个村组中，有 1583 个村连续 10 年矛盾不出村，645 个村连续 10 年不发案，1472 个村 2017 年实现零发案，创造了"发案少、秩序好、乡风文明、社会稳定、群众满意"的"西畴新现象"，成为新时代"枫桥经验"在西畴大地的生动实践。

创新"道德银行"积分制，建设"幸福超市"，把弘扬传统美德和文明风尚作为主要内容进行积分，采取以劳动换工分的措施，破除"等靠要"思想。实施"5 分钱工程"，撬动乡村环境卫生整治，群众按每天节约 5 分钱、每年节约 18 元的标准来筹集保洁费用，采取"以奖代补"的办法对村小组按月补助，聘请贫困群众担任保洁员，农村人居环境实现从"脏乱差"到"洁净美"的华丽转变，被云南省列为全省脱贫攻坚举措"六小创新"之一全面推广。

（五）突出党建引领，在建强党组织、发挥党员先锋模范上发力

突出党组织政治建设，通过搭建党建教育平台、创建新时代弘扬"西畴精神"讲习所，搭建基层党组织规范化服务平台，探索"十有十强"党建模式，搭建实干担当平台，激励基层干部干事创业活力，搭建村集体经济发展平台，增强村级组织带动能力，搭建新时代文明实践平台，促进农民素质提升"五个平台"，深入推进"自强、诚信、感恩"主题实践活动，讲好"西畴精神"典型故事，强化"精神扶贫"，切实把党建资源转化为扶贫资源、把党建优势转化为脱贫优势、把党建活力转化为攻坚动力，村村寨寨掀起"小康是干出来的，不是'等、靠、要'来的"建设热潮，彰显"幸福都是奋斗出来的"，实现了基层党建与脱贫攻坚双推进。如今的西畴已发生了翻天覆地的变化，昔日的石漠已变成喀斯特绿洲。

苦熬不如苦干

西畴县岩头村李华明等"大山里的现代愚公"
带领乡亲们凿出深山里的"最后一公里"

❖ 经验启示

在脱贫攻坚过程中，西畴县坚决落实国家政策，因村因户施策，坚持生态与发展并重原则，积极探索乡村治理新模式，推动脱贫与区域发展并举。截至 2018 年年底，全县累计脱贫退出 9141 户 34857 人，出列 60 个贫困行政村，全县贫困发生率下降到 1.17%，西畴县在全州率先脱贫摘帽。

（一）坚持问题导向，聚焦解决"两不愁三保障"根本目标

首先，认真分析贫困原因和现状，聚焦贫困群众生产生活最直接最急需解决的困难问题。其次，政府部门和社会各界人士齐出手，实现贫困户帮扶全覆盖。最后，建立一套完善的扶贫资金投入、整合和监督体系。

（二）坚持大建设、大开发与大保护、大生态并重

"既要金山银山，也要绿水青山，绿水青山就是金山银山。"科学编制扶贫开发与生态保护并重的总体规划，基础设施、产业项目要充分考虑生态保护因素，生态环境建设是实现可持续健康发展的重要保证，必须坚持扶贫开发与生态环境协同发展。

深藏于绿水青山中的西畴县汤谷太阳村

（三）坚持生产布局优化与乡村治理重构并重

一方面，以产业布局为核心，结合乡村振兴规划，立足农村资源特色和优势产业，发挥劳动力资源优势，多措并举增加农民收入来源，保障农民收入稳定；另一方面，积极探索农村法治、德治、自治相结合的治理模式，让农民成为乡村治理的主体，发挥农民的积极性、自主性和创造性，推动乡村社会更快更好更美地发展。

"产业美、生态美、风气美、治理美、生活美"的西畴县莲花塘乡白石岩村

（四）坚持帮助贫困群众脱贫与推动贫困地区区域发展并重

坚持以脱贫攻坚统揽经济社会发展全局，注重贫困群众脱贫与贫困地区持续发展。以贫困户脱贫为着力点和导向，瞄准问题，因地制宜，分类施策，同时夯实地方的发展能力，加强基础设施建设，巩固脱贫成果，不断提升贫困地区经济综合实力，为稳定脱贫奠定坚实基础。

云南省扶贫办主任推荐语

西畴县地处滇黔桂石漠化核心区，是全国石漠化程度深重的地区之一。20世纪90年代，面对石漠化吞噬和生存考验，西畴人民没有坐等观望、畏难退缩，而是用逢山开路、遇水架桥的勇气，展开了向石漠化、向贫困宣战的斗争，创造了"敢教石漠变绿洲"的奇迹，铸就了以"等不是办法，干才有希望"为核心要义的"西畴精神"。西畴县脱贫攻坚过程是落实习近平总书记"弱鸟先飞"意识、"滴水穿石"精神的生动实践。党的十八大以来，西畴县把"西畴精神"充分运用到脱贫攻坚实践中，调动贫困群众的积极性和主动性，变"要我脱贫"为"我要脱贫"，在决战攻坚的关键时刻，苦干实干，率先摘帽退出，成为边疆民族贫困地区脱贫实践的成功典范。

黄云波： 云南省政府副秘书长，省扶贫办党组书记、主任

专家点评

在脱贫攻坚过程中，云南省西畴县以"西畴精神"为引领，坚持创新发展，为石漠化地区脱贫攻坚贡献了"西畴方案"。从该案例中，可以总结出三点认识：其一，要持续强化党建引领特别是精神引领，充分激发基层干部和贫困群众攻坚克难的信心与动力，调动贫困群众参与脱贫攻坚的积极性与主动性；其二，要不断创新石漠化山区综合治理的实现形式，通过创造性采用"六子登科""五法治水""四轮驱动"等做法，实现脱贫攻坚与生态保护有效结合；其三，要充分调动村民作为乡村治理主体的积极性、自主性和创造性，积极探索自治、法治、德治相结合的乡村治理体系，推进脱贫攻坚与乡村治理有机融合。该案例对于石漠化山区的脱贫攻坚具有

重要的借鉴价值，值得推广。

张志明：中共中央党校（国家行政学院）党建部主任、教授、博士生导师

思考题

1. 如何坚持问题导向，聚焦解决"两不愁三保障"根本目标？

2. 在基本失去人类生存条件的地区，如何激发广大干部群众内生动力决战脱贫攻坚、实现脱贫摘帽目标？

延伸阅读

1.《社科专家解读西畴精神》（《社会主义论坛》2018 年第 13 期）

2.《云南西畴：石旮旯里劈出致富路》（《人民日报》2017 年 3 月 20 日）

发展村级集体经济
激发群众内生动力

——西藏自治区拉萨市白纳村脱贫攻坚纪实

摘要: 在村庄发展过程中,西藏自治区拉萨市达孜区德庆镇白纳村的脱贫工作长期受制于贫弱的集体经济。近年来,白纳村以党建为引领,发展绿水青山旅游产业,打造绿色发展模式,发展铸铜雕刻工艺产业,打造白纳民族品牌,发展乡村特色草莓产业,打造甜美红火名片,发展水磨糌粑产业,打造绿色优质食品,最终于 2017 年实现整村脱贫出列。其经验启示是:加强党建引领是脱贫攻坚的坚固基石,突破思维局限是脱贫攻坚的动力来源,聚焦集体经济是脱贫攻坚的重要抓手,保护生态环境是脱贫攻坚的民生工程。

关键词: 党建引领　特色产业　脱贫增收

引言: 2017 年 6 月 23 日,习近平总书记在深度贫困地区脱贫攻坚座谈会上指出:"要把夯实农村基层党组织同脱贫攻坚有机结合起来,选好一把手、配强领导班子,特别是要下决心解决软弱涣散基层班子的问题,发挥好村党组织在脱贫攻坚中的战斗堡垒作用。"

❖ 背景情况

白纳村位于达孜区德庆镇东南方,距离拉萨市区约 30 公里,平均海拔 3880 米,属于温凉半干旱高原气候,低压缺氧、寒冷干燥、日温差大、太阳辐射强。土地总面积为 27.65 万亩，其中耕地面积为 4042.1 亩，林地面积为 3600 亩。2015 年年底，白纳村共有 12 个村民小组 660 户 2624 人，其中建档立卡贫困户 75 户 339 人，贫困发生率为 8%。

白纳村党支部按照中央、区、市、县关于脱贫攻坚工作的重大决策部署，并借助拉萨市委八届八次全委会关于村级集体经济全覆盖的安排部署，进一步厘清发展壮大村级集体经济思路，多渠道培植集体经济，大力发展专业合作组织。白纳村党支部按照"一村一品、一村一特"的思路，不断发展壮大水磨糌粑、村集体超市、休闲林卡、草莓农牧民专业合作社、铸铜手工艺品制作合作社等村组经济实体。同时，依托村级集体经济发展"基地＋休闲旅游＋农事体验（草莓自主采摘）"的新型运营模式，逐步形成以旅游、服务、特色种植、民族手工业为重点的产业链条，着力提升村级集体经济"科学化、特色化、产业化、品牌化"水平。2018 年 9 月 28 日，西藏自治区人民政府正式批复达孜区脱贫摘帽，白纳村实现脱贫出列。截至 2018 年年底，贫困人口人均可支配收入增长到 10782.9 元，贫困人口基本实现"两不愁三保障"。

白纳村委会

❖ **主要做法**

在白纳村党支部的带领下，村民发展壮大优质草莓种植基地、特色休闲度假基地、铸铜手工艺基地、水磨糌粑生产基地等，形成了白纳草莓、阿古顿巴糌粑、白纳沟旅游等招牌名片。通过党建引领，不断做大做强村级集体经济，提高建档立卡贫困户组织化程度，增强贫困群众自我发展能力，激发内生动力，创造幸福美好的生活。

（一）发展绿水青山旅游产业，打造绿色发展模式

白纳村自然环境优美，绿草如茵，群山环绕，河流蜿蜒其间，犹如一幅美丽的画卷，并且是西藏家喻户晓、妇孺皆知的智慧人物阿古顿巴的出生地，坐落着"阿古顿巴母亲灵塔""阿古顿巴灵塔""强久灵塔""其瓦膨吧"泉眼等自然人文景观。近年来，白纳村党支部立足于丰富的自然资源和人文景观，秉持"绿水青山就是金山银山"的发展理念，把发展旅游产业作为壮大村集体经济的重要抓手，准确把握"山脚线、道路线、水系线"这"三线"，重点实施白纳沟"山水林田湖草"生态保护修复工程项目，着力打造具有高原特色的"乡土植物园"旅游景区，为白纳村脱贫攻坚、乡村振兴带来助力与活力，促进绿色发展。

白纳村鸟瞰图

　　不过，2011年以前，白纳村休闲度假场所均为个人经营，缺乏科学的管理和运营模式，"小散粗"特征显著。为此，白纳村党支部着眼于人民群众日益增长的旅游休闲需求，鼓励有经营能力、经营意愿的村民小组和农牧民个人以合作社的形式建设特色休闲度假点。截至2019年上半年，白纳村特色休闲度假村增至5处，分别为4组囊钦度假村、8组拉木孜度假村、10组曲果林卡、5组牧家乐、3组仁昂度假村，共有大小帐篷139座，占地面积为320000平方米，年均接待国内外游客8万人次。而且，度假村累计带动800余名农牧民群众就业，其中建档立卡贫困户32户128人，年人均增收2000余元。譬如，白纳村4组经营的囊钦度假村，4组村民全部参与经营管理。2018年5月，囊钦度假村与布达拉旅游传媒文化有限公司合作，在未破坏天然草地的基础上建设了32个民族特色帐篷，每个帐篷占地面积为35平方米，帐篷内部宽敞明亮，设施齐全。囊钦度假村带动建档立卡贫困户9户27人就业，从事餐饮服务、保洁治安管理等，年人均增收3000余元。2019年7月，白纳村入选全国乡村旅游重点村名录。白纳村党支部第一书记巴珠经常说，白纳村能够发展特色旅游产业，吸引游客及民众，带动贫困群众增收致富，主要得益于白纳村长久以来对生态环境的建设与保护，"绿水青山就是金山银山"，白纳村会一直走绿色可持续的发展道路。

白纳村休闲度假村鸟瞰图

（二）发展铸铜雕刻工艺产业，打造白纳民族品牌

白纳村铸铜雕刻工艺已有 600 多年的历史，是西藏历史悠久的铸铜雕刻地点之一。为推进民族铸铜雕刻工艺产业化、壮大村庄集体经济，白纳村党支部多方奔走、宣传、引导，自 2008 年开始牵头成立合作社，统一管理，实现了由作坊向合作社（公司）管理模式的转变。经村党支部广泛动员后，白纳村成立了白纳手工艺有限公司、雪域金铜合作社、罗占民族手工艺有限公司、雪域扎西合作社等 9 家铸铜手工艺品合作社（公司）。管理模式调整后，铸铜雕刻工艺产业化水平显著提升，白纳村门拉铸铜雕室于 2009 年获得了国家级"民族手工艺传承人"称号，罗布占堆铸铜雕室于 2012 年获得了西藏自治区"民族手工艺示范户"称号。而且，铸铜合作社（公司）带动群众致富效果也相当明显，带动农牧民群众就业 186 人，其中建档立卡贫困户 25 人，日工资 200—800 元。研究确定 4 家铸铜雕刻手工艺品合作社（公司）参与精准扶贫产业分红，年均分红 180 户 43.5 万元。

白纳村手工艺人正在铸铜雕刻

铸铜雕刻工艺产业带动贫困群众脱贫致富的故事比比皆是。白纳村 7 组建档立卡贫困户巴桑西洛家有 5 口人，弟弟系残疾人，弟媳需要照顾 2 个年幼的孩子，家庭的重担全压在他一个人肩上。2016 年以前，巴桑西洛一直在家务农，年收入大概 6000 元，全家仅仅达到基本温饱水平，生活贫苦，白纳村党支部班子看在眼里，急在心里，迫切想为巴桑西洛一家找到增收脱贫的路子。2017 年年初，白纳村党支部成员积极动员雪域金铜合作社为巴桑西洛提供就业岗位，经协商，雪域金铜合作社很快为其提供就业岗位，以岗代训，边学边干，巴桑西洛一家深受感动与鼓舞。巴桑西洛本人非常珍惜在雪域金铜合作社的工作机会，努力向师傅学习雕刻技艺，很快掌握了铸铜雕刻的技巧，现月均工资 4000 元，极大改善了家庭的生活状况，并顺利脱贫。

（三）发展乡村特色草莓产业，打造甜美红火名片

白纳村积极创新"村党支部＋种植＋休闲采摘"的思路，成为拉萨市著名的农牧民草莓种植采摘基地，草莓已成为达孜区特色农业标志，被《西藏日报》、西藏电视台等主流媒体争相报道，白纳村党支部第一书记巴珠被誉为"草莓书记"。2009 年以前，白纳村曾尝试种植黄瓜、冬瓜、青椒、茄子、白菜、豇豆、西红柿、西瓜等蔬菜瓜果，但因拉萨市本土市场蔬菜瓜果种植较多，白纳村的蔬菜瓜果没有优势，销售门路较少，价格较低，经济效益不理想。2008 年 11 月，白纳村党支部第一书记巴珠赴江苏省镇江市参加基层党组织建设培训班时，学到了内地先进的草莓种植技术，镇江市草莓种植基地可观的经济收益令他深受触动。经向培训老师询问草莓种植的环境、技术要求后，了解到草莓适合在高原、高海拔地区生长。巴珠回到白纳村后，在蔬菜瓜果种植不景气的情况下，萌生了种植草莓的念头。2009 年年底，白纳村党支部决定试点先行，小范围进行草莓种植试验，并在达孜区农牧局和拉萨市科技局的帮助下，引进了适合本地生长的草莓品种"白兰地"。

但因达孜全县甚至全拉萨市农牧民都从未种植过草莓，缺乏技术、经验

和信心，群众对草莓种植充满了疑虑，对白纳村党支部的决定抱有怀疑，谁也不愿做"第一个吃螃蟹的人"。白纳村党支部毫不气馁、毫不退缩、鼓足干劲，多次入户动员、反复劝说，最后有 10 户群众同意跟随村党支部进行草莓种植试验，并建设了 10 个草莓温室大棚。在种植初期，因技术有限，在江苏培训学到的技术运用起来还不够成熟，遇到了阻力，群众再一次动摇了种植的信心。白纳村党支部多方寻求解决方法，在拉萨市科技局的帮助下，联系到了中科院的专家学者，为白纳村草莓种植提供长期技术指导。2010 年上半年，试点的 10 个草莓大棚喜获丰收，群众看到了实实在在的草莓财富商机，纷纷主动找到白纳村党支部班子成员要求加入草莓种植队伍。其间，白纳村党支部结合精准扶贫、精准脱贫工作，将建档立卡贫困户吸纳到草莓种植项目中。

　　据不完全统计，白纳村草莓种植最多时达到 72 户 75 栋设施温室，种植面积达到 22.5 亩，年均产量约 12000 斤，毛收入 52 万元。累计带动 18 户建档立卡贫困户就业，实现户年均增收 9000—10000 元。草莓品种也由原来的"白兰地"扩增至"奶油""红颜""纹章""白雪公主"等多个适应高原气候且优质高产的品种。

白纳村温室草莓

（四）发展水磨糌粑产业，打造绿色优质食品

一是立足于改造传统水磨糌粑坊，为壮大集体经济奠定基础。2013年，为顺应绿色产业发展的需求，同时为解决白纳村个体糌粑磨坊接近瘫痪、疲软的发展现状，白纳村党支部经过认真调研，在德庆镇党委的支持下，启动了白纳村集体经济项目——白纳村水磨糌粑坊。该项目充分发挥近郊区位优势，立足于白纳村水利资源丰富、青稞产量高、品种优良的资源禀赋，不断将其做大做强。2018年，白纳村党支部又联合拉萨市国土局驻白纳村工作队投资40万元对水磨糌粑坊进行升级改造。

二是聚焦于稳定糌粑销售渠道，确保集体、农户双受益。2017年以前，水磨糌粑磨坊效益低下，带来的集体经济收入不到万元，发展进入瓶颈期，白纳村党支部主动学习其他乡镇、村居的成功经验，有时间就会聚在一起讨论如何拓宽销售门路。2017年以来，白纳村党支部集思广益，拟订了合理的销售方案，在达孜区党支部、区政府的大力支持下，将达孜区五保集中供养中心、达孜区幼儿园、中心小学、中学列为优质糌粑的固定销售渠道；在拉萨市城市管理局的帮助下，拉萨市流浪犬收容中心列为次等糌粑的固定销售点。同时，为最大限度增加白纳村农牧民群众收入，白纳村党支部决定以高于市场价格（白青稞5元/公斤，黑青稞6元/公斤）从本村农牧民手中收购用于水磨糌粑坊的青稞原料，每年平均为本村群众增收18万元。

白纳村水磨糌粑坊

三是着眼于打造糌粑品牌，提升产品附加值，助力集体经济腾飞、村民脱贫。早在 2015 年，白纳村党支部就注册了"阿古顿巴糌粑"商标，经过近几年的科学运营，品牌价值不断凸显，"阿古顿巴糌粑"已然成为拉萨市著名的糌粑品牌之一，很多拉萨市民、区内外游客慕名而来购买白纳村糌粑。水磨糌粑坊年均实现村集体经济收益达 27 万元，带动建档立卡贫困户 53 人就业，除去村委会提供的工作餐，每人日均工资 150 元。

❖ 经验启示

白纳村打赢脱贫攻坚战，是村党支部充分发挥基层党组织战斗堡垒作用的必然结果，更是全村农牧民脱贫致富奔小康实际行动最璀璨的体现。其经验和启示主要有以下四点。

（一）加强党建引领是脱贫攻坚的坚固基石

在脱贫攻坚战中，白纳村党支部始终充当脱贫攻坚"排头兵"、脱贫攻坚"急先锋"，与各级各部门、干部群众奏好脱贫攻坚"协奏曲"，充分发挥党组织引领作用、党员干部带头作用，干群同心合力，助力建档立卡贫困群众脱贫，为白纳村如期实现脱贫奠定坚固基石。

（二）突破思维局限是脱贫攻坚的动力来源

在脱贫攻坚的关键节点，白纳村党支部没有自怨自艾、故步自封，而是创新方式方法，树立生态修复保护发展理念，引进草莓种植技术，带领群众突破思维局限，摒弃传统观念，创造性地走出了一条全新的绿色产业模式，为脱贫攻坚提供了动力来源。

（三）聚焦集体经济是脱贫攻坚的重要抓手

白纳村党支部积极探索多元化发展模式，选准富民强村的路子，全力推进集体经济发展。引进草莓从鼓励村民小组成立休闲度假合作社，到全村成立公司统一管理雕刻工艺，再到启动白纳村集体经济项目——水磨糌粑坊产业，村级集体经济成为脱贫增收的重要抓手，更是脱贫巩固提升的重要保障。

（四）保护生态环境是脱贫攻坚的民生工程

习近平总书记指出，"绿水青山就是金山银山"，"我们要像爱护眼睛一样保护生态环境"。良好的生态环境是白纳村发展旅游文化产业、打造特色品牌的基础，同时也是绿色可持续发展的重要根基，更是脱贫致富的重要助力。

西藏自治区扶贫办主任推荐语

扶贫开发彰显了中国共产党领导和中国特色社会主义制度的优越性。位于西藏首府的达孜区德庆镇白纳村，村党支部强化脱贫攻坚的战斗堡垒作用，选优配强村级班子，大胆选用思想解放、事业心强、思路清晰、懂经营、善管理的"能人"担任村"两委"成员，组织引领当示范，撸起袖子加油干。通过培树典型，增强干部主动担当、主动发展意识，立足区位、资源、人文等优势，有针对性地发展"种养型""服务型"等各种类型的集体经济。发展绿水青山旅游产业，打造绿色发展模式；发展铸铜雕刻工艺产业，打造白纳民族品牌；发展乡村特色草莓产业，打造甜美红火名片；发展水磨糌粑产业，打造绿色优质食品。白纳村"两委"依托村集体经济这块肥沃的土壤，结合当地资源禀赋，找到了破解基层组织在产业选择上选项难、运营难等难题的切入点和突破点，播下了脱贫致富的种子，把富裕的果实装进了贫困群众的口袋。

尹分水：西藏自治区扶贫办党组副书记、主任

专家点评

党建引领是脱贫攻坚的坚固基石，壮大集体经济是脱贫攻坚的重要抓手。通过加强党的基层组织建设，为脱贫攻坚提供重要引擎。在实践层面，

加强基层党组织建设的内涵非常丰富，但最核心要义是培育、建强乡村党支部班子，充分发挥村级党组织引领发展、凝聚人心的作用。与此同时，村级集体经济是村民脱贫致富、村庄整体发展的重要依托。增强村级集体经济是脱贫攻坚的应有之义，亦是打赢打好脱贫攻坚战的重要实现手段。西藏拉萨市白纳村的案例生动展现了以基层党建增强集体经济、以集体经济促进脱贫攻坚的发展脉络，尤其是立足贫困村的资源禀赋，将基层党建、集体经济、绿色发展和脱贫攻坚有机结合起来，找准了发展路径。

张丽君：中央民族大学经济学院院长、教授、博士生导师，中国少数民族经济研究所所长

思考题

1. 在发展村级集体经济的过程中，如何有效激发贫困群众内生动力？
2. 如何发挥基层党组织在脱贫攻坚中的战斗堡垒作用？

延伸阅读

1.《筑梦，在希望的田野上》(搜狐网，http://www.sohu.com/a/325392939_160909，2019 年 7 月 8 日)
2.《阿古顿巴的传说在这里流传》(《西藏日报》2019 年 6 月 29 日)

户分三类　精准帮扶

——陕西省镇安县以"绣花功夫"决战脱贫攻坚

摘要：精准扶贫、精准脱贫，关键在于把握精准要义。近年来，陕西省商洛市镇安县着眼中央要求，立足县情实际，紧紧抓住劳动能力这一最关键的生产要素，探索推行"户分三类、精准帮扶"工作机制，根据贫困户家庭现状、致贫原因、发展潜能、变化趋势等因素，把贫困户划分为有劳动能力户、弱劳动能力户、无劳动能力户三大类，实行一户一策、一人一法，切实将帮扶措施精准到户到人到项目，扶到了点上、扶到了根上、扶到了关键处。

关键词：精准识别　分类施策　精准帮扶

引言：2017年12月18日，习近平总书记在中央经济工作会议上指出："打好脱贫攻坚战，关键是聚焦再聚焦、精准再精准，采取更加集中的支持、更加有力的举措、更加精细的工作，瞄准特定贫困群众精准帮扶。对有劳动能力的，要通过产业扶持、转移就业等办法实现脱贫；对丧失劳动能力的，要确保他们病有所医、残有所助、生活有兜底，要通过最低生活保障及其他政策措施，确保他们基本生活有保障，实现脱贫。"

❖ 背景情况

　　陕西省镇安县地处秦岭南麓，是国家扶贫开发重点县、革命老区县，也是陕西省11个深度贫困县中唯一一个2018年度脱贫摘帽县。全县总面积

3487平方公里，辖15个镇办、154个村（社区），有建档立卡贫困村96个，其中深度贫困村15个，总人口30.26万人，其中建档立卡贫困人口2.05万户6.18万人。

镇安县作为一个深度贫困县，在实现脱贫摘帽过程中，面临三大突出问题：一是攻坚任务异常艰巨。境内山大沟深，自然条件较差，经济发展滞后，农业基础薄弱，特别是支撑群众增收脱贫的产业弱而散，就业渠道不多，贫困人口稳定脱贫、持续增收任务艰巨。二是致贫原因复杂多样。贫困人口因病、因残、因学和缺劳力、缺技术、缺资金、交通条件落后等致贫原因叠加，特别是患大病慢性病、贫困残疾人、贫困老人占比较高。以往常规帮扶、单一手段难以奏效，需要采取更加精准、更加有效的帮扶措施。三是帮扶工作简单盲目。深度贫困地区贫困面积大、贫困人口多，有限的项目资金如果不精准安排，就难以发挥作用；部分帮扶干部下到农村，不知道工作如何开展，实施帮扶、落实政策容易"一刀切"，针对性不强，影响帮扶工作的有效推进。

为了有效破解这些难题，镇安县自2017年年底开始，县委、县政府主要领导和分管领导带头，深入各乡镇村庄摸底调研，逐村逐户综合研判，紧紧抓住劳动力这一关键性生产要素，探索建立了"户分三类、精准帮扶"工作机制，将贫困户据实划分为有劳动能力户、弱劳动能力户、无劳动能力户，实行一户一策、一人一法，切实将帮扶措施精准到户到人到项目，初步走出了一条精准扶贫、精准脱贫的新路子。这一做法，得到了国务院扶贫办和陕西省委、省政府的充分肯定，陕西省脱贫攻坚指挥部下发文件在全省推广。全国政协副主席、九三学社中央常务副主席邵鸿实地调研后指出，镇安"户分三类"经验抓住了脱贫更精准、更公平、更完善、更可持续的关键因素，完善了扶贫工作体制和措施，全国都能学习借鉴。

❖ 主要做法

（一）摸清底数

镇安县在已录入建档立卡贫困户信息的基础上，逐户进行再核实、再补正、再完善。重点开展了"九核"工作。一核家庭人口。以户籍人口为参考，以家庭实际共同生活人口为准，主要核有无漏纳、错纳人口，核因婚嫁、死亡、新生、失踪、迁入迁出等人口变化情况，进一步核准贫困家庭真实人口。二核健康状况。按照健康、残疾、长期慢性病、患大病、其他五种类型，由行业部门逐人认定家庭成员身体状况。三核劳动力。依据贫困人口的身体、年龄、技能等情况，将家庭成员逐人核定为普通劳动力、技能劳动力、弱劳动力、丧失劳动力和无劳动力。四核从业情况。按照务农、打零工、稳定务工、公益性岗位或公益专岗、在校生五种类型，据实核定贫困人口从业情况。五核致贫原因。根据国务院扶贫办确定的 12 种致贫原因，逐户研判，找准找全，按照从主要到次要的顺序逐一排列。六核家庭收入。重点核生产经营性收入和工资性收入，原则上两项收入不低于家庭总收入的 60%。七核政策落实。主要核贫困户应享受政策是否全部享受、政策标准是否执行到位、政策落实是否及时兑现。八核达标情况。突出"两不愁三保障"，逐户逐项排查，重点核哪些已经达标、哪些还有欠账、帮扶措施是否精准有效、当年是否能够脱贫退出。九核群众意愿。主要征求群众对帮扶工作意见建议、是否自愿脱贫。通过"九核"，基本做到了底子清、情况明。

同时，镇安县还针对农村普遍存在的恶意分户、不赡养老人等现象，创新推行了"备案老年贫困户"的做法。具体分两种情况进行合理界定：一种是对子女都不是贫困户，收入稳定、生活条件较好，因不尽赡养义务而造成独居老人生活困难的，没有纳入贫困户的一律不纳入，已经纳入的按清退处理，坚决杜绝把赡养老人的责任推给党委、政府的不良现象。组织"四支队伍"逐户上门教育引导，或由司法部门强制子女依法履行赡养义务，签订赡养协议，提供赡养费用，保障老人基本生活。另一种是子女虽然都不是贫困户，但实际生活也比较困难，识别前老人已分户独居的，由帮扶干部采集5户以上群众证言，村"两委"召开会议研究审定，再由村民代表会进行公开评议，公示无异议后报县扶贫局备案，确定为"备案老年贫困户"，享受所有扶贫政策。截至2018年7月，全县共认定贫困户728户1128人。然后，在已确定的备案贫困户中，因子女婚嫁、外出务工等原因或子女失联2年以上，生活实际无依无靠的老人，够条件的直接纳入兜底低保户，不够条件的重点帮扶、正常退出。

村"四支力量"入户核查贫困户信息

（二）据实分类

镇安县依据贫困户家庭成员的劳动力状况，结合致贫原因、发展潜能、变化趋势等，把贫困户划分为三大类：第一类是有劳动能力户。把家庭成员身体基本健康、劳动力相对充足、有稳定脱贫产业的贫困户确定为有劳动能力户，然后再对照户脱贫的五条标准，把已经达标的确定为放心户，一项以上没有达标的确定为缺项户。2018年，全县共确定有劳动能力户10521户，占贫困户总户数的51.1%，其中放心户7185户、缺项户3336户。第二类是弱劳动能力户。把家庭成员因病、因残、劳动力弱、劳动力相对偏少、收入不稳定的贫困户确定为弱劳动能力户，然后再把弱劳动能力户中，经过帮扶当年可以达标脱贫的确定为可脱户，不能脱贫的确定为沉底户。2018年，全县共确定弱劳动能力户5143户，占贫困户总户数的25.0%，其中可脱户4415户、沉底户728户。第三类是无劳动能力户。把家庭成员全部因病、因残、因年龄无劳动能力或丧失劳动能力的贫困户，确定为无劳动能力户，然后再把无劳动能力户中达到特困人员救助供养条件的，确定为特困供养户，不够特困人员救助供养条件的确定为兜底低保户。2018年，全县共确定无劳动能力户4921户，占贫困户总户数的23.9%，其中特困供养户3720户、兜底低保户1201户。

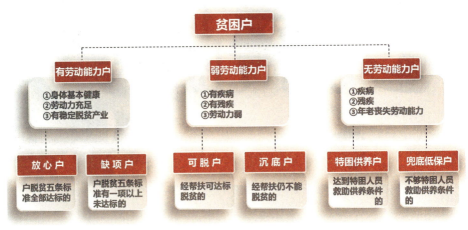

贫困户分类图

（三）精准帮扶

镇安县根据贫困户划分的三种类型，在逐户找准找全致贫原因的基础上，对照脱贫退出标准，按照缺什么补什么、需什么帮什么的原则，逐户逐人制定帮扶措施。一是对有劳动能力户，重点实施产业帮扶。按照"长短结合、以短养长"的思路，为每个有劳动能力户都帮助规划了两个以上的长短产业，并出台产业扶持政策，给予一定的奖补。2017 年以来，全县累计发放产业奖补资金 1.63 亿元，发展板栗 60 万亩、核桃 30 万亩、中药材 13 万亩、茶园 10 万亩、桑园 5 万亩、魔芋 5 万亩、油用牡丹 3 亩、烤烟 2.7 万亩、食用菌 1300 万袋，生猪、牛、羊、鸡存栏量分别达到 7.5 万头、1.06 万头、9.28 万只和 61 万只，基本实现了户户产业全覆盖。其中：对放心户，重点巩固脱贫成效，提高脱贫质量，促其稳定脱贫；对缺项户，列出缺项清单，重点落实补短措施，明确完成时限，实行销号管理，确保按期脱贫。比如，对安全住房不达标的，通过易地扶贫搬迁和危房改造予以保障，确保按期入住；对安全饮水不达标的，通过新建和改建供水设施，确保有水吃且水质达标；等等。

贫困户在白芨药材基地务工

二是对弱劳动能力户，重点实施就业帮扶。主要帮扶措施落实到人，组织开展实用技术和劳动技能培训，就近就地安置公益岗位，或安排到全县208个扶贫工厂（车间）稳定就业，或组织动员龙头企业、专业合作社、能人大户吸纳就业。2018年，全县共安排公益岗位就业979人、护林员岗位就业1640人、扶贫工厂（车间）就业2900余人，龙头企业、专业合作社、能人大户吸纳就业4200余人，户均达到1人以上就业。其中，对可脱户，重点用足用好各项扶贫政策，逐人制定帮扶措施，倾尽全力、穷尽办法帮其脱贫。比如：家庭成员有疾病的，逐人落实健康扶贫四重保障和"医生＋患者"签约服务；家庭成员有残疾的，逐人落实残疾人补助和就业创业政策；家庭成员有学生的，逐人落实贫困学生资助、救助、捐助政策；等等。对沉底户，制订年度帮扶计划，依据家庭情况明确脱贫时限，重点通过持续帮扶，逐年实现脱贫。

云盖寺镇丰元手工制作就业扶贫工厂

三是对无劳动能力户，重点实施政策帮扶。除不折不扣落实兜底政策外，主要解决好分散供养特困人员、兜底低保户的安全饮水、安全住房和生活用电，确保其按期达标脱贫。其中：对特困供养户，重点是落实特困人员救助供养政策，进行集中或分散供养，实现政策脱贫；对兜底低保户，重点落实A类低保，补齐缺项短板，实现兜底脱贫。

永乐街道办王家坪中心敬老院

❖ 经验启示

陕西省镇安县通过"户分三类、精准帮扶"工作，在全县形成了"领导苦抓、干部苦帮、群众苦干"的良好氛围，农业产业健康发展，农村面貌显著改善，农民收入稳定增长，干群关系和谐融洽。2018年，贫困发生率降至0.89%，在陕西省深度贫困县中率先实现了脱贫摘帽，提供了可借鉴经验。

县委、县政府主要领导在木园村研判"户分三类"台账

（一）摸清底数是前提

扶贫必先识贫，只有扶贫对象清楚了，才能因户施策、因人施策。具体实践中，镇安县通过实施"户分三类"，全面开展"九核"工作，核准了每一户的家庭人口、健康状况、劳动能力、从业情况、家庭收入等基础信息，全面摸清了贫困底数，有效解决了过去数据信息与帮扶计划不紧密、群众意愿与帮扶措施不对应等问题。实践证明，只有把扶贫对象找准，把贫困家底盘清，做到心中有数、工作有方、目标明确，才能使帮扶工作更具有针对性。

（二）精准帮扶是关键

开对了"药方子"，才能拔掉"穷根子"。具体实践中，镇安县通过实施"户分三类"，改变了过去贫困户致贫原因只查找主要、次要两个致贫原因的简单做法，通过对贫困户逐户"体检"、逐户"会诊"，列出了所有致贫原因，然后根据每一个致贫原因制定一个以上帮扶措施，再对照"两不愁三保障"

脱贫标准，找出每一户脱贫退出的短板和弱项，对已经达标的重点巩固提升，对没有达标的重点聚力补短，有效解决了过去帮扶工作存在的致贫原因研判不准、帮扶措施制定不实、项目资金安排不合理等问题。实践证明，只有找准"穷根"、紧盯短板，对不同原因不同类型的贫困采取不同措施，做到精准把脉、对症下药、靶向治疗，才能不断提升脱贫攻坚成效。

青铜关镇丰收村养蚕工厂

（三）锤炼作风是保障

打赢打好脱贫攻坚战，关键在干部，成败在作风。具体实践中，镇安县通过实施"户分三类"，为帮扶干部列出了工作清单，制定了"任务书"，绘就了"路线图"，让干部对照目标干、带着任务干，有效解决了过去帮扶干部心中无数，无所适从，不知道帮什么、怎么帮等问题。同时，颁布"六条铁律"，创建脱贫攻坚"红旗村"，推选扶贫"中心户长"，让干部下到一线、干在一线、历练在一线。实践证明，只有干部带着感情干、带着责任干，做到上下同欲、干群同心、合力攻坚，才能密切干群关系，提升群众认可度。

云盖寺花园移民安置小区

陕西省扶贫办主任推荐语

　　打赢脱贫攻坚战，关键是聚焦再聚焦、精准再精准。镇安县深入贯彻中央、省脱贫攻坚决策部署，针对贫困户家庭状况千差万别、致贫原因多样叠加的实际，进一步深化、拓展、用好贫困户建档立卡信息，找准、找全致贫原因，紧紧抓住劳动能力这一最关键的生产要素，将贫困户据实划分为有劳动能力户、弱劳动能力户、无劳动能力户三类，实施一户一策、一人一法，将帮扶措施精准到户、到人、到项目，探索形成了"户分三类，精准帮扶"工作机制，走出了一条精准扶贫、精准脱贫的新路子。镇安县的创新做法，找准了当前脱贫攻坚的需求点、主攻点、发力点，本质上体现了精准要义，措施上体现了细化实化，推进上体现了有力有序，工作上体现了责任担当，具有很强的推广价值。

　　文引学： 陕西省政府党组成员，省扶贫办主任

专家点评

分类施策是精准扶贫、精准脱贫的重要原则，"五个一批"为各地的脱贫攻坚工作提供了基本遵循。然而，正如习近平总书记所指出的，贫有百样、困有千种。因此，面对具体的致贫原因和贫困状况，还需要在"五个一批"的基础上进行更加精细的分类治理。陕西省商洛市镇安县根据地方实际，推行"户分三类，精准帮扶"分类施策、靶向治疗的创新实践，着重在精准上下功夫。尤其是对"弱劳动能力户"的类别界定具有重要的启示意义，不仅把握了"精准"的核心要义，而且注意到了贫困群众内生的发展能力与动力，是值得推广的扶贫模式。

李小云：中国农业大学人文与发展学院教授、博士生导师，国务院扶贫开发领导小组专家咨询委员会委员，教育部社科委委员

思考题

1. 在资金分配、项目安排、干部帮扶等方面，做到与脱贫攻坚任务相适应，有哪些方法和措施？

2. 针对致贫原因和贫困人口结构，如何发挥开发式扶贫和保障性扶贫的综合效应？

延伸阅读

1.《脱贫攻坚——陕西在行动　户分三类　精准帮扶 镇安县探索精准脱贫新路径》(《陕西日报》2018 年 9 月 5 日）

2.《"户分三类　精准帮扶" 镇安县在全省深度贫困县中率先实现了脱贫摘帽》(《华商报》2019 年 6 月 28 日）

脱贫攻坚的"庄浪模式"

——甘肃省庄浪县依托农业产业扶贫开发有限责任公司创新产业扶贫机制

摘要：庄浪县是国家扶贫开发工作重点县，也是甘肃省深度贫困县。近年来，庄浪县紧紧围绕习近平新时代中国特色社会主义思想，认真贯彻落实中央和省、市脱贫攻坚一系列决策部署，持续优化思路，精准施策帮扶，集中力量攻坚，全县脱贫攻坚工作取得了明显成效。在纵深推进脱贫攻坚的实践中，提出了"整体工作党委政府推动、产业发展公司化运作、组织生产专业合作社实施、贫困群众入社入股分红"的发展思路，组建了庄浪县农业产业扶贫开发有限责任公司，构建了"党组织＋国有公司＋龙头企业＋专合组织＋贫困群众"的产业扶贫"庄浪模式"。

关键词："三变"改革　产业扶贫　"庄浪模式"

引言：2016年4月25日，习近平总书记在安徽凤阳县小岗村农村改革座谈会上指出：中国要强农业必须强，中国要美农村必须美，中国要富农民必须富。要坚持把解决好"三农"问题作为全党工作重中之重，加大推进新形势下农村改革力度，加强城乡统筹，全面落实强农惠农富农政策，促进农业基础稳固、农村和谐稳定、农民安居乐业。

❖ 背景情况

　　庄浪县是一个农业大县，自 1964 年开始，庄浪人民秉承"实事求是，崇尚科学，自强不息，艰苦创业"的庄浪精神，兴修梯田，改造山河，勇敢地同大自然进行顽强的斗争，经过 34 年的持续努力，建成了百万亩水平梯田，于 1998 年实现了梯田化和整县基本解决温饱的目标，成为全国第一个"梯田化模范县"，改善人民生活、促进群众增收工作取得了阶段性成效。但庄浪县作为国家扶贫开发重点县，面临的脱贫任务一直都很繁重。庄浪县地处"两西"地区，地理条件差，自然环境恶劣，产业增收难度大，实现整县脱贫目标任务重；全县苹果、种薯、畜牧、劳务等产业虽已形成规模，但组织化程度低、产业链条短、增收效益不明显的问题比较突出；中央和省、市各类政策机遇叠加、项目资金持续增多，但用于产业品牌化、市场化发展的扶持资金少、投融资渠道狭窄。脱贫攻坚战打响以来，庄浪县立足县情实际，坚持把精准扶贫、精准脱贫作为"一号工程"，牢牢抓在手上、扛在肩上，攻软肋、补短板、强弱项，创新体制机制，盘活资源资产，积极推进农村"三变"改革，激发了贫困群众的内生动力，促进了农业增效、农民增收和农村繁荣。依靠积极探索脱贫攻坚新途径，庄浪县脱贫攻坚工作取得了良好成效。2018年，庄浪县荣获全国脱贫攻坚奖组织创新奖。

❖ 主要做法

（一）突出问题导向，优化完善工作思路

　　针对全县剩余贫困人口多、脱贫攻坚难度大，产业发展组织化程度低、链条短、贫困村户增收效益不明显和品牌化、市场化发展资金少、投融资渠道窄等问题，庄浪县委积极探索，大胆实践，提出了"整体工作党委政府行政推动、产业发展公司化运作、组织生产专业合作社实施、贫困群众入社

入股分红"的发展思路，制定了《庄浪县脱贫攻坚实施方案（2018—2020年）》《庄浪县"九大冲刺行动"实施方案》《庄浪县打赢脱贫攻坚战三年行动方案》等政策性文件，建立健全了脱贫攻坚等资金管理办法，进一步明确了主攻方向，找准了着力重点，推动了组织领导、工作力量、项目资金向贫困片区倾斜，惠民政策、产业发展、培训资源向贫困群众聚焦，有效提高了脱贫攻坚工作的针对性、精准性和实效性。

（二）突出平台搭建，健全产业发展组织体系

针对全县外引经营主体难度大、农业产业龙头企业少、带富致富能力弱的问题，庄浪县统筹整合各方力量，加强顶层科学设计。2017年成立庄浪县农业产业扶贫开发有限责任公司（以下简称"县农公司"），在18个乡镇设立分公司，在293个村建立种植、养殖和林果业专业合作社，构建了"党组织＋国有公司＋龙头企业＋专合组织＋贫困群众"的产业扶贫"庄浪模式"。为了把县农发公司打造成现代农业龙头企业集团，坚持社会化融资、规模化发展、集约化经营、市场化营销，全面加快现代化发展步伐。目前总公司内设种植业、养殖业、林果业、农发商贸和陇原薯业5个子公司，在各乡镇和天津、兰州等地分别设立分公司，形成了以国有公司为主导、龙头企业为补充、专合组织和家庭农场为支撑、贫困群众为主体的产业发展组织体系，带动贫困群众进入产业发展组织体系。

（三）突出"三变"改革，激发贫困群众内生动力

以县农发公司为依托，采取土地、资金等10种入股方式，推行"三变"＋特色产业、乡村旅游等10种改革模式，制定相关配套政策，建立综合推进机制，集中力量抓建了30个"三变"改革试点村、10个产业发展综合示范区，在完成61个村试点任务的基础上，农村"三变"改革在全县全面推开。

庄浪县农村"三变"改革农户入股分红现场

大力实施农民专业合作社"能力提升工程",制定下发了《关于加快推进全县农民专业合作社规范提升和发展壮大的实施意见》《农业专业合作社联席会议制度》《产业发展指导员及农民专业合作社辅导员制度》等文件,按照国有公司推进型、龙头企业带动型、村级班子带领型和能人大户领办型四种模式。截至 2019 年 6 月底,全县累计登记注册农民专业合作社 1529 个(其中县乡村三级联合社 141 个、自然村合作社 183 个),创建国家级示范社 6 个、省级示范社 26 个、市级示范社 37 个,核实注销未运营合作社 126 个、规范提升 877 个,促进了农民专业合作社由单一服务向生产经营、由松散发展向紧密联合转变。

(四)突出产业发展,夯实脱贫攻坚增收基础

按照"一业为主、多种经营,长短结合、突出特色"的思路,2018 年,统筹整合各类涉农资金 5.22 亿元,落实产业扶贫到户资金 3.54 亿元,加快产业扶贫步伐,形成了"果升级、牛扩量、薯提质、劳增效"的良好态势。

苹果产业注重规模扩张与标准管理同步推进,链条延伸与市场拓展双向用力,新植补植果园 1.63 万亩,全县果园面积累计达到 65 万亩、挂果园 31 万亩,其中贫困群众果园面积 9.2 万亩、挂果园 2.5 万亩,适宜区贫困群众人

均种植果园 1 亩以上。

庄浪县苹果产业种植基地

畜牧产业紧扣繁育、防疫、饲草、加工、营销、品牌六大体系建设，坚持公司集中饲养与农户散养相结合，扶持贫困户大力发展牛产业，累计建成牛舍 4178 座，建成青贮窖 658 座，补全了产业发展短板，形成了循环农业发展基本模式。

庄浪县"平凉红牛"养殖基地

种薯产业坚持自主培育与品种引进相结合，发挥市场运作、研发团队和"雾培法"技术优势，提高科技含量，扩大繁育规模，建成脱毒种薯扩繁温室23座，扶持贫困户种植种薯5.9万亩，带动全县发展种薯25万亩。完成"庄浪马铃薯"国家地理标志证明商标注册，提高了"庄薯"系列、"庄浪粉条"品牌的知名度和影响力。

庄浪县马铃薯种薯繁育基地

劳务产业推行"党组织＋劳务公司＋中介组织＋贫困劳动力"运行方式，组建劳务公司7家，建成"就业扶贫车间"27家，吸纳贫困劳动力741人，实现贫困群众就地就近就业增收、顾家创收两不误。开发公益性岗位1120个，培训贫困劳动力6651人，全县输转劳动力11万人（次），创劳务收入14.88亿元，实现了有序输转、务工质量和稳定创收"三提升"。特色产业种植大蒜3万亩、中药材1.5万亩，种植粮饲兼用玉米、苜蓿、燕麦、青稞等优质饲草9.46万亩，扶持贫困群众发展"五小"（小庭院、小作坊、小手工、小买卖、小养殖）增收产业，贫困群众年人均增收650元以上，构建了多渠道发展、综合性增收的产业体系。

（五）注重生态宜居，统筹实施乡村振兴战略

坚持以保障群众生产生活条件为底线，以农村环境综合整治为重点，以建设美丽乡村为导向，积极争取项目资金，着力改善贫困乡村人居环境。持续开展造林绿化，坚持"针叶阔叶混交、乔灌草合理搭配、高中低立体栽植"的模式，打破乡镇村社界限，整乡整流域推进，整山整沟道治理，整村整社区绿化，异地统筹调劳。到2019年，在近3年的时间里共组织党员群众义务投劳112万人次，全县共计完成生态造林34.16万亩，发放退耕还林补助7940万元，受益贫困人口7328户，选聘建档立卡生态护林员882名，发放补助资金154.35万元。

深入推进交通路网建设，庄浪县成立了县交通运输建设投资有限责任公司，加快农村路网建设，S220鱼池至莲花公路、S521南坪至马关公路、刘庙至董湾公路改扩建工程进展顺利。截至2019年8月，实施县乡道安全生命防护工程126公里。修复水毁道路210公里，实施乡镇建制村"畅返不畅"路线整治9项共51.9公里，其中2018年完成7项共38.6公里，2019年完成乔湾至余湾、朱店至刘庙2项13.3公里。城乡路网结构持续优化，通达通畅能力显著提升。

扎实开展农村环境整治，着力推进农村厕所革命、垃圾革命、风貌革命"三项"革命和生活污水治理、废旧农膜回收利用与尾菜处理利用、畜禽粪污及秸秆资源化利用"三项行动"，建成农村户用卫生厕所3200座，持续开展全域无垃圾专项治理，集中解决环保突出问题，农村生产生活环境持续改善。

（六）创新机制体制，形成扶贫脱贫整体合力

坚持产业发展精准到村到户，立足眼前、兼顾长远，制定各产业三年发展规划和当年的工作重点，每个产业都明确主抓领导、责任单位、目标任务和推进措施。积极实施"九大冲刺行动"，成立了九个推进工作组，实行"三

级统筹"多元投入、"五方联动"凝聚合力和"五个一"产业推进机制，促进了产业扶贫由面上整推向分行业、分领域冲刺转变。从严落实贫困村 1 名联系领导、1 个帮扶单位、1 名第一书记或队长、1 名贫困户结对帮扶人和 1 支农业技术服务队的"五个一"帮扶机制，汇聚了帮扶合力。确定 493 名科技人员组成 100 个农业技术服务队，实行片长、副片长、队长和队员分工负责制，落实三级会议制度，健全奖惩机制，推行"集中技术培训 + 分散服务指导"模式，实现"村有增收产业、户有致富门路、人有一技之长"的农技服务新格局。抽组 40 名专职人员组成 10 个督查组，对产业扶贫日督查、周通报，每两个月对乡镇、部门产业发展情况进行一次现场督查交账，好的授予流动红旗，差的给予黄牌警告，连续三次被黄牌警告的乡镇及相关主要负责人引咎辞职，推动产业扶贫做深做实做精做优，加快了脱贫攻坚步伐。

庄浪县农民专业合作社苹果喜获丰收

❖ 经验启示

作为国家扶贫开发工作重点县，庄浪县贫困人口多、贫困程度深、脱贫难度大。2013 年全县建档立卡贫困村 132 个，贫困人口 3.17 万户 13.55 万人，贫困发生率 32.73%。经过 5 年的努力，全县稳定脱贫 10.16 万人，2018 年年底剩余贫困人口 38357 人，贫困发生率下降到 9.32%，产业发展提质增效，基础设施日趋完善，公共服务持续提升，社会保障全面优化，人居环境稳步改善，庄浪产业扶贫模式被省委省政府在全省推广。

（一）产业发展与生态保护双措并举

庄浪县自然环境恶劣，水土流失严重，在建设 100 万亩标准化梯田的基础上，全县干部群众进一步弘扬"庄浪精神"，坚持生态建设和林果经济相结合，加大力度改造生态环境，全力推进生态修复，农村环境得到有效改善，为脱贫攻坚奠定了良好基础。

（二）产业升级与链条延伸齐头并进

庄浪县在公司化推动产业发展的同时，推动农业产业升级，在"扩量、提质、增效"的同时，与科研院校合作，推行农业产业标准化生产，不断提高农产品市场竞争力。同时与大型农业企业签订合作协议，在节约营销成本的基础上，延伸农产品产业链条，最大限度增加农产品市场利润。

（三）政府推动与农户自我发展有效结合

大部分贫困群众自我发展的意愿强烈，但由于技术、资金、资源等方面因素的制约，自我发展的后劲不足。庄浪县不断完善各级产业组织，形成了覆盖县、乡、村的产业扶贫体系，实行贫困群众入股分红的增收模式，为贫困农户的脱贫增收提供了坚实的组织保证。

甘肃省扶贫办主任推荐语

全国第一个"梯田化模范县"——甘肃省庄浪县，是国家扶贫开发工作重点县，也是全省23个深度贫困县之一。为了从根本上改善生产生活条件，从20世纪60年代开始，全县广大干部群众经过30多年坚持不懈的努力，建成了百万亩水平梯田，铸造了"实事求是，崇尚科学，自强不息，艰苦创业"的"庄浪精神"，1998年被水利部命名为全国第一个"梯田化模范县"。近年来，庄浪县干部群众在全力打赢打好脱贫攻坚战、决胜全面小康的征程中，不忘初心、知行合一，立足本职、躬身笃行，锐意创新、砥砺奋进，探索出"党组织＋国有公司＋龙头企业＋专合组织＋贫困群众"的产业扶贫"庄浪模式"，走出了一条创新的路子，为全省脱贫攻坚树立了典范。

任燕顺： 甘肃省扶贫办党组书记、主任

专家点评

产业扶贫是针对贫困人口脱贫而培育增收产业，以产业发展让贫困人口获得可持续性发展机会的一种扶贫模式。培育产业、促进贫困人口持续增收是精准扶贫、精准脱贫的重点、难点，甘肃省庄浪县在脱贫攻坚的实践中，创新了产业扶贫模式，破解了贫困地区产业发展难题，对于贫困地区产业发展具有借鉴意义。其工作创新主要有两点：一是充分发挥政府在脱贫攻坚中特别是在产业扶贫中的主导作用，通过政府主导优化产业布局、凝聚产业合力、延伸产业链条、压实产业扶贫责任，增强了产业扶贫的实际效果；二是不断创新产业发展的组织体系，提出"整体工作党委政府推动、产业发展公司化运作、组织生产专业合作社实施、贫困群众入社入股

分红"的发展思路，构建"党组织＋国有公司＋龙头企业＋专合组织＋贫困群众"的工作机制，提升了产业带动脱贫的组织化程度。该案例表明产业扶贫还要坚持绿色、生态发展原则，推进产业发展，一定要树立新的财富观，一定要把经济效益、社会效益、生态效益等有机统一起来，在产业发展过程中，也需要坚持好党的领导，夯实基层组织建设，把最大的政治优势真正转化为强大的经济动力优势。

庄天慧： 四川农业大学党委书记、教授、博士生导师，西南减贫与发展研究中心主任

思 考 题

在脱贫攻坚过程中，如何利用"三变"改革，推进特殊困难群体参与资产收益扶贫，保障贫困群众稳定脱贫？

延伸阅读

1.《庄浪，为什么能》(《甘肃日报》2018 年 11 月 25 日)

2.《"庄浪模式"与"三变"改革：黄土地上走出的庄浪路子》(国际在线，http://news.cri.cn/20190705/f15f85ad-3b09-161d-47d3-f4c4843b462d.html，2019 年 7 月 5 日)

脱贫攻坚的"湟中路径"

——青海省湟中县脱贫"摘帽"故事

摘要： 近年来，湟中县以不忘初心的政治担当，勇毅笃行的发展决心，创新突破的改革思维，紧盯"两不愁三保障"工作目标，努力开拓一条"党建引领定向、产业培育支撑、多方同频发力"的致富增收路径，全力构筑"安心上学、安心看病、安心住房"的兜底保障体系，着力探索"产业发展＋励志奖励＋兜底保障＋扶志扶智"的长远脱贫机制，于2018年顺利退出国家扶贫开发工作重点县和六盘山集中连片特困地区贫困县序列。

关键词： 提高站位　兜底保障脱贫　长效机制

引言： 2012年12月29日至30日，习近平总书记在河北省阜平县考察扶贫开发工作时指出："全面建成小康社会，最艰巨最繁重的任务在农村、特别是在贫困地区。没有农村的小康，特别是没有贫困地区的小康，就没有全面建成小康社会。"

❖ 背景情况

湟中县位于青海省东部，县境西、南、北三面环围省会西宁市，海拔2225—4488米，总面积2444平方公里。全县辖10镇5乡1个街道办事处，380个行政村16个社区居委会，常住人口46.01万人，户籍人口48.17万人，有回族、藏族、土族、蒙古族等24个少数民族，少数民族人口占总人口的 32.99%。

2001 年，湟中县被国家确定为扶贫开发工作重点县，2011 年被国务院列为六盘山集中连片特困地区。经多轮精准识别、数据对比，全县贫困村 156个，占全县行政村总数的 41%，建档立卡贫困人口 9127 户 29092 人，占全市贫困人口的 44.8%、全省的 5.47%，贫困面广、贫困程度深。自精准扶贫工作开展以来，县委县政府以习近平新时代中国特色社会主义思想为指引，深入学习贯彻习近平总书记关于扶贫工作重要论述和"四个扎扎实实"重大要求，牢固树立"四个意识"，不断坚定"四个自信"，坚决做到"两个维护"，紧紧围绕精准扶贫、精准脱贫基本方略，汇全县之策，举全县之力，集全民之智，以"八个一批"和"十个专项"为统揽，立梁架柱，夯基垒台，攻坚拔寨，扶贫开发工作取得了阶段性成效。2017 年，被评为"青海省脱贫攻坚先进集体"，2018 年年底，全县 156 个贫困村全部退出，8954 户 28565 名建档立卡贫困人口实现脱贫，综合贫困发生率由 2016 年年初的 13.7% 降为 0.23%。

❖ 主要做法

（一）提高站位、强化保障，坚决扛起脱贫攻坚之责

始终把脱贫攻坚作为政治责任扛在肩上，构建协调高效的指挥体系。建立健全以县委县政府主要领导为"双组长"的脱贫攻坚指挥部，纵向建立"五级"责任体系，横向设立"九大"职能部室，统筹协调乡镇、部门开展各项工作，构筑起"横向到边、纵向到底、责任到人"的指挥体系，形成"县级统筹抓、乡镇直接抓、部门分工抓、村级具体抓"的工作格局。筑牢共同脱贫的思想根基。通过开设"周三晚课堂"等多种形式，深学细悟习近平新时代中国特色社会主义思想和关于扶贫工作重要论述，做到决策部署第一时间传达学习、攻坚任务第一时间安排部署、困难问题第一时间研究解决，广大党员领导干部思想认识、政治站位进一步提升。建设坚强有力的基层堡

垒。通过选优配强村干部、持续整顿软弱涣散党组织、实施村级活动场所改造升级项目等措施，不断强化基层党组织建设，使党建工作更好地引领扶贫、服务扶贫、推动扶贫。配强善作善成的扶贫队伍。着力在选、派、用等重点环节上下功夫，先后为县扶贫局调整配备科级领导干部4名，充实熟悉基层工作、扶贫工作的干部职工20余名，乡镇扶贫工作站均有3—6名工作人员专项负责脱贫攻坚工作，向贫困村选派第一书记156名、驻村扶贫干部313名，向非贫困村派出干部480名，保证每个贫困村有3名扶贫工作队员、非贫困村至少有2名扶贫工作人员，夯实了县、乡、村三级脱贫攻坚力量。

2018年10月9日湟中县召开脱贫攻坚决战决胜誓师大会

始终把推动落实作为重中之重抓在手上，构筑全要素政策保障体系。制定《湟中县"八个一批"脱贫攻坚行动计划》和涉及交通、水利等《十个行业扶贫专项行动方案》，以及涵盖资金使用、项目管理等方面的制度措施33

项,打出"1+8+10"脱贫攻坚"组合拳",保障了脱贫攻坚工作有序开展。构筑全过程责任考评体系。严格落实各级党组织"一把手"负责制和县级领导包保乡镇、县直机关单位包保非贫困村的"双包"责任工作机制,通过预警提醒、通报督办等措施,层层传导落实责任压力。制定出台《湟中县精准扶贫工作考核细则》,将脱贫攻坚工作纳入各级党政班子绩效目标责任制考核范围,加大考核权重,强化结果运用,推动了脱贫攻坚工作开展。构筑全方位监督问责体系。先后制定《湟中县第一书记和驻村工作队干部日常管理细则》《湟中县精准扶贫工作责任追究细则》《湟中县精准扶贫工作督查制度》《湟中县扶贫专项资金共管账户管理办法(试行)》等制度,强化对扶贫干部的硬性约束,大力开展扶贫领域专项巡察和作风问题专项治理活动,严肃查处扶贫领域各项违纪违规问题。强化对扶贫项目资金的监督管理,按照"专户管理、独立核算、监督使用"原则,采取"项目户+第一书记(村干部)+信用社+乡镇"的四方监管模式,保障扶贫资金每分钱都花在贫困群众身上。

始终把凝聚力量作为关键一招落到实处,营造浓厚氛围。通过开展思想脱贫宣讲、曲艺节目传唱等宣传活动,大力宣传各项扶贫政策、工作成效和典型事迹,形成了全社会齐谋划、齐参与、齐推进的良好氛围。树立正确导向。制定《湟中县进一步强化脱贫攻坚组织保障的若干措施》,优先提拔使用优秀扶贫一线干部,以鲜明的选人用人导向激发各级扶贫干部干事创业的积极性和能动性。2016年以来,从扶贫一线选拔干部32人。正向激励引导。出台《湟中县贫困户励志奖励实施方案》,从贫困户中发现典型、培树典型。2018年表彰奖励脱贫光荣户77户、脱贫致富明星10名、扶贫创业明星10名,奖励资金、物资折价166.3万元。制定《村"两委"班子绩效考核奖励办法》,每年安排专项资金200万元设立奖励基金,对优秀村"两委"班子进行表彰奖励。全面落实村干部报酬增长机制和从优秀村"两委"干部中选拔乡镇领导干部的政策,2名村干部被选拔任用到乡镇领导岗位。

表彰脱贫致富明星和扶贫创业明星

（二）围绕目标、突出重点，全面落实脱贫攻坚之策

强化"五项举措"，做足"增收"文章。一是注重扶贫项目引导。聚焦贫困群众需求，因地、因村、因户确定项目，引导贫困群众就地就近发展产业，拓宽增收渠道。2016年以来，先后实施特色种养等扶贫项目565个。二是注重扶贫产业培育。探索推行"园区＋企业＋合作社＋贫困户""党支部＋合作社＋基地＋贫困户"等扶贫模式，发展扶贫龙头企业和专业合作社76家，通过土地流转、入股分红、就业带动、订单合作等方式，带贫益贫群众达1.3万人。立足已有产业基础，全力打造鲁沙尔民族文化旅游产业园，以及乡趣卡阳、田家寨千紫缘、拦隆口慕家古寨等一批集休闲度假、旅游观光、餐饮娱乐为一体的田园旅游综合体，带动了全县文化旅游产业的快速发展，近万人吃上了"文化饭"、挣上了"文化钱"。立足良好资源禀赋，建成2处光伏扶贫电站，5500余户贫困群众从中受益。三是注重就业创业扶持。瞄准西宁市

区和南川、甘河工业园区生产生活服务用工需求，有针对性地开展家政服务、园林绿化等实用技能培训，组织开展"春风行动"等大型专场招聘会，助推贫困劳动力就业创业。2016年以来，累计培训贫困劳动力15400余人（次），转移输出贫困劳动力7222人。四是注重金融信贷支持。发挥财政资金"四两拨千斤"的作用，为每个贫困村安排50万元互助资金，搭建财政支农扶贫融资、互助协会等担保服务平台，加大信贷资金支持力度，撬动银行贷款3.56亿元，财政贴息963万元，切实解决了贷款难、融资难问题。五是注重集体经济发展。大力实施村级集体经济"破零"工程，整合贫困村集体经济发展资金1.6亿元，实施村级光伏扶贫电站项目。为每个非贫困村安排100万元村级集体经济发展资金，通过盘活集体资源、兴办实体经济、入股优质企业等方式，全面消除村级集体经济"空壳"。

卡阳花海

突出"三大领域"，做实"保障"文章。一是强化义务教育保障。优先发展乡村教育，2016 年以来，相继实施全面改薄、学前教育等农村教育项目，改扩建校舍面积 17.9 万平方米，农村教育基础全面巩固。严格落实贫困家庭学生 15 年免费教育、"三免三补"等政策，城乡贫困家庭大中专学生资助实现全覆盖。加大控辍保学力度，全县建档立卡贫困户义务教育阶段学生"零辍学"。二是强化基本医疗保障。建成 14 个乡镇卫生院，新建改建贫困村村级标准化卫生室 156 个，全县贫困村标准化卫生室覆盖率达到 100%。全面实施健康扶贫工程，建立"幸福西宁·健康药箱"慢性病常用药品免费发放制度，落实贫困群众就诊"一免十减十覆盖"等政策，保证了贫困群众"看得起病、看得上病、看得好病"。三是强化安全住房保障。2016 年以来，投资 2.36 亿元，累计改造农村危旧房 8834 户，其中建档立卡贫困户 1991 户，全县脱贫户危房全部"清零"。大力实施易地扶贫搬迁项目，先后投入 1.5 亿元，搬迁安置 8 个乡镇 24 个行政村 714 户 2337 名群众（其中建档立卡户 358 户 1242 人），从根本上解决了长期以来困扰群众的出行难、就医难、娶妻难、增收难等突出问题。

第一书记向群众宣传扶贫政策

把握"一个原则",做好"补短"文章。一是完善基础设施建设。围绕贫困村在水、电、路、网等方面存在的短板和不足,投资 3.29 亿元,大力实施村道硬化、饮水安全巩固提升、农村电网改造升级、4G 信号及宽带网络提档升级等工程,所有贫困村安全饮水、道路硬化、安全用电、宽带网络实现"全覆盖"。二是配套公共服务设施。累计投资 1.53 亿元,配套建设贫困村标准化卫生室、村级综合服务中心,完成贫困村环卫设施、文体活动设施配置,全县所有贫困村基本公共服务设施整体水平得到全面提升。三是改善人居生活环境。紧密结合高原美丽乡村建设、农村环境综合整治、生态环境保护等项目建设,着力绿化美化群众家园,综合治理环境卫生,涵育培养文明乡风,贫困村面貌焕然一新,贫困群众的"精气神"显著提升。

(三)立足实际、务实创新,探索实践长远脱贫之路

解决贫困家庭"闹心事",教育扶贫扶助圆了贫困学子大学梦。全面实施教育扶贫工程,全面摸排调查贫困家庭学生就学情况,建立贫困家庭大中专学生信息库,全面实行贫困家庭大中专学生资助政策,按照重点高等院校每人每年 7000 元、普通高等院校 6000 元、专科 5000 元、预科 4000 元、中职 3000 元的标准资助学费。同时将符合条件的贫困大学生纳入城市低保范围发放生活费。2016 年以来,累计为 3212 人次贫困大中专学生落实学费 1608 万元,发放生活费补助金 392.66 万元。

办减负就医"暖心事","精准扶贫健康保"再结一道惠民保障线。全面落实贫困人口医疗扶贫措施,在构筑基本医疗、大病医疗救助、民政医疗救助三道"保障线"的基础上,县财政对贫困群众城乡居民基本医疗保险参合金予以全额资助,并全面推行"精准扶贫健康保"项目,将所有贫困人口纳入商业健康保险范围,财政全额出资补贴保费,提高保险赔付比例,全县建档立卡贫困人口"精准扶贫健康保"覆盖率达 100%,并实现贫困户住院费用个人自付比例控制在 10% 以内,全面增强贫困户抗风险能力。

谋扶志励志"长远事"，励志爱心超市提振贫困群众自信心。为不断激发贫困户脱贫致富的源动力，采取"联点单位帮扶、社会力量捐赠、县级财政托底"的筹资方式，筹集267.9万元在全省率先建设"励志爱心超市"39个，鼓励农户通过参与政策宣传、环境整治、技能培训、义务劳动等社会公益活动，以表现换积分、以积分换物品，激励群众积极参与村级公共事务，引导群众树立自强自立、脱贫光荣的意识，形成崇尚社会公德、弘扬家庭美德的风气，养成热心公益、美化家园的良好行为习惯，实现贫困户物质、精神"双脱贫"。

南京栖霞区向湟中县捐赠励志爱心超市帮建资金

做引才聚力"联亲事"，扶贫协作帮扶注入脱贫攻坚新力量。坚持将南京栖霞区东西部协作、国家住建部定点帮扶作为推动湟中县脱贫攻坚工作的重要载体，坚持"走出去"与"引进来"相结合，深化交流互通，拓展合作领域。2016 年以来，累计落实省外帮扶资金 9100 余万元，参与湟中县脱贫攻坚项目建设、劳务协作等，进一步深化了协作扶贫的内涵，密切了携手奋进的亲情。

❖ 经验启示

对湟中县来说，"脱贫梦"就是"中国梦"。从易地搬迁到产业脱贫，从"文化惠民"到扶贫扶志，从"输血""造血"到授人以渔，既体现了制度优势，也包含了本土智慧。在脱贫攻坚的实践中，湟中县举全县之力、集全县之智，集中精力、尽锐出战，走出了一条"制度创新、方法创新"的脱贫攻坚路径，取得了脱贫摘帽的伟大胜利。

（一）坚守为民初心是打赢打好脱贫攻坚战的根本保证

人民对美好生活的向往就是我们的奋斗目标。实践证明，面对群众的殷切期望，只要始终秉持一切为了人民的"初心"，时时心怀"枝叶关情"的为民情怀，想群众所想、急群众所急，真正做到亲民、爱民、为民，以干部的"辛苦指数"换群众的"幸福指数"。

（二）激发群众活力是打赢打好脱贫攻坚战的动力源泉

脱贫致富始终要靠贫困群众用辛勤的双手来创造。实践证明，我们面对面给贫困群众讲政策、厘思路、提信心，通过产业培育、励志奖励、兜底保障等，把贫困群众脱贫致富的积极性、主动性充分调动起来，把贫困群众的内生动力激发出来，脱贫才有基础、发展才可持续。

（三）凝聚广泛合力是打赢打好脱贫攻坚战的最强支柱

脱贫攻坚是一场必须打赢打好的"人民战争"，需要聚众心、集众智、合众力。实践证明，面对点多、面广、程度深的贫困实际，要凝聚社会各方力量广泛参与，汇聚起脱贫攻坚的力量，脱贫攻坚就没有过不去的坎。

（四）夯实基层组织是打赢打好脱贫攻坚战的坚实基础

基层党组织处在脱贫攻坚的最前沿，无论是实施"八个一批"工程，还是推进"六个精准"要求，都离不开基层党组织的推动落实。实践证明，只有建强了农村基层党组织，党在农村的全部工作才会有坚实的基础，打赢脱贫攻坚战、全面建成小康社会才会有可靠的保障。

青海省扶贫开发局局长推荐语

响彻雪域高原的是消除贫困的冲锋号角，丈量河湟沟壑的是脱贫攻坚的坚定步伐。湟中县46万名各族干部群众牢记习近平总书记的嘱托，签下"不破楼兰终不还"的军令状，鼓起"敢教日月换新天"的精气神，瞄准靶心识真贫，完善体系真扶贫，产业带动扶真贫，扶志扶智促脱贫，补短惠民真脱贫。历时三载有余，近3万名建档立卡贫困人口实现"两不愁三保障"，156个贫困村补齐短板，焕发出勃勃生机，以"不落一村一人"的脱贫成效，诠释了新时代"为谁辛苦为谁甜"的初心！

马丰胜：青海省扶贫开发局党组书记、局长

专家点评

青海省湟中县走出了一条"制度创新、方法创新"的脱贫攻坚路径，取得了脱贫摘帽的阶段性成果。该案例的亮点和创新点主要有两个方面：一是构建多渠道增收路径，在扶贫项目引导、产业培育、就业扶持、信贷支持、集体经济发展等方面做足贫困农户的增收文章；二是构建长效脱贫机制，聚焦于扶贫与扶志、扶智相结合，增强贫困农户脱贫攻坚的信心和能力，聚焦于"安心上学、安心看病、安心住房"的兜底保障体系，增强贫困农户抗风险能力。总体而言，湟中县深入学习贯彻习近平总书记关于

扶贫工作的重要论述，紧扣"两不愁三保障"突出问题，统筹推进开发式扶贫与保障性扶贫，为县域脱贫攻坚工作提供了参考范例。

王浦劬：北京大学国家治理研究院院长、教授、博士生导师，教育部长江学者特聘教授，国务院学位委员会政治学科评议组第一召集人，中国政治学会副会长，中国行政管理学会副会长

思 考 题

1. 在脱贫攻坚过程中，如何解决贫困户与非贫困户、贫困地区与非贫困地区之间发展不平衡的问题？

2. 如何有效解决贫困地区人才匮乏的问题？

延伸阅读

1.《脱贫攻坚铿锵行——湟中县脱贫攻坚工作纪实》(《青海日报》2019 年 5 月 21 日）

2.《湟中县贫困人口及贫困发生率历年变化图》

东西部扶贫协作的成功范例

——福建省与宁夏回族自治区对口扶贫协作经验做法

摘要： 中国特色扶贫开发的实践和 20 多年持续不断的闽宁对口扶贫协作，使昔日"苦瘠甲天下"的西海固地区焕发出新的生机和活力。闽宁两省区干部群众按照习近平总书记提出的"优势互补、互利互惠、长期协作、共同发展"的方向，建立完善了"联席推进、结对帮扶、产业带动、互学互助、社会参与"的机制，用东西部扶贫协作的生动实践，在我国扶贫开发史上书写了浓墨重彩的一笔。

关键词： 东西部扶贫协作　闽宁对口扶贫协作机制

引言： 2016 年 7 月 20 日，习近平总书记在东西部扶贫协作座谈会上指出：东西部扶贫协作和对口支援，是推动区域协调发展、协同发展、共同发展的大战略，是加强区域合作、优化产业布局、拓展对内对外开放新空间的大布局，是实现先富帮后富、最终实现共同富裕目标的大举措。

❖ 背景情况

1996 年，根据"两个大局"的战略构想，在国务院扶贫协作会议上，闽宁两省区建立了对口扶贫协作关系，时任福建省委副书记的习近平同志担任对口帮扶宁夏领导小组组长。在福建省工作期间，习近平同志先后 5 次出席闽宁对口扶贫协作联席会议，3 次发表重要讲话，并推动建立了"联席推进、结对帮扶、产业带动、互学互助、社会参与"的对口扶贫协作机制，为闽宁对口扶贫协作指明了方向，提供了遵循。在 2016 年 7 月 20 日召开的"银川会议"上，习近平总书记对闽宁对口扶贫协作给予了充分肯定，闽宁对口扶贫协作成为全国东西扶贫协作的成功范例。

❖ 主要做法

（一）始终坚持联席推进，强化政策落实

习近平同志在闽宁对口扶贫协作之初，就推动建立了党政联席会议制度，确保了对口扶贫协作年年有新举措，年年有新成效。23 年来，两省区把党政主导、联席推动作为闽宁对口扶贫协作的有力抓手，紧紧围绕扶贫开发这条主线，每年召开一次由主要领导参加的联席会议，及时总结交流帮扶经验，研究解决帮扶重大问题，协商制定帮扶举措，督促协商成果落地见效。每次会上都根据福建所能、宁夏所需进行紧密对接，提出工作要求，确定工作重点，落实协作责任。比如，在第二次联席会议上，由习近平同志亲自签署决定，为宁夏贫困地区打水窖 2 万眼，援建希望小学 16 所，发动福建省企业到宁夏联办创办经济实体，互派干部挂职，扩大宁夏对闽劳务输出，在彭阳县开展菌草示范生产。之后，在每年召开的联席会议上都要确定具体的帮扶项目和协作内容。联席会议制度的建立和长期坚持，使闽宁对口扶贫协作的路子越走越宽，帮扶的效果越来越好，群众得到的实惠越来越多。

2018 年 6 月 13 日，闽宁对口扶贫协作第 22 次联席会议在银川召开

（二）始终坚持结对帮扶，加快贫困地区脱贫致富进程

在 2002 年第六次联席会议上，习近平同志提出，要在巩固现有扶贫成果的基础上，根据新时期扶贫开发的特点，调动各方面力量，创新帮扶机制，拓宽合作领域，扩大协作规模，增强帮扶力度，推进闽宁对口扶贫协作再上新台阶。23 年来，福建省向宁夏累计投入财政资金 20 多亿元，福建省 30 多个县（市、区）先后轮流结对帮扶宁夏 9 个贫困县（区），目前，福建 89 个乡镇和 120 个行政村结对帮扶宁夏 105 个乡镇和 121 个行政村。1997 年，习近平同志提议建立的银川市永宁县闽宁村，经过 23 年的开发建设，当年不到 8000 人的闽宁村变为下辖 6 个行政村、常住居民超过 6 万人的闽宁镇，全镇移民人均可支配收入由搬迁之初的不足 500 元跃升到 2018 年的 12988 元，昔日的"干沙滩"变成了"金沙滩"。在市、县、乡、村结对帮扶的同时，两省区各级党政机关、企事业单位、人民团体、科研院所、各级各类学校和医院之间也开展了形式多样的协作共建，营造了多层次、全方位

的对口扶贫协作氛围。

闽宁镇一角

（三）始终坚持产业带动，增强贫困地区自我发展能力

在 1998 年第三次联席会议上，习近平同志强调，闽宁对口扶贫协作要以基本解决贫困人口的温饱问题为重点，以产业协作为基础，进一步加大企业和社会力量扶贫协作的规模和力度，切实抓好教育、科技和人才的扶贫协作。23 年来，两省区牢牢抓住增强贫困地区自身"造血"能力这一关键，以"5·18"海峡两岸经贸交易会、"6·18"中国·海峡项目成果交易会、"9·8"中国国际投资贸易洽谈会、中阿博览会等商贸活动为平台，把发展特色产业作为提高自我发展能力的根本举措，坚持以市场为导向，以产业协作为基础，通过共建扶贫产业园、搭建合作交流平台等方式，促进贫困地区优势资源开发，带动贫困人口长期稳定脱贫，走出了一条企业合作、产业扶贫、项目带动的"造血"式扶贫路子。通过政府搭台、企业唱戏，已吸引 5600 多家福建企业（商户）落户宁夏，8 万多名闽籍人员在宁从业。此外，宁夏

青龙管业、宁夏红等企业也成功进入福建开拓市场，宁夏哈纳斯集团在福建投资 110 亿元的莆田国家级天然气战略储备基地项目，已列入国家和福建省"十三五"规划，即将开工建设，产业协作步入合作共赢的新阶段。

宁夏西吉闽宁产业园

（四）始终坚持互学互助，促进干部理念更新和作风转变

闽宁对口扶贫协作的 23 年，既是福建的人才、资金、技术、经验、市场要素植入宁夏发展"肌体"的过程，也是对两地特别是宁夏干部群众的思想观念"洗礼"的过程。福建先后选派 11 批 183 名干部来宁帮助工作，宁夏也先后选派 19 批 335 名干部到福建挂职。通过互派干部挂职，不但培养锻炼了干部，而且帮助宁夏干部群众学到了东南沿海发达地区的先进理念，开拓了眼界，转变了观念，提升了素质，增长了才干，增强了改变家乡面貌的紧迫感和责任感。通过支教、支医和科技领域的合作交流，引进了福建省先进的教学思想、医疗技术和科学技术，助推了宁夏脱贫攻坚事业。

援宁干部在闽宁镇调研精准扶贫

（五）始终坚持社会参与，凝聚起脱贫攻坚强大合力

23年来，闽宁两省区积极搭建社会参与平台，培育多元社会扶贫主体，引导和鼓励社会团体、民间组织、爱心人士通过科技帮扶、公益慈善、投资置业等方式，积极参与宁夏贫困地区的经济社会建设。在充分发挥各级工、青、妇等人民团体的示范引领作用的同时，广泛动员福建各类商会、协会的桥梁纽带作用，引导和鼓励福建企业及个人投资宁夏、投资西海固。在参与宁夏经济建设的同时，福建企业家还积极投身援建希望学校、资助贫困学生、救助困难群众等社会公益事业，捐款捐物超过2亿元，并设立了"闽商见义勇为基金"。

厦门大学第十四届研究生支教团

❖ 经验启示

（一）把建立长效机制作为前提

23 年来，闽宁两省区历届党委、政府，始终按照习近平同志当年确定的闽宁对口扶贫协作总方针，在实践扶贫协作五大机制中，围绕促进贫困地区经济发展，务实苦干，大胆创新，实现了闽宁对口扶贫协作向宽领域、多层次、全方位发展。闽宁两省区每年轮流召开一次党政主要领导参加的联席会议，签订《会议纪要》和各类合作协议，协作（合作）内容均能得到不折不扣的落实。经济、科技、教育、文化、卫生、干部培养等扶贫协作内容越来越丰富，层次越来越高。做到了年年都有新举措，年年都有新成果，23 年持续不间断，有力推动了宁夏脱贫攻坚的进程。

（二）把解决贫困问题作为核心

23年来，遵循习近平同志当年提出的"以促进贫困地区经济发展为中心，以解决贫困地区群众温饱问题为重要任务"的对口扶贫协作要求，始终坚持以解决贫困问题为核心，将扶贫重心由"物"转变为"人"，围绕"人"的发展配置资源和项目；以科教扶贫为重点，着眼于提高人的素质；以医疗卫生帮扶为重点，致力于改变因病致贫、因病返贫；以技能培训和劳务输出为重点，培植和发展扶贫"造血"功能；以生态环境建设为重点，改变贫困人口生存条件和生产生活方式；以发展特色产业为重点，因人因地精准施策拔穷根。不仅改变了一代人的命运，而且推动了贫困地区整体社会进程。

（三）把产业带动扶贫作为关键

闽宁两省区成功实现了援助式扶贫向开发式扶贫转变。把福建的人才、资金、技术、经验、市场等要素与宁夏贫困地区的土地、特色农产品和劳动力资源有机结合，培育和发展了西吉、隆德、盐池、红寺堡和永宁闽宁产业园（城），引入了以华林公司、国圣公司、皇达科技、人造花工艺等企业，带动了当地现代农业和特色优势产业的发展，走出了一条市场导向、产业带动、扩就业、促增收的脱贫路子。通过产业链的纵向和横向延伸，产业的触角逐渐渗透到乡（镇）村，与土地和劳动力要素相衔接。一个个特色优势产业集群正在改变西海固落后的生产结构和传统的生活方式。

（四）把改造生态环境作为基础

制约贫困地区发展生产的主要因素是自然环境。历史、人口、观念等多种因素，使人和环境陷入发展与破坏的矛盾之中。西海固千百年制约人类生存与发展的生态环境，目前已经得到很好改善。地表水、地下水已经被充分合理利用，这一片生存之地被有效治理，土地和人的关系也被彻底重建。

（五）把激发内生动力作为根本

如何将"输血"式扶贫转变为"造血"式扶贫，是扶贫开发最重要的课题。闽宁两地的扶贫干部创造性地发挥政策的优势，利用资本之手和市场规律，激励和鞭策贫困群众发展产业，主动参与产业链的生产与分配；鼓励返乡农民工创业，带动千家万户参与发展特色产业，激发出蕴藏在当地群众之中的内生动力，把贫困地区群众引上了靠自己双手勤劳致富的道路。

宁夏回族自治区扶贫办主任推荐语

中国特色扶贫开发的实践和20多年持续不断的闽宁对口扶贫协作，使昔日"苦瘠甲天下"的西海固地区焕发出新的生机和活力。23年来，闽宁两省区按照习近平总书记当年推动建立的"联席推进、结对帮扶、产业带动、互学互助、社会参与"对口扶贫协作机制，一届接着一届抓、一任接着一任干，长期坚持，久久为功，并在实践过程中不断创新思路、丰富内容、拓展领域，助推了宁夏经济发展、社会进步和民族团结，为全国东西部扶贫协作探索了路子、积累了经验，得到了习近平总书记的充分肯定。闽宁对口扶贫协作23年的成功实践，彰显了我国的政治优势和制度优势，这是习近平总书记关于扶贫工作重要论述的伟大实践，是增强中国特色社会主义道路自信、理论自信、制度自信、文化自信的鲜活例证。

梁积裕：宁夏回族自治区扶贫办党组书记、主任

专家点评

自东西部扶贫协作制度建立时起，闽宁扶贫协作就走在全国前列。20多年来，闽宁双方坚持"优势互补、互利互惠、长期协作、共同发展"大方向，建立健全"联席推进、结对帮扶、产业带动、互学互助、社会参与"工作机制，在产业合作、技术文化交流、劳动力流动、人才支援、资金援助等领域取得突出成效，在深化结对帮扶、聚焦贫困、协同发展和建立长

效机制等方面探索出宝贵经验。闽宁扶贫协作的生动实践表明，东西部扶贫协作制度不仅是促进西部地区扶贫开发、确保打赢脱贫攻坚战、如期全面建成小康社会的重要支撑，而且是东西部发挥各自资源禀赋比较优势、取长补短，推动经济持续增长的重要抓手，是超越科层制管理局限、实现横向协同、强化政治认同、迈向共同发展的有效途径。这些对于准确认识中国特色发展模式和现代化道路具有重大价值，值得深入总结和诠释。

陆汉文：华中师范大学中部地区减贫与发展研究院院长、社会学院教授、博士生导师

思 考 题

1. 做好东西部扶贫协作的关键是什么？

2. 如何在东西部扶贫协作中充分体现党的领导和中国特色社会主义制度的优越性？

延伸阅读

1.《山海为证，携手共圆全面小康梦——闽宁对口扶贫协作 20 年启示录》（新华网，http://www.xinhuanet.com/politics/2016-07/19/c_1119241884.htm，2016 年 7 月 19 日）

2.《习近平同志关心、倡导、推动、发展闽宁对口扶贫协作纪实》（新华网，http://www.xinhuanet.com//politics/2015-11/27/c_128472698.htm，2015 年 11 月 27 日）

因地制宜打造绿色肉牛产业园

——新疆维吾尔自治区新和县畜牧养殖促脱贫

摘要： 新疆维吾尔自治区新和县脱贫攻坚工作面临着许多突出困难，年降雨不足80毫米，土地盐碱侵蚀，大风、沙尘、冰雹使种植业年年受灾，产业结构单一、运距远，产业效益提高缓慢。自实施脱贫攻坚以来，新和县聚焦"一超过""两不愁三保障"脱贫目标，依托地理位置、土地资源和西门塔尔肉牛养殖传统，将养牛业确定为产业扶贫的突破口，实施"增牛"工程，着力带动贫困人口通过入园养殖增收、托养增收、就业增收，实现贫困人口脱贫和产业发展"双赢"。

关键词： 产业扶贫　产业园区　因地制宜

引言： 2018年2月12日，习近平总书记在打好精准脱贫攻坚战座谈会上指出："产业扶贫是稳定脱贫的根本之策，但现在大部分地区产业扶贫措施比较重视短平快，考虑长期效益、稳定增收不够，很难做到长期有效。"

❖ 背景情况

新和，取意新疆和平。新和县历史悠久、人文荟萃，有"汉唐重镇、班超府治、龟兹故地"之称，是汉代西域都护府和唐代安西都护府繁锦之区和战略要地。进入新时代，新和人秉承历史文化底蕴，围绕"社会稳定、长治久安、人民幸福"的总基调，努力创造美丽和谐新和。

2015 年 11 月，中央吹响了脱贫攻坚战的冲锋号。新和县委、县政府坚持精准扶贫、精准脱贫基本方略，深入贯彻落实习近平总书记关于扶贫工作的重要论述，坚决打赢脱贫攻坚战，努力同全国人民一道进入全面小康社会。但是脱贫攻坚工作中仍然面临不少问题，主要表现在：从脱贫任务来看，截至 2015 年年底，全县 32 个贫困村中还有 28 个贫困村未退出，建档立卡贫困户 4400 户 16902 人中还有 3115 户 11462 人未脱贫；未脱贫人口中，因病、因残致贫人数占比分别为 29.45%、11.5%，总计占未脱贫人口总数的 2/5，1285 户 5440 人已脱贫人口还需巩固提升脱贫成效，脱贫攻坚任务艰巨。从基础条件来看，新和县属暖温带大陆性干旱型气候，大风、冰雹、低温冻害、融雪性山洪等极端灾害性天气多发频发，土地盐碱化程度严重，农业生产抵御自然灾害能力弱，工程性缺水、管理型缺水、季节性缺水问题较为突出，严重制约农业产业化发展，土地生产资料缺乏，依靠土地生产经营增收脱贫难度较大。从产业发展来看，生产经营多以单家独户、即产即销的传统产业模式为主，规模化程度低、产业链条短、农产品附加值不高，使得农民投入多、利润低，贫困户林果、畜牧收入占家庭总收入的 32.02%。全县农副产品加工企业 20 家，生产"原"字号产品的企业达到 70%，且远离内地市场，出疆物流成本高，市场竞争力不强，质量优势难以形成价格优势，一定程度上影响了贫困群众产业增收。

面对艰巨的脱贫攻坚任务，县委、县政府从 2017 年年底开始，聚焦脱贫任务、脱贫标准、致贫原因、产业现状，结合资源禀赋和产业发展历史，开始寻求破解产业发展助脱贫的难题。2018 年年初，在县委（扩大）会议上，首次把发展西门塔尔牛特色产业写进了主题工作报告，提出了建设"一创三园、两市场"发展规划，大力实施"增牛工程"，走上了西门塔尔牛促贫困群众增收脱贫的特色产业发展之路。

❖ 主要做法

（一）准确定位，高位推动

一是县委、县政府通过纵横对比，深刻分析，结合农民养殖传统，依据县域区位优势和西门塔尔牛优良品质，准确定位，确定发展牛产业为乡村振兴、脱贫攻坚的主导产业。二是采取院地双向合作培训模式，聘请来自新疆农业大学、新疆农业科学院、新疆豪子牧业有限公司的 6 名专家，分别担任肉牛育肥、品种改良、饲料机械装备、青贮饲料制作、养殖基地粪污无害化处理、西门塔尔牛胚胎移植技术顾问，举办养殖技术培训班 331 期，培训贫困户和合作社负责人 4.1 万人次，涉及牛养殖户达 13130 户（其中肉牛育肥户 1260 户），采取观摩和实训的方式，着力培育一批肉牛养殖规模户，发展一批家庭牧场，建设一批有示范带动作用的肉牛养殖园区，持续提升全县肉牛产业发展能力和水平。三是坚持走"政府引导、示范带动、市场拉动"的路子，县委、县政府提出"召开农口观摩会必看养牛业"，定期组织召开养殖大户、养殖能手、牛交易人、村第一书记、村主任、村干部观摩推进会、座谈会，高位推动增牛工程、标准化牛舍建设、生产母牛养殖。在电视广播、微信公众平台上和乡村"大喇叭"中开设畜牧专栏，大力宣传牛产业发展政策和致富典型，通过算账对比、典型引路、示范带动，引导农民解放思想、转变观念、提高养殖技能，坚定广大群众发展牛产业的信心和决心。

阿克苏地区新和县委、县政府高位推动牛产业发展

（二）科学规划，搭建平台

一是紧紧围绕乡村振兴战略，按照"以点带面、全面推进、尊重意愿、科学规划"的原则，于 2018 年年初，制定《新和县肉牛产业发展规划（2018—2020 年）》，为加快建设肉牛养殖园区提供了科学遵循。3 年规划建设标准化肉牛养殖小区 44 处牛舍 418 栋。二是按照"抓大不放小"（即抓大的肉牛养殖园区，抓小的农户养母牛）的要求，3—5 个村建设 1 个养殖园区的思路，结合"限养区、禁养区"规划，积极协调现有乡村闲置土地、集体土地，统一规划，分步实施，引导鼓励养牛合作社、养殖大户、种植大户、个体经商户自建、联建、扩建一批起点高、规模大、配套设施齐全的肉牛养殖园区，努力扩大养殖规模，发挥规模效益。三是统筹安排，压实责任，严格落实规划要求，大力搭建肉牛养殖平台。截至 2019 年 6 月底，新建精饲料加工合作社 5 个，相继成立天宇、友谊、春喜、乡情、团心、沙漠山、牛多多、财运、民意等合作联社 15 个，规模肉牛养殖合作社 60 个，建成集中养殖园区 26 个（千头以上 14 个、500 头以上 12 个）、标准化青贮窖 120 座、牛舍

228 栋，牛存栏达 8 万头（其中母牛 4 万头），实现规模化养殖、科学化管理，推动全县肉牛产业持续健康发展。

阿克苏地区新和县绿色肉牛产业园天宇养殖小区

（三）着眼长远，夯实基础

一是聚焦产业长远发展目标，出台《新和县外购优质生产母牛补助办法》，鼓励全县外购优质生产母牛的积极性，县财政安排专项资金，对一定时间内县域外购优质西门塔尔生产母牛的农户、合作社、企业给予每头 1500 元的补助。不限时间对全县新出生牛犊按照母牛犊 300 元 / 头、公牛犊 100 元 / 头的标准给予补助，2018 年全县发放补助资金 485.48 万元，重点扶持长途、兴盛、博鑫、麦孜木提、红星、心连心等 13 个百头以上母牛繁育合作社及 4700 户母牛养殖户，基础母牛扩繁能力不断增强。二是加快本县基础母牛扩繁增量，在全县推广肉用西门塔尔牛性控冻精冷配和胚胎移植，作为 2019 年增牛的重头戏。出台《新和县母牛胚胎移植补贴办法》，投入 2018 年"四良一规范"项目资金 350 万元，通过公开招投标与河南鼎元牛业、新疆豪子牧业合作，在全县范围内的合作社及养牛户中选择适宜的 20000 头生产母牛，进行西门塔尔牛性控冻精冷配和胚胎移植，快速增加能繁母牛数量。截至2019年6月底，已完成4625头母牛冷配，年内计划新增生产母牛7000头。三是积极与农村信用社、保险公司沟通对接，申报肉牛产业发展专项贷款资金，持续落实贷款扶持牛产业政策，对外购生产母牛的养殖户在贷款额度和期限上予以倾斜。严格落实"养殖户申请、村'两委'审议、乡（镇）核实、县畜牧部门审核、信用社实地核查"的流程，协调解决贷款风险抵押金450万元，为3500户养殖户发放信用贷款2.3亿元，切实解决了养殖户资金短缺、周转困难等问题。同时，增设母牛专项保险，保障了所有农户肉牛产业持续健康发展。四是切实保障饲草料供应、提升载畜能力。2019年连片种植正播玉米10万亩、复播玉米10万亩、甜高粱和蛋白桑3000亩、退耕还草种植苜蓿5100亩，各类饲草料收储总量达120万吨以上，秸秆等饲草利用率达80%以上。

阿克苏地区新和县春喜养殖小区

（四）健全体系，提供服务

一是强化县、乡（镇）、村三级重大疫病防控网络建设，统筹县、乡两级畜牧兽医技术人员包联牛养殖小区，村级防疫员、配种员包联养殖户，为牛产业的健康发展提供技术支撑。二是加强职业配种员队伍建设，逐步完善牧源社会化服务合作社运转制度。2019 年在原有 30 名配种员的基础上增加 20 名，达到 50 名，短期内保留政府购买服务机制，将新增人员每月 1000 元工资纳入县财政预算，实现有偿技术服务，确保母牛繁育工作顺利实施。三是在现有县畜禽品种改良站（股级）和牧源改良社会化服务合作社的基础上，由改良站站长离职领办，从乡（镇）畜牧兽医站抽调 6 名技术人员，进行人员内部整合，成立畜牧业服务中心，设立固定场所、公开服务电话、保障车辆，完善考核制度，开展生产母牛筛查、体检、配种、孕检、分娩等技术服务工作，确保生产母牛保健和增牛工程顺利完成。

阿克苏地区新和县牧兴社会化防疫合作社开展技术服务

（五）加大投入，反哺助力

坚持把打赢精准脱贫攻坚战和绿色肉牛产业发展有效衔接，做到统筹兼顾、齐头并举、实现"双赢双促"。一是 2018—2019 年采取集中托养、分散养殖相结合的方式，共计利用财政专项扶贫资金 5372.18 万元，实施架子牛托养分红、入户类补贴修建暖圈、青贮窖、贫困户自养母牛繁育、园区修建标准化牛舍、购置饲草料加工机械、贫困户养殖实用技术培训等产业扶贫项目，完善肉牛养殖基地、农户养牛基础设施，实现养牛有圈舍、饲草加工有机械，提升贫困户养殖能力，为脱贫攻坚提供产业支撑。2018 年扶持购置西门塔尔牛 2798 头（其中 630 户贫困户托养架子牛 1260 头，分红 151.2 万元 / 年，91 户贫困户自养育肥牛 91 头，1447 户贫困户自养母牛 1447 头），2019 年上半年扶持 993 户贫困户购买生产母牛 993 头，占全县建档立卡贫困户的 64.5%，户均年增收 2400 元以上。二是县委、县政府紧紧围绕产加销协同发展的思路，采取"债券资金 + 社会资本"共同投资的方式，筹集资金 2750 万元（其中扶贫债券资金 2153 万元，企业自筹 597 万元），规划新建一座占地 300 亩、布局合理、功能齐全、有利于流通、便于管理、方便群众的集活畜交易、饲草料交易、畜产品综合展销、市场信息服务于一体的畜禽交易服务中心，采用"企业 + 贫困户"的模式，通过搭建交易平台、开发就业岗位、扶持创业、资产收益再分配四种方式，推动养牛业发展壮大，带动贫困户增收致富。自市场投入运营以来，每周三、周六设为交易日，周平均交易牛 2100 余头、羊 1500 余只、禽类 2200 余只（羽），区位优势更加凸显，肉牛市场活力更加强劲，逐步成为南疆最大的畜禽交易集散中心。目前市场开发保安、保洁员等就业岗位 16 个（其中 14 名贫困人口），人均月工资 2500 元以上；开发交易摊位 564 个，扶持带动 103 名贫困人口通过市场创业实现脱贫，人均月增收 1000 元以上。

阿克苏地区新和县畜禽交易中心

❖ 经验启示

新和县坚持以产业发展为基础，加大扶贫资金扶持力度，大力培育发展特色优势产业，建立健全了利益联结机制，实现与养殖基地、合作社等新型社会化服务组织同步同调、协同发展，确保真扶贫、真脱贫。

（一）结合资源优势，科学确定发展思路

立足地理环境、资源禀赋和制约要素，结合贫困户致贫原因及发展诉求，积极盘活资产资源，按照"什么有特色就扶持什么"的原则，科学定向、精准发力，突出优势，发展县域内特色肉牛养殖产业，实现差异竞争、错位发展，切实提升产业发展的持续性和有效性，带动贫困群众实现增收致富。

（二）坚持创新思维，谋划定位发展模式

打破农牧民传统的"单打独斗"发展模式，以现代化的"基地规模化、养殖标准化、经营产业化"为发展目标，通过培育引进一批示范带动、典型引路作用突出的龙头企业和农牧民专业合作社，积极推广"公司＋农户""公司＋合作社（基地）＋农户"等形式，不断优化贫困户与公司、合作社之间的利益联结机制，建立稳定带动关系，提高贫困群众的生产经营性收入和工资性收入。

（三）积极开展培训，切实掌握实用技术

注重理论与实践相结合，深入开展传统养殖弊病剖析、树立新型养殖理念、新技术应用等，确保每户贫困家庭都有 1 名家庭成员熟练掌握养殖实用技术，让贫困户掌握基本的养殖技术和疫病防控知识，让贫困户会养，让村干部会指导，提高贫困人口整体技能素质，增强脱贫致富能力。

新疆维吾尔自治区扶贫办主任推荐语

新疆维吾尔自治区阿克苏地区新和县委、县政府在精准扶贫、精准脱贫的新战略和新背景下，坚定扛起脱贫攻坚政治责任，立足于脱贫攻坚制度、

政策与实践，厘清经济发展、社会稳定与扶贫脱贫的关联和机制。在习近平总书记关于扶贫工作的重要论述指导下，梳理当地脱贫攻坚工作中存在的突出困难、主要矛盾和内在因素，聚焦当地"牛产业"基础，将养牛业与乡村振兴战略实施、脱贫巩固提升有机衔接，落实就业是关键、产业是基础的思路，强化措施，有序推进实施"增牛工程"。通过制定系列配套政策，加大人力投入、社会动员，建立健全利益联结机制，实现了扶贫脱贫与产业发展之间的有效连接；通过利益联结纽带，保障贫困人口利益；通过发展生产、扩大就业，增加贫困人口收入，缓解消除贫困。这种发展模式顺应贫困户的意愿和产业发展规律，推动了养牛产业与脱贫攻坚良性互促共赢，养牛业促进增收脱贫、助推脱贫攻坚；脱贫攻坚为养牛业发展了机械、场地等生产要素，使养牛成为扶贫脱贫、乡村振兴、农业产业结构调整、农民增收、农业增效的主导产业，为脱贫攻坚、产业振兴提供了有效借鉴。

曹志文： 新疆维吾尔自治区政府副秘书长，自治区扶贫办党组书记、主任

专家点评

对于新疆地区而言，脱贫攻坚的政治意义更为突出，脱贫攻坚不仅是经济发展的关键，更是政治稳定、社会安定和民族团结的有效抓手。新疆新和县畜牧养殖促脱贫的实践自觉践行了习近平总书记"以脱贫攻坚统揽经济社会发展全局"的精神，因势利导、顺势而为，立足本地实际区情，利用产业扶贫助推区域发展，以"增牛工程"为切入点，持续推进产业结构转型，提升贫困户内生动力。总体上看，新疆新和县畜牧养殖促脱贫的实践较好地实现了政治责任与经济发展的有机结合、精准扶贫与区域发展的协同推进、脱贫攻坚与乡村振兴的有效衔接，对于边疆地区深化脱贫攻

坚工作具有较大的示范效应。

燕继荣：北京大学政府管理学院常务副院长、国家治理研究院副院长、教授、博士生导师，教育部长江学者特聘教授

思 考 题

1."公司＋合作社（基地）＋农户"产业发展模式如何为脱贫攻坚提供强大助力？

2.如何通过加大对农副产品的扶持力度，健全利益联结机制，促进特色产业持续、稳定发展，实现贫困人口长效增收？

延伸阅读

《新和县外购优质生产母牛补助办法》

村企共建　奔向幸福之路

——新疆生产建设兵团南疆阿亚格萨依巴格村冲破深度贫困陷阱

摘要： 新疆天业（集团）有限公司（简称"天业集团"）全面贯彻落实习近平总书记关于扶贫工作的重要论述，积极响应新疆维吾尔自治区党委、新疆生产建设兵团党委全面巩固和拓展大扶贫格局的号召，选派得力干部到南疆深度贫困村喀什市伯什克然木乡阿亚格萨依巴格村担任第一书记。驻村第一书记依托天业集团强大后盾，因地制宜，对症下药，与乡村干部一起努力解决好扶持谁、谁来扶、怎么扶、如何退的问题，该村的脱贫攻坚工作取得显著成效，截至 2019 年 6 月，该村 52 户贫困户顺利脱贫。

关键词： 村企共建　产业扶贫　干部帮扶

引言： 2018 年 2 月 12 日，习近平总书记在打好精准脱贫攻坚战座谈会上指出："坚持精准方略，提高脱贫实效。脱贫攻坚，精准是要义。必须坚持精准扶贫、精准脱贫，坚持扶持对象精准、项目安排精准、资金使用精准、措施到户精准、因村派人（第一书记）精准、脱贫成效精准等'六个精准'，解决好扶持谁、谁来扶、怎么扶、如何退问题，不搞大水漫灌，不搞手榴弹炸跳蚤，因村因户因人施策，对症下药、精准滴灌、靶向治疗，扶贫扶到点上扶到根上。"

❖ 背景情况

阿亚格萨依巴格村是新疆南疆喀什地区喀什市伯什克然木乡一个行政村，与喀拉库木村、尤喀克萨依巴格村同乡，地处要塞，历史悠久，钟灵毓秀，距喀什市区 15 公里，距乡政府 2 公里，耕地面积 1416 亩，人均占有耕地 0.8 亩，主要以农业、畜牧业、林果业为主要经济来源。下设 7 个村民小组，总户数 438 户，总人口 1756 人，贫困户 140 户 588 人，贫困人数占总人口的 33%，是典型的深度贫困村。村"两委"班子共有 9 名干部，其中：党员 3 名，后备干部 3 名，大学生村官 1 名，驻村乡干部 1 名（编在"访惠聚"工作队）。全村党员 27 名，入党积极分子 16 名，团员 23 名，保安 9 名，"双联户长" 21 名，"四老"人员 8 名（其中：老干部 7 名、老党员 1 名）。全村出租房屋 3 个，流动人口 126 人。全村包户工作划分为 7 个责任区，包户干部 20 名。

阿亚格萨依巴格村人多地少，土地贫瘠，人均土地面积不到 1 亩，村民主要经济来源是依靠种植石榴和葡萄，产量低，缺乏销售渠道。村里没有产业发展带头人、没有集体经济。多数青壮年劳动力在外地打工，留在村里的大多是年老体弱、不懂技术的村民，贫困村民年收入不超过 3000 元。因病、缺技术、缺土地、缺资金、缺劳动力等是其贫困的主要原因。

如何让该村村民在短时间里脱贫，是天业集团支援向南发展、助力打赢脱贫攻坚战的重要任务。2018 年 2 月，天业集团水泥产业原党委委员、工会副主席杨金明，由天业集团党委选派到该村担任第一书记。驻村期间杨金明严格按照第一书记的职能职责和脱贫攻坚工作要求，以自治区相关文件精神为抓手，认真开展各项脱贫攻坚工作，在天业集团资金、项目、人才等多方面的大力支持下，取得了显著成效。到 2018 年 12 月，帮助村里 34 户 123 人脱贫，完成"一户一就业" 117 户 193 人，成立了食用菌合作社，建起了面粉厂，村民人均年收入从不超过 3000 元提高到人均年收入 5000 元。

杨金明查看面粉厂设备

❖ 主要做法

（一）努力解决好"扶持谁"的问题，做到因户施策、因人施策

阿亚格萨依巴格村严格按照"六个精准""五个一批"部署要求，严格执行"三个实"标准，同时完成"两个确保、三个格外、四个切实"，充分考虑无房（危房）、重病、残疾、因病返贫、因灾致贫、因学致贫、无劳动能力等困难家庭实际情况，按照村"两委"班子和村组干部会初选，由第一书记和乡村干部走访，党员群众代表大会评议，紧紧抓住精准识别第一关，拟定贫困户名单公示等程序开展脱贫攻坚工作，所有程序环环相扣，对评议出的 140 户贫困户名单在村部显眼位置进行长期公示，并公布县扶贫办监督举报电话，接受群众监督。

杨金明到贫困村民家中走访

把扶贫建档立卡、大数据系统平台信息和脱贫档案建设作为全年的工作重点，全面贯彻喀什地区落实精准扶贫、精准脱贫会议精神，全力以赴，扎实推进，进一步夯实扶贫攻坚的基础。

（二）努力解决好"谁来扶"的问题，发挥后盾作用，打赢脱贫攻坚战

截至 2019 年 6 月，天业集团为阿亚格萨依巴格村捐款、捐赠物资及生产设备等合计 375 万元。其中：2018 年 4 月，天业集团捐赠阿亚格萨依巴格村 30 万元，建设食用菌种植合作社，如今，合作社已扩建蘑菇大棚 3 个，带动贫困户 30 户。2018 年 8 月，天业集团援助 109.62 万元在阿亚格萨依巴格村建设面粉厂，该项目现已试生产成功，将解决就业岗位 25 个。2019 年 4 月，天业集团捐赠价值 174 万元的 2000 吨水泥为阿亚格萨依巴格村铺设道路，由于运量大、距离远，只是运输就花了一个月的时间。截至 2019 年 8 月，阿亚格萨依巴格村已有 52 户贫困户顺利脱贫，杨金明表示，要力争让全村 140 户

贫困户在 2019 年年底全部脱贫。

村民卸水泥

助力南疆人民脱贫是天业集团党委和全体职工的职责和使命。2013 年至 2019 年，天业集团用于脱贫攻坚的帮扶资金、器材就已达到 1181.24 万元。天业集团党委书记、董事长宋晓玲说："包括杨金明在内的 3 名南疆深度贫困村第一书记都是天业集团的员工，天业集团作为他们坚强的后盾单位，发扬'致富思源、扶危济困、发展企业、回馈社会、责任担当'精神，对他们的工作给予大力支持，对每个村的扶贫项目进行帮扶，都是应该的，更是责无旁贷的。"

（三）努力解决好"怎么扶"的问题，以党建为统领，努力发展村集体经济，扶贫扶到点上扶到根上

第一，强化基层党建，夯实脱贫基础。在脱贫攻坚的战场上，大量事实已经证明，要打赢脱贫攻坚战，抓好党建工作是关键。阿亚格萨依巴格村为保障脱贫攻坚，积极建强基层组织，充分发挥村级党组织的战斗堡垒作用。

一是加强基层党组织建设。打赢脱贫攻坚战，建强基层组织是基础性工程，更是保障性工程。阿亚格萨依巴格村过去的村"两委"班子存在问题较多，班子成员年龄偏大，普通话、电脑水平低，支部书记岗位一直空缺。2018年以来，阿亚格萨依巴格村吸纳村内年轻大学毕业生到村委会工作，并逐步引导他们向党组织靠拢，吸纳工作经验丰富的乡干部到村里担任支部书记。现在阿亚格萨依巴格村村"两委"班子已经是一支年轻、有活力、有战斗力的先进领导班子。

村民学习普通话

二是加强农民党员思想教育。2018年以来，阿亚格萨依巴格村不断加强党员干部教育培训，积极发挥村级党组织的战斗堡垒作用。通过开展"三会一课""组织生活会""全员宣讲会"等，激发党员干部的积极性，充分发挥党员的先锋模范作用；通过坚持每周五下午党员学习制度和每周三、周五晚上"四位一体"干部学习制度，拓宽党员干部教育管理的深度和广度，切实增强全村党员干部的民族认同、文化认同、政治认同，弘扬党员干部和全体村民爱国爱疆的精神。

三是加强村干部队伍建设。通过落实"访惠聚"工作队员与村干部结对帮扶机制，促进村"两委"班子建设，推进村组织规范高效运行。在村"两委"成员遇到困难，需要在技术上、管理上、实际操作上帮助指导时，"访惠聚"工作队员毫无保留地手把手教方法、教办法、解难题，使阿亚格萨依巴格村干部队伍整体素质大幅提高，各项工作得到全面提升，得到乡党委的认可。

第二，"资金帮扶＋产业帮扶"，因地制宜，对症下药。扶贫"要因地、因人制宜，缺什么补什么，能干什么就干什么，扶到点上、扶到根上"。阿亚格萨依巴格村没有村集体经济，要想解决几百名村民脱贫非常困难，必须要通过产业带动。

身为该村第一书记的杨金明面对艰巨的扶贫工作，为了拔掉贫困村的"穷根"，连着4个月，顶着寒风走遍全村，认真到贫困村民家中走访调查，用心了解村里的实际情况，摸透存在的问题。在与村"两委"商量后，杨金明借用兵团第十四师种蘑菇的成功经验，考虑到种蘑菇投入小、见效快、技术成熟、简单易学，还可招录本村贫困户就地就业等多方面因素，想利用当地政府修建的微型工厂建设蘑菇种植合作社。天业集团党委对他的想法非常重视，派人到村里对该项目进行考察。经过调研后发现，村子距离喀什市只有10公里，蘑菇在62万人的喀什市区销路不愁，认为该项目可行。2018年夏天，天业集团出资邀请蘑菇种植专家、技术人员，并无偿提供30万元食用菌合作社项目启动资金进行项目建设。该项目实现了当年投入，当年村民有收入，合作社当年实现收益7.8万元。同时，天业集团以购买劳动岗位的方式，承担了食用菌种植合作社就业的30个村民工资，他们每人每月1500元的工资由天业集团发放。这些村民不仅学到了种植蘑菇的技术，而且当年全部脱贫。种植蘑菇的成功不仅使一些村民得到实惠，而且慢慢改变了他们的饮食习惯（原来维吾尔族同胞是不吃蘑菇的，现在也慢慢接受了蘑菇），促进了民族融合。

天业集团党委书记、董事长宋晓玲（左一）视察食用菌种植合作社

第一个村集体经济——食用菌种植合作社运作成功后，杨金明再次看到了商机。阿亚格萨依巴格村采取传统种植小麦的方法，村民不打农药、不施化肥，收获的麦子是绿色食品，现代人们追求绿色健康，面粉销路不愁，他想在村里建设面粉厂。天业集团高度重视，经过考察，认为建面粉厂项目可行，于是给予建面粉厂的配套资金109.62万元。2019年7月，面粉厂试生产成功，正常运行后，不仅可以就地收购村民收获的麦子，还可以错开与食用菌种植合作社淡旺季用工时段，让更多的村民前来就业，为村集体经济增收拓宽新路。

第三，"真情帮扶＋人文帮扶"，用心脱贫攻坚，用爱托起梦想。"用真心、带真情，扶真贫、真扶贫"。自脱贫攻坚战打响以来，杨金明视群众为亲人，带着感情进村入户，走进田间地头，为群众办实事、办好事，温暖了民心，用自己的实际行动，带领贫困群众一步步地行走在脱贫路上。

看到村民们的石榴丰收了却销不出去，杨金明就在微信朋友圈里帮村民卖起了石榴，石榴通过快递公司销到了上海、北京、重庆、浙江等地。一个多月的时间，杨金明就帮着村民们卖出 100 余箱石榴。2018 年 11 月他把卖石榴所得的 1 万余元全部送到村民手中。

杨金明到贫困村民家走访，村民拉着他的手不停感谢

杨金明在村民碰到困难时，慷慨解囊。村支书买买提说村民伊玛穆·艾麦提家房屋着火，杨金明为了不让他伤心，把口袋里的 500 多元钱都捐了；杨金明到五保户沙吉迪汗·阿布莱提老人家走访，看到老人的女儿患有精神残疾，他为老人捐款 300 元；努尔麦麦提的母亲去世他送去了 430 元，阿依努尔的哥哥去世他送去了 300 元；还给阿提凯穆·加马力、伊巴古丽·玉素

莆、阿依努尔·加帕尔等人捐过款。村民反映的无论是大事还是小事,杨金明都当作自己的事来解决。2018 年 12 月,空巢老人阿米娜·吾布力卡斯木家的下水道堵了,导致 12 户人家的污水无法流出,杨金明听说后立即到老人家把下水道疏通好。

学生是祖国的未来、民族的希望、社会主义事业的接班人。2018 年古尔邦节期间,阿亚格萨依巴格村组织开展"圆梦古尔邦节"活动,在帮扶单位喀什市第十小学的帮助下,圆了每个贫困户孩子的古尔邦节小梦想。2018 年 7 月,得知村里的 3 个贫困家庭孩子因为上大学的学费不够,杨金明号召天业集团职工为 3 个孩子征集爱心捐款 1.06 万元。

热心村民送锦旗

（四）努力解决好"如何退"的问题，切实把精准扶贫工作做到最好

"精准扶贫是为了精准脱贫。"阿亚格萨依巴格村扶贫工作既能做到"扶起来""送一程"，也能够"掉转头""再寻找"，始终将有限的资源落实到其他需要帮扶的群体和对象上。关于贫困户的脱贫退出机制，该村严格落实退出标准、程序和核查方法。贫困户退出，由村"两委"组织民主评议后提出，经村"两委"和驻村工作队核实、拟退出贫困户认可、在村内公示无异议后，公告退出，并在建档立卡贫困人口中销号。同时鉴于阿亚格萨依巴格村长期贫困情况，为了防止贫困户返贫，对达到要求脱贫的贫困户，在一定时间内不暂停帮扶措施，留出缓冲期，巩固提高他们的自我发展能力，切实把精准扶贫工作做到最好。

❖ 经验启示

阿亚格萨依巴格村精准扶贫、精准脱贫工作结合本地贫困的实际情况，重点围绕"扶持谁、谁来扶、怎么扶、如何退"等方面开展工作。

（一）"扶持谁"要做到精准识别

习近平总书记强调"扶贫必先识贫"，确保把真正的贫困人口弄清楚，把贫困人口、贫困程度、致贫原因等搞清楚，以便做到因户施策、因人施策。阿亚格萨依巴格村在实践中总结出了"六看法"，即一看房、二看粮、三看病、四看灾、五看劳动力强不强、六看家中有没有读书郎。为切实推动扶贫资源真正向需要得到帮助的对象倾斜，实现"扶真贫"和"真扶贫"，程序上要严，真正把扶持对象和致贫原因搞清楚，并精确建档、准确立卡，完善大数据系统平台信息和脱贫档案建设，彻底"把家底盘清"，真正实现到户到人。同时，措施上要实，真正把管理做规范。在大会评议、长期公示、建档立卡的基础上，明确工作责任，严明工作纪律，不让一个人掉队。

（二）"谁来扶"要做到明确责任

阿亚格萨依巴格村全面贯彻喀什地区落实精准扶贫、精准脱贫会议精神，在脱贫攻坚中负直接责任，是脱贫攻坚的主战场和主力军。第一书记就是该村扶贫工作的第一责任人，做到任务明确、措施到位、责任到人，把党建和扶贫相结合，确保项目到村、资金到户、措施到人，以党员干部的责任感，提高贫困群众的获得感。

（三）"怎么扶"要做到对症下药

坚持因地制宜、因户制宜、因人制宜、对症下药。在开展扶贫工作中，有部分贫困户存在一定程度的"等、靠、要"思想，主动脱贫的意愿不强、动力不足。通过开展入户宣讲、座谈会等方式，加大就业脱贫宣传力度，宣传党的惠民政策，引导贫困户激发自我内生动力，依靠自身力量实现稳定脱贫。脱贫工作要跳出以往的老路子，懂得创新思维，不搞大水漫灌，不搞"手榴弹炸跳蚤"，要深入做好调研工作，找出本地贫困的原因，发现本地的优势，实现精准发力。要根据本地实际，努力培养产业发展带头人，发展集体经济，逐步将"输血"变为"造血"。

（四）"如何退"要做到精准严格

"精准扶贫是为了精准脱贫"，攻下一个山头，就要换上一面旗帜。要建立健全贫困户有序退出机制。一是标准把关要严，防止脱贫攻坚变成数字游戏。严格脱贫验收办法，实现有进有出、动态管理，对弄虚作假、蒙混过关，以及玩数字游戏、搞数字脱贫的，一经查实，严肃追责。二是做好"售后服务"，对贫困户脱贫后，帮扶措施要再保留一段时间，做到不稳定脱贫不脱钩，确保真脱贫、不返贫。

新疆生产建设兵团扶贫办主任推荐语

为全面贯彻落实习近平新时代中国特色社会主义思想，特别是关于扶贫工作的重要论述，按照党中央提出的加强南疆兵团建设的重大战略任务和兵团实施向南发展的战略布局，新疆天业（集团）有限公司党委按照"六个精准""五个一批"的部署要求，自觉承担社会责任，研究脱贫攻坚各项政策，借助企业驻村的机会和其自身的发展优势，选派天业集团水泥产业原党委委员、工会副主席杨金明到南疆深度贫困村喀什市伯什克然木乡阿亚格萨依巴格村担任第一书记。杨金明依托天业集团强大后盾，在天业集团资金、项目、人才等多方面的支持下，因地制宜，对症下药，努力解决好扶持谁、谁来扶、怎么扶、如何退的问题，帮助村里发展村集体经济，成立了食用菌种植合作社，建起了面粉厂。2019 年 6 月，已使该村 52 户贫困户顺利脱贫，村民人均年收入从不超过 3000 元提高到人均年收入 5000 元，力争让全村 140 户贫困户在 2019 年年底全部脱贫。

刘新兰：新疆生产建设兵团扶贫开发办主任

专家点评

不断巩固和完善"大扶贫"工作格局，是中国减贫道路的基本经验，是中国特色社会主义政治优势和制度优势的生动体现。打赢全面建成小康社会背景下的脱贫攻坚战，离不开社会力量的广泛参与，离不开万众一心，合力攻坚。在天业集团结对帮扶阿亚格萨依巴格村的案例中，通过村企共建的方式，不仅给钱给物，更重要的是下足"绣花"功夫，紧扣解决好"四个问题"，通过建强基层组织、夯实集体经济、发展产业等"组合拳"，顺利实现了深度贫困村脱贫出列。该案例充分展现了脱贫攻坚阶段做好社会扶贫尤其是企业扶贫工作的有效路径和方法，值得学习和借鉴。

李　实：浙江大学文科资深教授，博士生导师，教育部长江学者特聘教授，国务院扶贫开发领导小组专家咨询委员会委员

思 考 题

1. 对于新疆南疆深度贫困村，现阶段主要是发展村集体经济，下一步如何进一步发挥本地优势、培养本地的产业带头人？

2. 本地区耕地面积少，青壮年劳动力缺乏，采取什么措施能吸引和留住人才，鼓励和培养更多的青壮年在本地就业？

延伸阅读

1.《播种幸福——新疆天业集团助力南疆群众脱贫增收纪实》(《兵团日报》2018 年 8 月 4 日)

2.《我要让村里的贫困户都脱贫——记喀什地区深度贫困村阿亚格萨依巴格村第一书记杨金明》(石河子新闻网，http://www.shznews.com/cms/news/sh/2019/02-25/content_119962.html，2019 年 2 月 25 日)

后　记

　　党的十八大之后，以习近平同志为核心的党中央把贫困人口脱贫作为全面建成小康社会的底线任务和标志性指标，作出一系列重大部署，全面打响脱贫攻坚战。习近平总书记亲自部署、亲自挂帅、亲自出征、亲自督战，以前所未有的力度推进。经过全党全国全社会不懈努力，脱贫攻坚取得决定性进展，6年来农村贫困人口从2012年年底的9899万减少到2018年年底的1660万，贫困发生率从10.2%下降到1.7%，连续6年超额完成千万以上减贫任务。贫困地区群众生产生活条件明显改善，贫困群众收入水平明显提高，获得感明显增强，全社会合力攻坚局面基本形成，中国特色的脱贫攻坚制度体系不断完善。

　　党的十九大以来，党中央把精准脱贫作为决胜全面建成小康社会的三大攻坚战之一，继续响鼓重锤、高位推进。2018年2月12日，习近平总书记在打好精准脱贫攻坚战座谈会上发表重要讲话，对扶贫干部教育培训工作作出重要指示，并强调"对基层干部，重点是提高实际能力，要多采用案例教学、现场教学等实战培训方式，培育懂扶贫、会帮扶、作风硬的扶贫干部队伍，增强精准扶贫精准脱贫工作能力"。为深入贯彻落实习近平总书记关于扶贫工作的重要论述，在"不忘初心、牢记使命"主题教育和脱贫攻坚干部教育培训工作中加强案例教学，国务院扶贫办要求各省（区、市）和新疆生产建设兵团扶贫办（局），从本省（区、市）脱贫攻坚的丰富实践中，各推荐2

个代表性、典型性强且可学可借鉴的扶贫案例，由全国扶贫宣传教育中心在办政策法规司指导下，组织专家团队对所推荐的脱贫攻坚案例进行遴选、修改、点评，将完善后的32个脱贫攻坚案例汇编成为《中国减贫奇迹怎样炼成　脱贫攻坚案例选》一书。

在本书的编写过程中，31个省（区、市）和新疆生产建设兵团扶贫办（局）给予了大力支持和积极配合，联合有关部门按照规范编写案例初稿，提供了相应的图片和视频。全国扶贫宣传教育中心组成编写专家和工作团队，对初稿进行了细致而认真的审读，提出修改意见，与各案例执笔人协商补充资料、核实数据并完善润色，最后经专家和工作团队修改、完善定稿。在编写过程中，编写专家和工作团队多次召开交流会和研讨会，对案例的体例结构、内容安排、文字表述、图表分布等进行研讨，并对标题、摘要、关键词、引言、正文、思考题、延伸阅读等进行修订与审定。各案例定稿后，我们邀请31个省（区、市）和新疆生产建设兵团扶贫办（局）主任（局长）撰写了推荐语，提炼案例的亮点与创新。同时，邀请全国知名的扶贫研究专家对案例进行点评，进一步从理论研究高度挖掘案例的推广价值与启示。

国务院扶贫办领导、各司各单位主要负责同志审阅了书稿并提出了审读意见。中国扶贫发展中心主任黄承伟研究员负责全书总体策划、拟定编写框架和具体思路并指导各案例修改，多次主持召开主题会议，讨论并确定编写风格、体例和要求。干部培训处骆艾荣处长、阎艳、孙艳丽等同志全程参与了案例的征集、修改工作，并承担了大量的协调、沟通和日常管理工作。国务院扶贫办政策法规司政策协调处江如贵副处长对书稿进行了审阅，提出了许多建设性修改意见，对提高本书质量并避免不必要的错漏花费了大量心血。中国出版集团研究出版社赵卜慧社长、社长总编办兼重大题材项目部主任张博同志、研究出版社的编审团队给予了大力支持和专业指导，确保了本书编审、出版的高质量。在此，对所有参与到本书编写过程中的各位领导、学者专家、工作团队等各方人士的辛勤付出表示衷心的感谢！

各省（区、市）扶贫办主任为本省案例撰写了推荐语，他们分别是：马新明（北京市扶贫协作和支援合作办党组书记、主任）、张庆恩（天津市人民政府合作交流办党组书记、主任）、李志刚（河北省扶贫办党组书记、主任）、刘志杰（山西省脱贫攻坚领导小组办公室主任，省扶贫办党组书记、主任）、么永波（内蒙古自治区扶贫办党组书记、主任）、李军（辽宁省扶贫办党组书记、主任）、张宝才（吉林省扶贫办党组书记、主任）、崔培元（黑龙江省扶贫办党组书记、主任）、姚海（上海市人民政府合作交流办公室党组书记、主任）、朱国兵（江苏省农业农村厅党组成员，省扶贫办党组书记、主任）、林健东（浙江省农办主任、省农业农村厅厅长、省扶贫办主任）、江洪（安徽省政府副秘书长、省扶贫办主任）、黄华康（福建省委农办主任，省农业厅党组书记、厅长，省扶贫办主任）、史文斌（江西省扶贫办党组书记、主任）、崔建海（山东省农业农村厅党组书记、副厅长，省扶贫开发办主任）、史秉锐（河南省扶贫办党组书记、主任）、胡超文（湖北省扶贫办党组书记、主任）、王志群（湖南省扶贫办党组书记、主任）、顾幸伟（广东省委农办主任、农业农村厅厅长、省扶贫办主任）、蒋家柏（广西壮族自治区政府副秘书长、自治区扶贫办主任）、孟励（海南省扶贫办党组书记、主任）、刘贵忠（重庆市扶贫办党组书记、主任）、降初（四川省扶贫开发局党组书记、局长）、李建（贵州省委副秘书长，省扶贫办党组书记、主任）、黄云波（云南省政府副秘书长，省扶贫办党组书记、主任）、尹分水（西藏自治区扶贫办党组副书记、主任）、文引学（陕西省政府党组成员，省扶贫办主任）、任燕顺（甘肃省扶贫办党组书记、主任）、马丰胜（青海省扶贫开发局党组书记、局长）、梁积裕（宁夏回族自治区扶贫办党组书记、主任）、曹志文（新疆维吾尔自治区政府副秘书长，自治区扶贫办党组书记、主任）、刘新兰（新疆生产建设兵团扶贫开发办主任）。

应邀对相关案例进行了点评的专家分别是：黄承伟、丁建军、王晓毅、王浦劬、左停、田北海、向德平、庄天慧、孙兆霞、牟成文、李小云、李实、吴国宝、吴晓燕、张志明、张志胜、张丽君、张琦、陆汉文、郑风田、曹立、游俊、慕良泽、燕连福、燕继荣。

参与本书编写工作的专家和工作团队包括：中国地质大学（武汉）马克思主义学院教授、博士生导师李海金，华中师范大学社会学院副教授陈琦、吕方、刘杰，华中农业大学文法学院副教授袁泉，三峡大学计算机与信息学院团委书记黄崇敬，山西农业大学马克思主义学院教师郭鹏，成都工业学院干部杜欣蔓，央视网共产党员网事业部编辑宿党辉；相关高校博士研究生：中国地质大学（武汉）马克思主义学院陈文华、焦方杨、巴且古铁，复旦大学国际关系与公共事务学院赵文杰，厦门大学马克思主义学院钟楚原，东北师范大学政法学院李丹阳，华中师范大学中国农村研究院韩帅、潜环；相关高校硕士研究生：华中师范大学中国农村研究院杨振亮、冯雪艳、范静惠、刘娜、于佳佳，中国地质大学（武汉）马克思主义学院杨逍、左孟雯、肖健勋、陈珠妹。李海金具体负责组织专家和工作团队开展编写、修改和统稿等工作。

因各种原因，本书难免有疏漏之处，敬请广大读者批评指正。

本书编写组

2019 年 12 月